板書で見る 理科

全単元・全時間の授業のすべて

中学校 3 年

山口晃弘・吉田勝彦・宮内卓也・
川島紀子・伊藤英樹 編著

東洋館
出版社

まえがき

　本書は、中学校3年間で学習する全時間を、1時間ごとに区切って流れを明らかにしている。

　編集にあたっては、新しい学習指導要領の改訂の意図に沿うことを前提にしつつ、以下の点に配慮した。

・1時間2ページ構成で、具体的な学習指導の流れを4コマで示す。また、その際、授業者や生徒の台詞を付け加える。

・板書例やワークシート例を示し、理科の見方や考え方、主体的・対話的で深い学びに関わる生徒の活動を盛り込む。

・学習のまとまりごとに指導計画と1時間ごとの本時案を載せる。本時案の評価は、記録に残す評価と指導に生かす評価に区別して示す。

　使っている教材は教科書に掲載されている標準的なものである。料理に例えれば、「豪華なパーティ向けの特別な食材を使ったごちそう」の対極にあるような「栄養のバランスに配慮した家庭向けの日常食」である。経験の少ない教員でもできるようなものばかり選んでいる。指導計画を作る際に必ず役立つ。

　さて、学校はコロナ禍にある。ほとんどの学校は、令和2年3月から約3か月間、臨時休業と外出自粛を求められるという困難な状況を経験し、その後、事態の収束が見通せない中、授業を続けている。「学び」を止めるわけにはいかない以上、感染拡大を防止しつつ、観察・実験や話し合いなど、人と人とのつながりを維持する取り組みを工夫している。その中で、令和3年度以降の理科授業では、生徒の手元に一人一台の情報端末がある。

　一人一台の情報端末は、授業の進め方、本書で言えば板書やワークシートの在り方を大きく変える可能性をはらんでいる。旧来型の「板書された内容を一文字も間違えずにノートにうつす」といった知識注入型の授業は遠くにかすんでしまう。すでに、教員も児童生徒も新たな学習の可能性に気付き始めている。本書は必ずしも一人一台の情報端末を前提とした授業を紹介しているわけではない。しかし、本書で授業や流れの方向性や評価の方法をつかめば、一人一台の情報端末が有効に働く。本書を使うことで、生徒が「理科の見方・考え方」を自在に働かせて、主体的・対話的で深い学びを実現し、科学的に探究するために必要な資質・能力を身に付けられることを望んでいる。

　本書が、すでに教壇に立っている先生方はもちろん、授業の支援や指導助手の役割を担う方々や、これから教師を目指している方々にとって、理科の授業力向上の役に立てば、幸いである。

令和3年2月

編集者代表　山口晃弘

本書活用のポイント―単元構想ページ―

　本書は、各学年の全単元・全時間について、単元全体の構想と各時間の板書のイメージを中心とした本時案を紹介しています。各単元の冒頭にある単元構想ページの活用のポイントは次のとおりです。

単元名

　単元の並び方は、平成29年告示の学習指導要領に記載されている順番で示しています。実際に授業を行う順番は、各学校のカリキュラム・マネジメントに基づいて工夫してください。

単元の目標

　単元の目標は、平成29年告示の学習指導要領から抜粋しています。各単元で身に付けさせたい資質・能力の全体像を押さえておきましょう。

評価規準

　ここでは、指導要録などの記録に残すための評価を取り上げています。本書では、記録に残すための評価は色付きの太字で統一しています。本時案の評価も、本ページの評価規準とあわせて確認することで、より単元全体を意識した授業づくりができるようになります。

4　第1分野(6)(ア)

水溶液とイオン　(17時間扱い)

単元の目標

　様々な水溶液に適切な電圧をかけ、水溶液の電気伝導性や電極に生成する物質を調べる観察、実験や酸とアルカリの性質を調べる観察、実験及び中和反応の観察、実験を行い、その結果を分析して解釈し、イオンの存在やその生成や原子の成り立ちに関係することを理解させるとともに、酸とアルカリの特性や中和反応をイオンのモデルと関連付けて理解させる。

評価規準

知識・技能	思考・判断・表現	主体的に学習に取り組む態度
化学変化をイオンのモデルと関連付けながら、原子の成り立ちとイオン、酸・アルカリ、中和と塩についての基本的な概念や原理・法則などを理解しているとともに、科学的に探究するために必要な観察、実験などに関する基本操作や記録などの基本的な技能を身に付けている。	水溶液とイオンについて、見通しをもって観察、実験などを行い、イオンと関連付けてその結果を分析して解釈し、化学変化における規則性や関係性を見いだして表現しているとともに、探究の過程を振り返るなど、科学的に探究している。	水溶液とイオンに関する事物・現象に進んで関わり、見通しをもったり振り返ったりするなど、科学的に探究しようとしている。

既習事項とのつながり

(1)中学校2年:「化学変化と原子・分子」では、物質は原子や分子からできていることを学習している。原子の内部の構造については、第3学年で初めて学習する。

(2)中学校2年:「電流とその利用」では、電流が電子の移動に関連していることを学習している。原子の成り立ちとイオンを学習する際は、第2学年で学んだ電子と関連付けるようにする。

指導のポイント

　ここではまず、原子が+の電荷をもった陽子と-の電荷をもった電子からできており、電気的中性が保たれていること、電子の授受によって電気を帯びることなど、イオンの概念を形成させることが重要である。こうした基本的な概念の理解が、酸、アルカリと中和、金属のイオンへのなりやすさのちがい、電池の基本的な仕組みの学習において、大変重要になる。

(1)本単元で働かせる見方・考え方

　第1学年の微視的な粒子、第2学年の原子、分子を経て、ここでは、初めて学ぶイオンの概念を定着させることが求められる。その上で、事象を微視的にとらえ、性質を比較したり、イオンの数と液性の関係を検討したりすることが大切である。イオンのモデルは「化学変化と電池」の学習を見通し、汎用的なものを提示したい。

水溶液とイオン
078

既習事項とのつながり

　小学校で既に学習している内容や、中学校の別の単元で学習する内容を関連事項として示しています。つながりを意識しながら指導することで、より系統性のある学びを実現することができます。

指導のポイント

ここでは、各単元の指導のポイントを示しています。

(1)本単元で働かせる「見方・考え方」

では、領域ごとに例示されている「見方」、学年ごとに例示されている「考え方」を踏まえて、本単元では主にどのような見方・考え方を働かせると、資質・能力を育成することができるのかということを解説しています。

(2)本単元における「主体的・対話的で深い学び」では、本単元の授業において、「主体的な学び」「対話的な学び」「深い学び」を実現するために、授業においておさえるべきポイントを示しています。

(2)本単元における主体的・対話的で深い学び

　酸、アルカリの正体は何か、酸性の水溶液とアルカリ性の水溶液を混合したらどうなるか、といった課題はイオンのモデルを活用して話し合う場面を設定しやすい。ホワイトボードや自作のイオンのモデルを活用すれば、対話を通して考えを練り上げる機会を設定することができる。また、課題解決への見通しをもたせることで、観察、実験にのぞむ姿勢はより主体的になることが期待される。

指導計画（全17時間）

⑦ 原子の成り立ちとイオン（7時間）

時	主な学習活動	評価規準
1	比較 実験 「様々な水溶液の電気伝導性を調べる」	(知)
2	電解質と非電解質とが何であるかを理解する。	(知)
3	実験 「塩酸に電流を流す実験（電気分解）を行う」	(思)
4	電気をもった粒子（イオン）が存在することを理解する。	知
5	原子の基本的な構造を理解する。	知
6	陽イオンと陰イオンについて理解し、記号を用いて表す。	知
7	電解質が水溶液中でどのように電離するかを理解する。	知

⑥ 酸・アルカリ（5時間）

時	主な学習活動	評価規準
8	実験 「酸・アルカリの性質を調べる」	(思)
9	実験 「身の回りの水溶液の性質を調べる」	(思)
10	酸・アルカリそれぞれに共通する性質を理解する。	知
11	実験 「酸・アルカリの性質を決めているもの（電気泳動）」	思
12	振り返り 微視的 酸、アルカリの性質を決めているものを理解する。	(知) 態

⑨ 中和と塩（5時間）

時	主な学習活動	評価規準
13	対話的な学び 微視的 酸・アルカリを混ぜるとどうなるかを予想する。	(思)
14	実験 「塩酸と水酸化ナトリウム水溶液の中和」	思
15	対話的な学び 微視的 実験のまとめ・中和の定義	知
16	実験 「硫酸と水酸化バリウム水溶液の中和」	(思)
17	対話的な学び 微視的 中和について、イオンのモデルを用いて考察する。	思

指導計画

　単元の目標や評価規準、指導のポイントなどを押さえた上で、授業をどのように展開していくのかという大枠をここで押さえます。

　また、それぞれの学習活動に対応する評価を右欄に示しています。ここでは、「評価規準」に挙げた記録に残すための評価に加え、本時案では必ずしも記録には残さないが指導に生かす評価も（　）付きで示しています。本時案での詳細かつ具体的な評価の記述とあわせて確認することで、指導と評価の一体化を意識することが大切です。

アイコン一覧

　本書では、特にその活動において重視したい「見方・考え方」「探究の過程」などを、アイコンとして示しています。以下は、その例です。

「見方」　量的　関係的　質的　実体的　共通性　多様性　時間的　空間的　など

「考え方」　比較　関係付け　条件制御　など

「探究の過程」　自然事象に対する気付き　課題の設定　検証計画の立案　振り返り　など

「対話的な学び」　対話的な学び

本書活用のポイント

本書活用のポイント―本時案ページ―

　単元の各時間の授業案は、板書のイメージを中心に、目標や評価、授業の流れなどを合わせて見開きで構成しています。各単元の本時案ページの活用のポイントは次のとおりです。

本時のねらい

　ここでは、単元構想ページとは異なり、各時間の内容により即したねらいを示しています。

本時の評価

　ここでは、各時間における評価について示しています。単元構想ページにある指導計画に示された評価と対応しています。各時間の内容に即した形で示していますので、具体的な評価のポイントを確認することができます。なお、以下の2種類に分類されます。

○**思**などと示された**評価**

　指導要録などの記録に残すための評価を表しています。

○（**思**）などと示された**評価**

　必ずしも記録に残さないけれど、指導に生かす評価を表しています。以降の指導に反映するための教師の見取りとして大切な視点です。

第①時
硝酸銀水溶液と銅の反応

課題　硝酸銀水溶液と銅の反応の仕組みを理解しよう。

（本時のねらい）
・化学変化をイオンのモデルと関連付けながら、金属と金属イオンを含む水溶液の反応についての基本的な概念を理解することができる。

（本時の評価）
・硝酸銀水溶液と銅の化学変化を、イオンのモデルと関連付けながらワークシートに記述している。（知）

（準備するもの）　　　　　　　付録
・2%AgNO₃水溶液
・試験管
・細い銅線の束
・糸・つまようじ
・イオンのモデル
・保護眼鏡
・CuSO₄水溶液
・銀板

方法

つまようじ
試験管
糸
細い銅線の束
2%AgNO₃水溶液

※廃液は排水口に流さない。

（授業の流れ）▷▷▷

1　実験を行い、結果を整理する　〈15分〉

これは何でしょう？
銅線の束ですか？

実験
・銅線の束と硝酸銀水溶液を紹介し、これらを混ぜたらどうなるか問いかける。
・実験方法を説明し、班ごとに実験を行う。
・反応前後の物質の変化に着目させる。
・水溶液が無色から青色になったこと、銅線に銀色の金属樹が析出したこと、銅線がボロボロになったことを確認する。

2　考察をする　〈10分〉

どうして水溶液が青色になったのだろう？
銅イオンを含む水溶液は、青色透明になります

・反応前後の変化に着目して、班ごとに考察する。
・硫酸銅水溶液を提示し、銅イオンが存在する水溶液は、青色透明であることを紹介する。
・水溶液が無色から青色になったことから、銅イオンができたことを確認する。
・銅原子の集まりである銅線が銅イオンに、銀イオンが銀原子の集まりである銀樹になったことを押さえたい。

硝酸銀水溶液と銅の反応
116

準備するもの

　ここでは、観察、実験に必要なもの、板書づくりに必要なもののうち、主な準備物を示しています。なお、縮小版のワークシートが掲載されている場合は、本時に対応したワークシートデータのダウンロードも可能です。右のQRコードあるいはURLから、本書に掲載されたワークシートをまとめてダウンロードし、授業にお役立てください。

https://www.toyokan-publishing.jp/bansyo_rika21/bansyo_rika_tyu3.zip

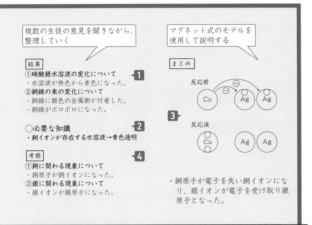

複数の生徒の意見を聞きながら、整理していく

マグネット式のモデルを使用して説明する

結果

①硝酸銀水溶液の変化について
・水溶液が無色から青色になった。
②銅線の束の変化について
・銅線に銀色の金属樹が付着した。
・銅線がボロボロになった。

1

○**必要な知識**
・銅イオンが存在する水溶液→青色透明

2

考察

①銅に関わる現象について
・銅原子が銅イオンになった。
②銀に関わる現象について
・銀イオンが銀原子になった。

4

まとめ

反応前

3

Cu Ag Ag

反応後

Cu Ag Ag

・銅原子が電子を失い銅イオンになり、銀イオンが電子を受け取り銀原子となった。

---

3 イオンのモデルを使って説明する 〈15分〉

どうすれば、銅原子が銅イオンになるだろう？

銅原子は電子がなくなると銅イオンになるね

微視的

・電子の授受に着目させ、イオンのモデルを用いて班ごとに考えさせる。
・銅原子は電子を失うことで銅イオンになること、銀イオンはその電子を受け取ることで、銀原子になることを確認する。
・生徒の進捗状況を気にかけ、支援が必要な班には金属原子は電子を失うことで金属イオンになること、その反対の反応もあることを助言する。

4 授業のまとめをする 〈10分〉

硫酸銅水溶液に銀板を入れてみましょう

CuSO₄水溶液
銀板

何も変化がありませんね

・硝酸銀水溶液と銅の反応では、銅原子が銅イオンになる際に失った電子を、銀イオンが受け取り銀原子となる反応が起こっていた。
・金属原子と金属イオン間では、電子の授受が起こる。
・授業のまとめとして、銀と硫酸銅水溶液の反応を見せ、銀よりも銅の方がイオンになりやすいことを見いださせたい。

本時の板書例

子供たちの学びを活性化させ、授業の成果を視覚的に確認するための板書例を示しています。学習活動に関する項立てだけでなく、子供の発言例なども示すことで、板書全体の構成をつかみやすくなっています。

板書に示されている**1 2**などの色付きの数字は、「授業の流れ」の各展開と対応しています。どのタイミングで何を提示していくのかを確認し、板書を効果的に活用することを心掛けましょう。

色付きの吹き出しは、板書をする際の留意点です。これによって、教師がどのようなねらいをもって、板書をしているかを読み取ることができます。留意点を参考にすることで、ねらいを明確にした板書をつくることができるようになります。

これらの要素をしっかりと把握することで、授業展開と一体となった板書をつくり上げることができます。

授業の流れ

ここでは、1時間の授業をどのように展開していくのかについて示しています。

各展開例について、主な学習活動とともに目安となる時間を示しています。導入に時間を割きすぎたり、主となる学習活動に時間を取れなかったりすることを避けるために、時間配分もしっかりと確認しておきましょう。

指導計画に記載されたアイコンは、授業の流れにも示されています。この展開例を参考に、各学級の実態に合わせてアレンジを加え、より効果的な授業展開を図ることが大切です。

板書で見る全単元・全時間の授業のすべて
理科 中学校 3 年
もくじ

第 1 分野(5) 運動とエネルギー　018

1 力のつり合いと合成・分解　第1分野(5) (ア)　6時間　020

2 運動の規則性　第1分野(5) (イ)　10時間　034

3 力学的エネルギー　第1分野(5) (ウ)　9時間　056

1 理科の目標

　2017（平成29）年告示の学習指導要領では、理科の目標が大きく変更になった。

　これは、学習指導要領の編成の過程で、各教科等の資質・能力の在り方を踏まえながらも教科横断的に議論が進んだためである。そのため、各教科等の教育目標や内容が、教科横断的に変更になった。どの教科でも、各教科等を学ぶ本質的な意義の中核をなすのが「見方・考え方」であり、教科等の教育と社会をつなぐものとされた。そこでは、「見方・考え方」が資質・能力を育成する過程で働く、物事を捉える視点や考え方として、全教科等を通して整理された。

　新・旧の学習指導要領から、理科の目標を抜粋して示し、下線の部分を以下に説明する。

旧学習指導要領 「理科の目標」
自然の事物・現象に進んでかかわり、目的意識をもって観察、実験などを行い、科学的に探究する能力の基礎と態度を育てるとともに自然の事物・現象についての理解を深め、<u>科学的な見方や考え方</u>を養う。

新学習指導要領　2017（H29.3） 「理科の目標」
自然の事物・現象に関わり、<u>理科の見方・考え方</u>を働かせ、見通しをもって観察、実験を行うことなどを通して、自然の事物・現象を科学的に探究するために必要な<u>資質・能力を次のとおり育成することを目指す。</u> ①自然の事物・現象についての<u>理解を深め</u>、科学的に探究するために必要な観察、実験などに関する基本的な<u>技能</u>を身に付けるようにする。 ②観察、実験などを行い、<u>科学的に探究する力</u>を養う。 ③自然の事物・現象に進んで関わり、<u>科学的に探究しようとする態度</u>を養う。

　従来の理科の目標であった「科学的な見方や考え方」と、今回の理科の目標にある「理科の見方・考え方」には、その考え方に大きな違いがある。「科学的な見方や考え方」と「理科の見方・考え方」という言葉は似ているが、異なるものとして理解する必要がある。「理科の見方・考え方」は資質・能力を育成する過程で働く、物事を捉える視点や考え方として、全教科等を通して整理された。

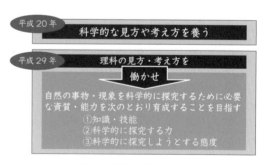

図1　理科の目標の変遷

　また、理科では、「資質・能力」をより具体的に「理解・技能」「科学的に探究する力」「科学的に探究しようとする態度」と示したのも新しいことである。

2 理科で育成する資質・能力

　それでは、理科で求められる資質・能力とは何だろうか。2016（平成28）年12月21日の中教審答申で示された「理科において育成を目指す資質・能力の整理」が端的で分かりやすい。

　どのような資質・能力が育成されるか、三つの柱に基づく資質・能力が例示されている。

●知識・技能
・自然事象に対する概念や原理・法則の基本的な理解
・科学的探究についての基本的な理解
・探究のために必要な観察・実験等の基本的な技能（安全への配慮、器具などの操作、測定の方法、データの記録・処理等）
●思考力・判断力・表現力等
・自然事象の中に問題を見いだして見通しをもって課題や仮説を設定する力
・計画を立て、観察・実験する力
・得られた結果を分析して解釈するなど、科学的に探究する力と科学的な根拠を基に表現する力
・探究の過程における妥当性を検討するなど総合的に振り返る力
●学びに向かう力・人間性等
・自然を敬い、自然事象に進んでかかわる態度
・粘り強く挑戦する態度
・日常生活との関連、科学することの面白さや有用性の気付き
・科学的根拠に基づき判断する態度
・小学校で身に付けた問題解決の力などを活用しようとする態度

　ここでは、課題の把握→課題の探究→課題の解決の順に、探究の過程の流れに沿って資質・能力を育成することが求められている。

3　理科の見方・考え方

　さて、「資質・能力を育成する」ために「働かせる」のが「見方・考え方」である。

　自然の事物・現象を、質的・量的な関係や時間的・空間的な関係などの科学的な視点で捉え、比較したり、関係付けたりするなどの科学的に探究する方法を用いて考えることである。

　例えば、比較することで問題を見いだしたり、既習の内容などと関係付けて根拠を示すことで課題の解決につなげたり、原因と結果の関係といった観点から探究の過程を振り返ったりすることなどが考えられる。そして、このような探究の過程全体を生徒が主体的に遂行できるようにすることを目指すとともに、生徒が常に知的好奇心をもって身の回りの自然の事物・現象に関わるようになることや、その中で得た気付きから課題を設定することができるようになることを重視すべきである。

　ここでいう「見方」とは、資質・能力を育成する過程で働く、物事を捉える理科ならではの「視点」と整理することができる。

　また、「考え方」とは、探究の過程を通じた学習活動の中で、比較したり、関係付けたりするなどの科学的に探究する方法を用いて、事象の中に何らかの関連性や規則性、因果関係等が見いだせるかなどについて考えることである。「見方」は視点で、「考え方」は「思考の枠組」と整理することができる。

　ただし「見方」及び「考え方」は、物事をどのように捉えたり考えたりしていくかという「視点」と「思考の枠組」のことで、資質・能力としての思考力や態度とは異なる。すなわち「理科の見方・考え方」を働かせながら、知識及び技能を習得したり、思考・判断・表現したりしていくものであると同時に、学習を通して「理科の見方・考え方」がより豊かで確かなものとなっていくと考えられる。

　なお、「見方・考え方」は、まず「見方」があって、次に「考え方」があるといった順序性はない。資質・能力を育成するために一体的に働かせるものと捉える。

4 学年ごとに重視する学習のプロセス

平成29年版学習指導要領の解説では、探究の過程が右図のような模式図で示されている。これを料理のメニューに例えると、「フルコース」（あるいは「フルセット」でもよい）と言えるだろう。

ひとまとまりの学習で、「自然事象に対する気付き」から「表現・伝達」までのすべての学習過程を行うことがフルコース（フルセット）である。また、「課題の設定」や「検証計画の立案」など、その中の一つの過程だけを行うことは「アラカルト」（あるいは「単品」でもよい）である。そう考えると、すべてのアラカルト（単品）が含まれているのがフルコース（フルセット）となる。

一方、学年ごとに重視する学習過程も示されている。「2内容」には、ア、イの二つの項目があるが、そのうちのイに、その学年での重視する学習過程が含まれている。

おおよそ次のような内容である。

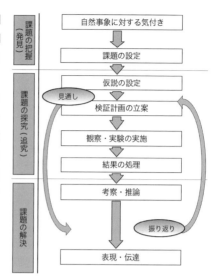

図2　重視すべき学習過程のイメージ

【第1学年】自然の事物・現象から課題を見いだすこと
【第2学年】見通しをもって解決する方法を立案すること
【第2学年】観察、実験などの結果を分析して解釈すること
【第3学年】探究の過程を振り返ること

これは、探究の過程を学年順に追っていると考えると分かりやすい。第1学年では、学習過程で最初に行う「課題の把握」、第2学年ではその次に行う「課題の探究」、第3学年ではまとめに行う「課題の解決」というように、探究の過程を、便宜上、学年進行順に対応させている。

実際の授業では、この順序にとらわれず指導計画を立ててよい。あまりこだわると、むしと、学習が進めにくくなるだろう。言うまでもないが、毎回の学習過程や実験をフルコース（フルセット）で行っていては授業時数が足りない。領域や学習内容、観察・実験ごとに、どの過程が適切なのか、重点とするアラカルト（単品）を絞り込むのが現実的である。

1年間の学習が終了したら、すべてのアラカルト（単品）を一通り行っていて、結果的に生徒はフルコース（フルセット）を学習している、という指導計画になるだろう。

ここで示されている学習過程が理科のすべての学習内容に当てはまるわけではなく、この順序ではないこともある。収集した多くのデータから考察を進めるときは、「検証計画の立案」「観察・実験の実施」ではなく、「資料収集計画の立案」「資料収集の実施」となる。

また、観察、実験や観測の結果を考察する場合、はじめに仮説を立てるのは難しい。演繹的に進めるか、帰納的に進めるかでも流れが変わる。学習過程として、機械的に進めることのないよう留意したい。生徒の資質・能力が育成できるか、生徒の主体的・対話的で深い学びがいかに引き出せるかといった、生徒に寄り添った視点から設定したい。

このように考えると、1年では問題を見いだすための「自然事象に対する気付き」や「課題の設定」、2年では解決方法の立案し結果を分析して解釈するための「検証計画の立案」や「結果の処理」というように、学年で重点的に行うアラカルト（単品）が提示されていると見ることもできる。

なお、学年ごとの重点が示されているからといって、その学年でそれだけを行えばよいというのではない。1年間の学習で、すべてのアラカルト（単品）が行われるようにしたいところである。

また、３年では探究の過程を振り返る活動が提示されている。振り返りは、探究の過程全般で行うことになる。

5 主体的・対話的で深い学び

「主体的・対話的で深い学び」の実現は、授業改善の視点である。それ自体が授業の目的ではないことに留意したい。また、理科だけの授業改善ではなく、どの教科でも実現を目指す課題であることにも留意したい。

また、「主体的・対話的で深い学び」の実現は、新しい知識及び技能を既にもっている知識及び技能と結び付けながら社会の中で生きて働くものとして習得したり、思考力、判断力、表現力等を豊かなものとしたり、社会や世界にどのように関わるかの視座を形成したりするために重要なものである。

既に身に付けた資質・能力の三つの柱によって支えられた「見方・考え方」が習得・活用・探究という学びの過程の中で働くことを通じて、資質・能力がさらに伸ばされ、それによって「見方・考え方」がさらに豊かなものになる、という相互の関係にある。理科では、科学的に探究する学習活動を通して、「主体的・対話的で深い学び」の実現を図るという授業改善の視点を踏まえることが重要である。

そこで、指導計画等を作成する際には、内容や時間のまとまりを単元として見通し、理科で育成を目指す資質・能力及びその評価の観点との関係も十分に考慮したい。

「主体的・対話的で深い学び」について、その視点を整理しておく。

【主体的な学び】
・自然の事物・現象から問題を見いだし、見通しをもって課題や仮説の設定や観察・実験の計画を立案したりする学習となっているか。
・観察、実験の結果を分析・解釈して仮説の妥当性を検討したり、全体を振り返って改善策を考えたりしているか。
・得られた知識や技能を基に、次の課題を発見したり、新たな視点で自然の事物・現象を把握したりしているか。
【対話的な学び】
・課題の設定や検証計画の立案、観察、実験の結果の処理、考察・推論する場面などで、あらかじめ個人で考え、その後、意見交換したり、科学的な根拠に基づいて議論したりして、自分の考えをより妥当なものにする学習となっているか。
【深い学び】
・「理科の見方・考え方」を働かせながら探究の過程を通して学ぶことにより、理科で育成を目指す資質・能力を獲得するようになっているか。
・様々な知識がつながって、より科学的な概念を形成することに向かっているか。
・新たに獲得した資質・能力に基づいた「理科の見方・考え方」を、次の学習や日常生活などにおける問題発見・解決の場面で働かせているか。

さて、主体的・対話的で深い学びは、必ずしも１単位時間の授業の中で全てが実現されるものではない。

毎回の授業の改善という視点を超えて、単元や題材のまとまりの中で、指導内容のつながりを意識しながら重点化することが重要になってくる。

また、これらは、教師側の適切な指導があってこそできる。したがって、「活動あって学びなし」

という深まりを欠いた状況に陥らないようにしたい。

　そのためには、目標の明確化や学習の見通しの提示、学習成果の振り返りなど、一連の活動が系統性をもつように工夫する必要がある。特に「深い学び」の視点に関して、探究の過程の中で、より質の高い深い学びにつなげることが重要である。

　必要な知識・技能を教授しながら、それに加えて、生徒の思考を深めるために発言を促したり、気付いていない視点を提示したりするなど、学びに必要な指導の在り方を追究し、必要な学習環境を積極的に設定していくことが求められる。そうした中で、着実な習得の学習が展開されてこそ、主体的・能動的な活用・探究の学習を展開することができる。

6　絶対評価による3観点で示す学習評価

　2000（平成12）年の教育課程審議会の最終答申「児童生徒の学習と教育課程の実施状況の評価の在り方について」で相対評価から絶対評価へと転換することが示された。

　平成29年版学習指導要領では、資質・能力の三つの柱「知識及び技能」「思考力、判断力、表現力等」「学びに向かう力、人間性等」のうち、「学びに向かう力、人間性等」に含まれる感性や思いやり等については、観点別学習状況の評価になじまないことから評価の対象外とするため、「主体的に学習に取り組む態度」という言葉を使うことになっていることに留意したい。

図3　理科の評価の観点の変遷

　さらに、評価の観点がそれまでの4観点から3観点になることが明らかになった。

●知識・技能
・自然の事物・現象に対する概念や原理・法則の基本を理解し、知識を身に付けている。
・観察、実験などを行い、基本操作を習得するとともに、それらの過程や結果を的確に記録、整理し、自然の事物・現象を科学的に探究する技能の基礎を身に付けている。
●思考・判断・表現
・自然の事物・現象の中に問題を見いだし、見通しをもって課題や仮説を設定し、観察、実験などを行い、得られた結果を分析して解釈し、根拠を基に導き出した考えを表現している。
●主体的に学習に取り組む態度
・自然の事物・現象に進んで関わり、それらを科学的に探究しようとするとともに、探究の過程などを通して獲得した知識・技能や思考力・判断力・表現力を日常生活などに生かそうとしている。

　授業の評価には、段階がある。最初は生徒の学習状況を分析的に捉える「観点別学習状況の評価」であり、次に、これらを総括的に捉える「評定」である。まず「観点別学習状況の評価」を最初に出し、それをまとめて「評定」になる、という順序である。いずれも、学習指導要領に定める目標に準拠しているかを判断根拠とする。

　その際、学力の三つの柱である「学びに向かう力、人間性等」には、観点別評価や評定にはなじまず、「個人内評価」として見取る部分がある。「感性」「思いやり」がそれに当たる。生徒一人一人のよい点や可能性、進歩の状況などを積極的に評価し、「観点別学習状況の評価」や「評定」とは別に児童生徒に伝える。

　これらの生徒の学習状況の把握は、授業改善に直結しており、その意味で指導と評価は表裏一体である。学習評価は、教育課程や学習・指導方法の改善と一貫性をもった形で進め、教育活動の根幹で

あり「カリキュラム・マネジメント」の中核的な役割を担っている。

　さて、評価を機能的に捉えると、二つに分けられる。本書では区別して構成している。

　一つは「診断的評価」「形成的評価」である。指導前・指導中・指導後に随時実施するもので、生徒が身に付けている学力の程度などを評価し、指導計画の作成、修正・変更や補充的な指導に生かす。本書では、「指導に生かす評価」として、（　）付きで表記している。

　もう一つは「総括的評価」である。指導後に実施し、指導した内容について、生徒が身に付けた学力の程度を評価する。これは、通知表や指導要録に成績を付けたり、入試に用いる内申書の主な材料にしたりするが、指導の改善に生かすこともできる。本書では、「記録に残す評価」として、太字で表記している。

7　内容のまとまりごとの評価の実際

　単元の指導と評価の計画に基づき、評価方法を工夫して行い、観点ごとに総括した第3学年第2分野⑹「地球と宇宙」の「天体の動きと地球の自転・公転」9時間分の評価事例を示した。この表は、国立教育政策研究所が作成した参考資料「指導と評価の一体化のための学習評価・中学校理科」（2020）のp.55に掲載されている「事例1」である。なお、吹き出しは筆者が入れた。

数値ではなく、A・B・Cの3段階でざっくり評価する。

記録を残す評価を全くしない時間が、9時間中3時間ある。

時	学習活動	知	思	態	生徒の様子
1	天球を使って天体の位置を表す。				地球上の特定の場所における時刻や方位を読み取った。
2	太陽の日周運動の観察を行う。				太陽の動きを観察し、その結果を記録した。
3	観測記録から、太陽の一日の動き方の特徴を見いだす。	A			透明半球に付けられた点の記録から、太陽の動いた軌跡を結んだ。
4	星の一日の動きを透明半球にまとめる。		B		透明半球に、星の一日の動きを表した
5	相対的に星の動きと地球の自転とを関連付けて考え、地球の自転の向きを推論する。			A	星の日周運動を地球の自転と関連付けて、天球を使って説明した。
6	星座の年周運動のモデル実験から、星座の見え方が変わることを見いだす。				公転によって、季節ごとに地球での星座の見え方が変わることを説明した。
7	・シミュレーションで、天球上の星座や太陽の1年間の動き方を理解する。	B			代表的な星座の見える時期や時刻、方位について理解した。
8	季節ごとの地球への太陽の光の当たり方が変化することをモデル実験で調べる		B		季節ごとに太陽の光の当たり方が変化する原因を、モデル実験の結果から説明した。
9	昼夜の長さの変化を、地球儀を用いたモデル実験を通して探究する。			A	身に付けた知識及び技能を活用して探究し、新たな疑問をもった。
ペーパーテスト（定期考査等）		A	B		
単元の総括		A	B	A	

・「知識・技能」は、第3時で「技能」を、第7時とペーパーテストで「知識」を評価した。その結果、「ABA」となることから、総括して「A」とした。
・「思考・判断・表現」は、第4時と第8時とペーパーテストで評価し「BBB」となることから、総括して「B」とした。
・「主体的に学習に取り組む態度」は、「AA」となることから、総括して「A」とした。

ペーパーテスト（定期テスト等）を学習のまとまりの評価機会の中に位置付ける。

態度の評価は学習の中・終盤にする。

　知識・技能の評価方法は、第3時は「透明半球上の記録の分析」、第7時は「ワークシートの記述の分析」、それに定期考査等のペーパーテストの解答である。

思考・判断・表現の評価方法は、第4時は「透明半球上の記録とワークシートの記述の分析」、第8時は、「ワークシートの記述の分析」である。

　主体的に学習に取り組む態度の評価方法は、第3時は「ワークシートの記述と行動観察の記録の分析」、第9時は、「ワークシートの記述の分析の分析」である。

　1時間の授業で行う評価は1観点のみである。また、第1・2・6時の3時間は、記録に残す評価は行わない。

◯ この程度で十分	・数値ではなく、A・B・Cの3段階でざっくり評価している。 ・記録を残す評価をしない時間がある（学習に生かす評価は行う）。 ・ペーパーテスト（定期テスト等）を学習のまとまりの評価機会の中に位置付けている。 ・態度の評価は学習の中・終盤にする。
△ 改めた方がよい	・学習に生かす評価と記録に残す評価が区別されずにいる。 ・定期テスト等のペーパーテストでの評価に知識・技能や思考・判断・表現の総括的な評価を組み込んでいない。 ・1つの授業で複数の観点の評価を行っている。 ・毎時間、絶えず記録に残す評価をしている。

　日常の評価活動は、この程度の回数、方法が望まれていると言えよう。

　一人一人の学びに着目して評価をすることは、ある意味、教師の仕事が増える。しかし、多様な資質・能力を評価することが重視されるにしたがって、知識・技能だけではない資質・能力や態度も評価として見られるようになってきた。定期考査のようなペーパーテストだけでは限界があり、できるだけ多様な評価方法で生徒の学習の達成状況を把握した方がよい。その際、「指導に生かす評価」と「記録に残す評価」の区別を意識すると、評価にかける手間と時間を学習指導に傾けることができる。

　例えば、1時間の授業で3観点すべてを評価する必要はない。個々の授業でどの観点に重点を置くかを明らかにし、単元を通して多様な観点について評価できればよい。

　また、すべての評価資料を総括する必要はない。一般に個々の評価資料を集積したものを学期末や学年末の総括的な評価として活用するが、習得の過程では、あえて記録に残すことはせず、もっぱら指導に生かすことに重点を置く。学習のまとまりの終盤での習得したことが見込まれる場面では、記録に残すことに重点を置く。

　実は、2000（平成13）年の観点別学習状況評価の導入直後は、評価を記録するため、本来の教科指導がおろそかになるという弊害を生んだ。あくまで指導に生かすために評価をするのであり、「評価のための評価」「評定をするための評価」にならないように注意したい。

　評価の本来の目的は、通知表や高校入試の合否判定資料としての評定（いわゆる内申点）ではなく、教師の指導の改善、生徒の学習の改善である。内申点は合否に直結することから、生徒や保護者が評定に過敏になりがちである。その対応の意味においても、学校全体や他校との連携の中で、計画や評価ツールの作成を分担するなど、これまで以上に協働と共有を進めることが求められている。風通しのよい評価体制を教師間で作っていくことで、教師一人当たりの量的・時間的・精神的な負担の軽減につながる。評価方法の工夫改善が、働き方改革にもつながるだろう。

平成29年版学習指導要領では、学年ごとに重視する学習過程が新たに示されている。

「2 内容」には、ア、イの二つの項目があるが、そのうちのイに、その学年で重視する学習過程が含まれている。第3学年では、

> ・探究の過程を振り返ること

である。

観察・実験器具の名称や元素記号、安全に関わることなどのように、「考えなくても、決まっていること」はある。暗記すべき知識である。その際、教師はひるまず一斉指導すべきである。

しかし、大部分の授業は、探究の過程の流れに沿って進んでいく。課題の把握→課題の探究→課題の解決の順である。この「課題」が指し示す内容や概念が、例えば、「疑問」や「問題」、あるいは「予想」や「仮説」とどう違うのか、捉え方はいろいろあるものの、全体的な流れとしては、それで間違いない。

この一連の流れは、一方通行的に進んでいくことはない。途中で「振り返り」がある。例えば、観察、実験方法が設定した課題を解決する方法だと言えるか、結果をみて観察・実験操作の誤りや測定ミスはなかったか、結果から考察したことが課題に対応していると言えるのか、というように、探究の過程の各段階で行っている。考察の最終結論が出た場面だけで振り返るのではなく、探究の過程で随時行っていることである。

一方で、課題を設定したり、仮説を立てたりする際は、どんな観察・実験をすればよいか、どんな結論が出そうかなどの見通しを立てている。「振り返り」とは反対の「見通し」も大切である。

実は、「振り返り」と「見通し」は探究の過程で絶えず行っており、特定の場面だけで行うことではない。このことを意識して学習を進めることが、第3学年の授業づくりのポイントである。

特に、「振り返り」は、探究している事柄が論理的に一貫した整合性をもっているかどうかのチェックでもある。観察、実験結果をグループごとに考察し、それを発表する場面で、自分たちのグループと異なる考察を聞いたとき、自分たちのそれまでの一連の探究の過程を振り返る。そこでは、観察、実験方法や手順に誤りはなかったか、あるいは、別々のテーマでグループごとに調べたことを報告し合い、類似点や相違点を考察する中で、調べたことを振り返る。

表：「思考力、判断力、表現力等」及び「学びに向かう力、人間性等」に関する学習指導要領の主な記載

資質・能力	第1分野	第2分野
思考力、判断力、表現力等	【第3学年】見通しをもって観察、実験などを行い、その結果（や資料）を分析して解釈し、特徴、規則性、関係性を見いだして表現すること。また、探究の過程を振り返ること。	
	見通しをもって観察、実験などを行い、その結果を分析して解釈するとともに、自然環境の保全と科学技術の利用の在り方について、科学的に考察して判断すること。	観察、実験などを行い、自然環境の保全と科学技術の利用の在り方について、科学的に考察して判断すること。
学びに向かう力、人間性等	物質やエネルギーに関する事物・現象に進んで関わり、科学的に探究しようとする態度を養う。	生命や地球に関わる事物・現象に進んで関わり、科学的に探究しようとする態度、生命を尊重し、自然環境の保全に寄与する態度を養う。

第1分野(5) 運動とエネルギー

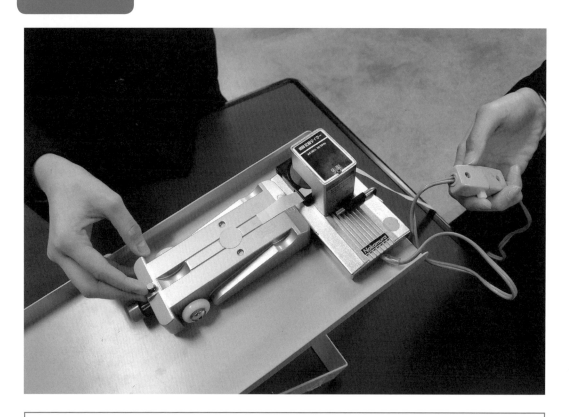

本単元では、量的・関係的な見方等を働かせて、物体の運動とエネルギーについての観察、実験などを行い、力、圧力、仕事、エネルギーについて日常生活や社会と関連付けながら理解させるとともに、関係する観察、実験に関する技能を身に付けさせ、思考力・判断力・表現力等を育成することが主なねらいである。

また、思考力・判断力。表現力等を育成するために、力のつり合いと合成・分解、物体の運動、力学的エネルギーについての規則性や関係性を見いだし表現するとともに、探究の過程を振り返らせることが大切である。

(ア) 力のつり合いと合成・分解　全6時間
㋐水中の物体に働く力　2時間

次	時	主な学習活動	学習過程、見方・考え方、評価など
1	1	実験 「水深とゴム膜の様子」	比較 記録 思
	2	実験 「浮力の大きさ」	記録 知

㋑力の合成・分解　4時間

次	時	主な学習活動	学習過程、見方・考え方、評価など
2	3	実験 「一直線上で働く2力の合力の関係」	課題の設定
	4	実験 「角度をもって働く2力と合力の関係」	課題の設定 記録 思
	5	作図による合力の表し方	対話的な学び
	6	作図による分力の表し方	対話的な学び 記録 態

（イ）　運動の規則性　全10時間

⑦運動の速さと向き　4時間

次	時	主な学習活動	学習過程、見方・考え方、評価など
1	1	物体の運動の表し方	対話的な学び　比較
	2	運動の調べ方（記録タイマーの使い方）	比較　記録 知
	3	記録タイマーの結果を分析する	量的　関係的
	4	実験 物体間で互いに働き合う力	

①力と運動　6時間

次	時	主な学習活動	学習過程、見方・考え方、評価など
2	5	「一定の大きさの力が働き続けるときの台車の運動」	記録 態
	6	一定の大きさの力が働き続けるときの台車の運動（まとめ）	対話的な学び　量的　関係的
	7	力が働かないときの物体の運動	記録 態
	8	力が働かないときの物体の運動（まとめ）	対話的な学び
	9	実験 「斜面上の物体の運動」	課題の設定　解決方法の立案 記録 思
	10	斜面上の物体の運動と力の関係	振り返り　対話的な学び 比較　関係付け

（ウ）　力学的エネルギー　全9時間

⑦仕事とエネルギー　8時間

次	時	主な学習活動	学習過程、見方・考え方、評価など
1	1	力学的な仕事	比較
	2	実験 「道具を使ったときの仕事」	記録 思
	3	仕事の原理	記録 知
	4	仕事の能率	
	5	実験 「物体のもつエネルギーと高さや質量の関係」	条件制御 記録 思
	6	位置エネルギーの大きさを決めるもの	対話的な学び　関係的 記録 思
	7	実験 「物体のもつエネルギーと速さや質量の関係」	条件制御 記録 知
	8	運動エネルギーの大きさを決めるもの	対話的な学び　関係的

①力学的エネルギーの保存　1時間

次	時	主な学習活動	学習過程、見方・考え方、評価など
2	9	力学的エネルギーの大きさ	記録 態

1 力のつり合いと合成・分解 （6時間扱い）

単元の目標

　水中の物体に働く力、力の合成・分解について、見通しをもって観察、実験を行い、その結果を分析して解釈し、水中で圧力が働くことや物体に働く水圧と浮力との定性的な関係を理解し、合力や分力の規則性を見いだして理解させるとともに、力のつり合いと合成・分解に関する観察、実験の技能を身に付けさせる。

評価規準

知識・技能	思考・判断・表現	主体的に学習に取り組む態度
力のつり合いと合成・分解を日常生活や社会と関連付けながら、水中の物体に働く力、力の合成・分解についての基本的な概念や原理・法則などを理解しているとともに、科学的に探究するために必要な観察、実験などに関する基本操作や記録などの基本的な技能を身に付けている。	力のつり合いと合成・分解について、見通しをもって観察、実験などを行い、その結果を分析して解釈し、力のつり合い、合成や分解の規則性や関係性を見いだして表現しているとともに、探究の過程を振り返るなど、科学的に探究している。	力のつり合いと合成・分解に関する事物・現象に進んで関わり、見通しをもったり振り返ったりするなど、科学的に探究しようとしている。

既習事項とのつながり

(1)中学校1年：「身近な物理現象」物体に力が働くとその物体が変形したり動き始めたり、運動の様子が変わったりすること、力は大きさと向きによって表されることや物体に働く2力がつり合うときの条件について学習している。

(2)中学校2年：「気象とその変化」圧力は力の大きさと面積に関係があることや空気の重さによって大気圧が生じることを学習している。

指導のポイント

(1)**本単元で働かせる見方・考え方**

　水圧の大きさと水の重さを量的・関係的な視点で捉えさせるとともに、水圧の大きさと浮力の大きさの関係を定性的な視点で捉えさせ、それぞれの変化を関係付けて考えさせる。また、物体に働く力の合力や分力を量的・関係的な視点で捉えさせ、それぞれの力の大きさの関係を作図で表せるという規則性を見いださせる。

(2)**本単元における主体的・対話的で深い学び**

　風呂やプールの水に体を入れたときや一つの物体を二人で持ち上げたときの様子を思い出させるなど、水圧や浮力、力の合成・分解に関わる事物や現象を日常生活と関連付け、課題を自分事として捉えさせて主体性を引き出す。また、力の合成の実験では、それぞれの結果を比較して共通する規則性を見いだし、力の合成・分解についての理解を深めさせる。

㋐ 水中の物体に働く力（2時間）

時	主な学習活動	評価規準
1	水圧とその性質① 実験 比較 「水深とゴム膜の様子」	（知）思
2	水圧とその性質② 実験 「浮力の大きさ」	知

㋑ 力の合成・分解（4時間）

時	主な学習活動	評価規準
3	課題の設定 力の合成と合力① 実験 「一直線上で働く2力の合力の関係」	（知）（態）
4	課題の設定 力の合成と合力② 実験 「角度をもって働く2力と合力の関係」	（知）思
5	力の合成と合力③ 対話的な学び 作図による合力の表し方	（知）
6	力の分解と分力 対話的な学び 作図による分力の表し方	（知）態

第①時

水圧とその性質

・水中にある物体には水圧が働き、その大きさは水深によって変化することを理解することができる。
・水圧は水の重さによって生じることを理解することができる。

本時の評価

・水圧に関する観察、実験などを通して、水圧と水の重さを関連付けて理解している。(知)
・見通しをもって観察、実験などを行い、水圧と水の深さの関連を捉えている。思

準備するもの

付録

・水そう
・ポリエチレンの袋
・水圧感知器
・水圧実験用水そう

課題

水中にある物体には、どのような圧力がはたらくのだろうか。

ポリエチレンの袋に入れた手を水中につけるとどのようになるか？ 1

予想
・何も起こらない。
・袋の中の空気が膨らむ。
・袋が手に張りつく。

2

結果　袋が手に張りついた。

水圧…水中にある物質にはたらく力

授業の流れ ▷▷▷

1　ポリエチレンの袋に入れた手を水中につけた様子を予想する　〈5分〉

水を入れた水そうがあります。ここにポリエチレンの袋に入れた手をつけると、どのようになるでしょうか？

・水を入れた水そうの中に、ポリエチレンの袋に入れた手をつけるとどのようになるか問いかける。大気中での様子を確認させてから、第2学年で学習した「大気中にある物体には大気圧が働いていること」を振り返らせる。
・水そうは、手首程度の深さまで水が入れられるものを用意する。水圧実験用水そうを使用してもよい。

2　袋が手に張り付くことを確認する　〈10分〉

袋が手に張り付いたことから、水中にある袋や手に圧力が働いていることが分かります。これを水圧といいます

比較

・ポリエチレンの袋に入れた手を水中につける演示実験を代表生徒が行う。袋が手に張り付くことから、水中にある物体には水圧が働くことを実感させる。
・大気圧は空気の重さによって働く圧力であったことを振り返り、大気による現象と水による現象を比較して、水圧は水の重さによって働く圧力であることを理解させる。

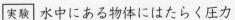 実験 水中にある物体にはたらく圧力

結果 《縦向きに入れたとき》

《横向きに入れたとき》

まとめと合わせて説明する

（水面）

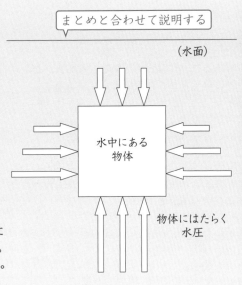

水中にある
物体

物体にはたらく
水圧

まとめ
4

・水中にある物体には、水の重さに
よる圧力である水圧がはたらく。
・水圧は物体のどの面にもはたらく。
・水圧は、水面からの深さが深い
ほど大きくなる。

---

3 水圧感知器を使って、水中にある物体への水圧の働き方を調べる　〈20分〉

《縦向きに入れたとき》《横向きに入れたとき》

水圧の大きさは何に関係しているのかな？

実験

・縦向き・横向き共に、浅いところと深いところで深さによってゴム膜のへこみ方が異なることに気付かせる。

・ゴム膜が劣化していると、水圧感知器を横向きにして同じ深さに入れたときに、へこみ具合が左右で異なってしまうことがある。必ず事前に予備実験を行い、必要に応じてゴム膜を交換しておく。

---

4 実験結果をまとめ、気付いたことを出し合う　〈15分〉

縦に入れたときは、上側よりも下側の方が大きくへこんでいたわ

横向きに入れたときは、左右とも同じぐらいへこんでいたね

斜めにしたときでもゴム膜はへこんでいたよ

・水圧感知器のゴム膜のへこみ方から、水圧は水中にある物体のすべての面に働いていること、また、水面からの深さが深いほど物体に働く水圧が大きくなることに気付かせる。

・物体に働く水圧は、水面に近い側と遠い側で大きさに違いがあることに気付かせ、次時の浮力の学習につなげる。

第②時

浮力の大きさ

本時のねらい

・水中にある物体には浮力が働き、その大きさは水中にある物体の体積によって決まることを理解することができる。
・浮力は物体の上下に加わる水圧の差によって生じることを理解することができる。

本時の評価

・浮力の大きさと水中にある物体の体積の関係を理解している。知

準備するもの

・ばねばかり
・浮力測定用体A・B（形が同じで質量が異なるもの）
・ビーカー
・スタンド

付録

課題

浮力の大きさは、何によって決まるのだろうか。

ばねばかりにつり下げたおもりを水の中に入れたとき、ばねばかりの値はどうなるだろうか。

1

予想
・何も起こらない。
・値が大きくなる。
・値が小さくなる。

2

結果　　値が小さくなった。

浮力…水中にある物体に
　　　はたらく上向きの力

授業の流れ ▷▷▷

1 ばねばかりにつるした物体を水中に入れたときの値を予想する 〈5分〉

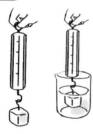

お風呂に入るときは、体が軽くなったように感じるよ

・ばねばかりにつるした物体を水中に入れると値はどうなるかと問いかける。風呂やプールに入ったときの様子や水に浮かぶ船など、日常生活の場面を思い出させて、予想させるとよい。
・用意できれば、12ポンド（約5.4kg）以下のボウリングの球（体積約5500㎤）など、質量の大きな物体が水に浮く様子を観察させると、生徒の疑問をより深く引き出すことができる。

2 物体を水中に入れて、ばねばかりの値を確認する 〈10分〉

ばねばかりの値が小さくなったことから、水中にある物体には上向きの力が働いていることが分かります。この力を浮力といいます

浮力の大きさは何に関係しているのかな？

・ばねばかりが示す値が小さくなったことから、水中にある物体には上向きに力が働いていることを確認し、この力が浮力であることを理解させる。
・「浮力の大きさは何に関係しているのか」と問いかけ、数人の生徒に意見を発表させた後、課題を提示する。

| 実験 | 水中にある物体にはたらく浮力の大きさ |

結果 ▶3

おもり		空気中	半分水中	全部水中	より深く沈める
A	ばねばかりが示す値〔N〕	0.50	0.30	0.10	0.10
	浮力の大きさ〔N〕	0	0.20	0.40	0.40
B	ばねばかりが示す値〔N〕	0.86	0.66	0.46	0.46
	浮力の大きさ〔N〕	0	0.20	0.40	0.40

4

まとめ
- 水中にある物体には、上向きに浮力がはたらく。
- 水中にある物体の体積が大きいほど、浮力も大きくなる。

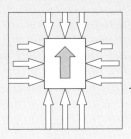

左右の面にはたらく力はつり合っている

上下の面にはたらく力の差が浮力になる

---

3 水中にある物体に働く浮力の大きさを調べる 〈20分〉

空気中　　半分水中　　全部水中

4 実験結果をまとめる 〈15分〉

沈めた深さによって、ばねばかりの値が変わっていたね

でも、全体が水に浸かると、それ以上値は変わらなかったよ

浮力は、物体の上面と下面に加わる水圧の大きさの差によって生じる力です

実験
- 浮力測定用体を水の中に沈めていくと、ばねばかりの示す値が小さくなっていくことに気付かせる。また、浮力測定用体がすべて水に浸かるとその後はばねばかりの値が変化しないこと、形（体積）が同じ物体であれば、浮力の大きさも同じであることに気付かせる。
- 市販の浮力測定用体がない場合は、ふたに金属線を取り付けたフィルムケースにおもりを入れたもので代用できる。

- 結果から、浮力は水面からの深さや物体の種類に関わらず、物体の水に沈んでいる部分の体積によって決まることに気付かせる。
- 浮力は、物体の上面と下面の水圧の差によって生じることを、図を使って説明する。
- アルミニウムなどの薄くて柔らかい金属板を用意して、「水に浮かせるためにはどうしたらよいか」と問いかけると、思考をより深めることができる。

第③時

力の合成と合力①

本時のねらい

・1つの力、その力と同じ働きをする一直線上の2力の大きさを調べ、力の合成と合力について理解することができる。

本時の評価

・力の合成に関する観察、実験などを通して、物体に働く2力とその合力の関係を理解している。(知)
・実験結果を基に、物体に働く2つの力とその合力の関係に着目し、課題を見いだそうとしている。(態)

準備するもの

付録

・2Lのペットボトル
・凧糸
・釘(または画鋲など)を打った板
・ばね(ゴムひもでも代用可)
・ばねばかり
・定規

【課題】

1つの力と、その力と同じはたらきをする一直線上の2力は、どのような関係になっているか。

【実験】 1つの力と、その力と同じはたらきをする一直線上の2力の関係 2

授業の流れ ▷▷▷

1 力の合成に関心をもつ 〈10分〉

重い荷物は1人で持つよりも2人で持つ方が楽ですね。では、2人が出した力の合計は、1人で持ったときの力の大きさと同じでしょうか?

「1人で持つよりも楽だね」

「さっきよりも重くなったような…?」

課題の設定

・2人の生徒に、(A)水を入れたペットボトルを1人で持ち上げたとき、(B)2人で同じ作用線上(真上)に持ち上げたとき、(C)角度をつけて持ち上げたときに感じた重さを聞く。
・水を入れたペットボトルに加わる重力の大きさは変わらないのに、支えるのに必要とする力の大きさが変わった理由を考えさせる。

2 一直線上で働く2力の合成の実験を行う 〈15分〉

(1)一つのばねばかりでばねを一定の長さまで伸ばす。
(2)二つのばねばかりで同じ向きに引き、ばねを(1)と同じ長さまで伸ばす。

(3)一つのばねばかりはばねを伸ばす向きに、もう一つは縮める向きに引き、(1)と同じ長さまで伸ばす。

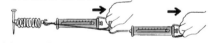

実験

・〈水の入ったペットボトルを持ち上げる〉のではなく、〈ばねを同じ長さまで伸ばす〉ことで力の大きさを調べるのだと理解させる。
・(2)・(3)では、一直線上で力を加える。両端を輪にした凧糸を使うと、ばねや2つのばねばかりを接触させずに実験できる。
・ばねを伸ばしすぎて弾性限界を超えないように注意する。ゴムひもでも代用できる。

結果	ばねばかりが示した値を表に記入する。 **3**					
	(1) のとき	(2) のとき		(3) のとき		
ばねばかりの値〔N〕	2.6	F_1	F_2	F_3	F_4	
		1.6	1.0	4.7	2.1	

まとめ
4

・力の合成：2つの力と同じはたらきをする1つの力を求めること

・合力：合成してできた力

まとめと合わせて説明する

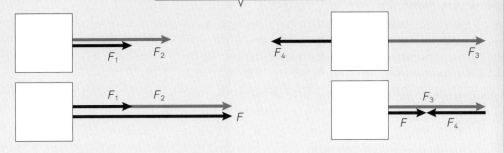

同じ向きの場合、$F = F_1 + F_2$　　　　逆向きの場合、$F = F_3 - F_4$

3 実験結果をまとめ、気付いたことを出し合う〈10分〉

同じ向きに引いたとき、1つの力の大きさと2力の大きさの和が同じだったよ

逆向きに引いたときは、2力の大きさの差になっていたね

4 力の合成についてまとめる〈15分〉

2つの力と同じ働きをする1つの力を求めることを力の合成、合成してできた力を2力の合力といいます

だから、荷物が軽くなったように感じたんですね

・どのような大きさで力を加えたときでも、ばねの伸びが同じであれば、同じ向きに引いたときには2力の和、逆向きに引いたときには2力の差が、1つのばねばかりで引いたときの力と同じ大きさになっていることに気付かせる。

・2つの力と同じ働きをする1つの力を求めることを力の合成、合成してできた力を2力の合力ということを理解させる。

・導入を振り返り、次時は一直線にない2つの力を合成したら、合力の向きや大きさはどうなるのか考えることを予告する。

第④時
力の合成と合力②

本時のねらい
・１つの力、その力と同じ働きをする一直線上にない２力の大きさを調べ、力の合成と合力について理解することができる。

本時の評価
・力の合成に関する観察、実験などを通して、物体に働く２力とその合力の関係を理解している。(知)
・力の合成について見通しをもって観察、実験などを行い、物体に働く２力とその合力を作図によって説明している。思

準備するもの
付録
・単１乾電池
・輪ゴム
・釘を打った板
・ばね
・ばねばかり
・定規・記録用紙

課題
１つの力と、その力と同じはたらきをする一直線上にない２力は、どのような関係になっているか。

予想
・１つの力の大きさ
　＝２つの力の大きさの和
・１つの力の大きさ
　＜２つの力の大きさの和

授業の流れ ▷▷▷

1 切った輪ゴムをしばり付けた乾電池を持つ 〈10分〉

輪ゴムを開いたときの方が重く感じます
乾電池が重くなったのかな？

課題の設定
・切った輪ゴムを乾電池にしばり付け、生徒に両手で持たせる。乾電池に加わる重力の大きさは変わらないのに、輪ゴムの角度によって手が感じる重さやゴムの伸びが異なることを確認させる。
・持ち上げる角度が変わると、物体を支えるのに必要な２力の大きさも変わる理由を考えさせる。

2 同一直線上にない２力の合成の実験を行う 〈20分〉

２つの力でばねを伸ばす

１つの力でばねを伸ばす

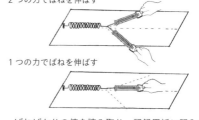

ばねばかりの値を読み取り、記録用紙に記入する。

実験
・記録用紙にばねを伸ばす方向の線を引いておき、その線に沿うようにばねばかりで引っ張らせる。
・ばねばかりを引っかける位置がずれてしまうと、あとで作図するときに力の矢印の位置がずれてしまう。両端を輪にした凧糸をばねに引っかけ、ばねばかりは凧糸の輪に引っかけると、作用点がずれずに実験できる。

実験 一直線上にない2力の合力 ②

方法 2つの力の角度を変えて、グループ全員が力の大きさを測定する。

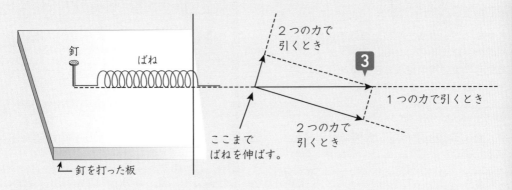

まとめ 一直線上にない2力の合力は、その2力を隣り合う辺とする
平行四辺形の対角線となる。

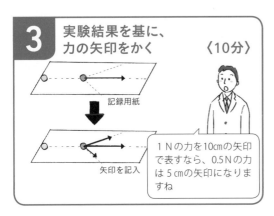

3 実験結果を基に、力の矢印をかく 〈10分〉

1 Nの力を10cmの矢印で表すなら、0.5Nの力は5cmの矢印になりますね

・記録用紙に、読み取ったばねばかりの値と計算した矢印の長さを記入する欄を設けておくと、とまどわずに作業ができる。
・矢印の長さは、使用するばねの強度と記録用紙のスペース、生徒が使う定規の長さを考えて、計算しやすく、作図しやすい値を設定して示すことが必要である。

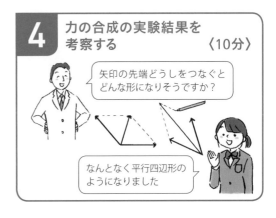

4 力の合成の実験結果を考察する 〈10分〉

矢印の先端どうしをつなぐとどんな形になりそうですか？

なんとなく平行四辺形のようになりました

・机間指導して記録用紙の様子を確認し、力の矢印の先端を結ぶと平行四辺形がかけることと、合力は平行四辺形の対角線にあたることを理解させる。
・ばねばかりの読み取りがうまくできていなかったり、矢印が正しくかけていなかったりする生徒がいた場合は、この時間に再度実験を行わせるとよい。

第⑤時

力の合成と合力③

本時のねらい

・力の合成の作図方法を学び、練習問題を通して作図の技能を身に付けることができる。
・日常生活の中で利用される合力を発見し、力の矢印で表現することができる。

本時の評価

・物体に働く2力とその合力の関係を理解している。（知）

準備するもの

・前時の実験結果
・練習問題ワークシート
・三角定規
・話し合い用の小型ホワイトボードとマーカー

付録

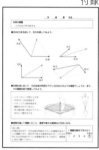

```
課題  2力の合力を作図する。

復習  ・一直線ではたらく2力の合成
 1     ⇒1つの力と、その力と同
         じはたらきをする一直線
         上の2力の合力は、向き
         と大きさが等しい。

      ・一直線上にない2力の合成
        ⇒合力は、その2力を隣り
          合う辺とする平行四辺形
          の対角線となる
 4

○日常生活の中では、どんな
 場面で力が合成されている
 だろうか？
```

授業の流れ ▷▷▷

1 力の合成について振り返る 〈10分〉

2つ以上の力と同じ働きをする1つの力を求めることを「力を合成する」
合成された力のことを「合力」といいます

 働きは同じ ＝ 1つの力
2つの力

2つの力が同一直線上にない場合、合力は平行四辺形の対角線になります

・力の合成と合力の定義を振り返る。重い荷物を2人で持つ場合などの例を再度挙げて説明するとよい（簡単なイラストに力の矢印を重ねて板書すると分かりやすい）。
・平行四辺形の作図の手順は、黒板で演示用三角定規を使って丁寧に説明する。
・第①時でペットボトルを引き上げたときの力について、図を基に説明させるとよい。

2 力の合成の練習問題に取り組む 〈15分〉

(1) 　(2)
(3) 　(4) 　(5)

力の矢印をかき忘れないように注意しましょう

・(1)F_1に三角定規を合わせる。(2)三角定規をずらして、F_2の先を通り、F_1に平行な線を引く。(3)F_2に三角定規を合わせる。(4)三角定規をずらして、F_1の先を通り、F_2に平行な線を引く。(5)F_1・F_2の矢印の始点から平行四辺形の対角線に合力 F をかく。
・平行な補助線を引いて作図を終えてしまう生徒が少なからずいる。目的は作図によって合力の矢印を求めることであると再確認する。

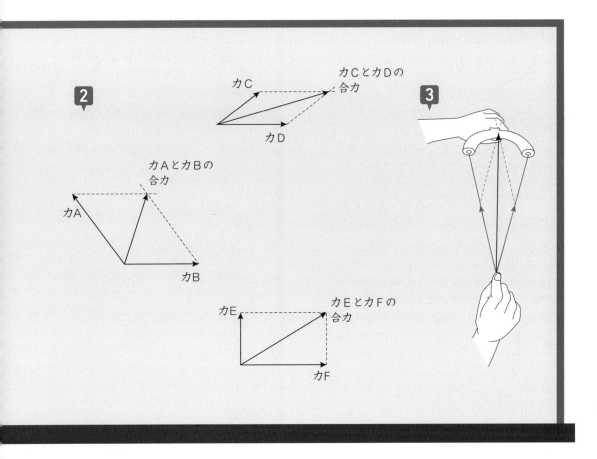

3 日常生活における力の合成の例を挙げる 〈10分〉

日常生活で利用されている力の合成を考えてみましょう。例えば、おもちゃのパチンコで玉を飛ばすときはどうでしょうか？

勢いよく球が飛ぶのは、合力が大きいからなのかな？

4 日常生活における力の合成の例を考える 〈15分〉

力を合成している場面にはどんなものがあるかな？

高く跳ね上がるトランポリンはどうかな？

矢を飛ばす弓は、力を合成していると聞いたよ

対話的な学び

・日常生活で力を合成している場面を例示し、2力の矢印とその合力の矢印を板書する。
・一直線上で働く力の例は、綱引きや床の上にある物体を摩擦力に逆らって動かすときなどがある。一直線上にない力の合成の例は、トランポリンで跳び上がるときや弓を引くとき、犬がそりを引くときなどがある。

・日常生活の中で力が合成されている場面を考えて、班の中で発表させる。生徒が思いつかない場合は、タブレット端末で調べさせたり、教師が提示したりするとよい。
・生徒が考えた例に対して、働いている複数の力とその合力を小型ホワイトボードに作図させる。正確さを問うのではなく、力の合成が行われている場面を正しく捉えられていればよい。

第⑥時
力の分解と分力

本時のねらい

- 力の分解の作図方法を学び、練習問題を通して作図の技能を身に付けることができる。
- 日常生活の中で利用される分力を発見し、力の矢印で表現することができる。

本時の評価

- 物体に働く力とその分力の関係を理解している。(知)
- 力のつり合いや分解に関する事物・現象に進んで関わり、日常生活と関連付けて考えようとしている。態

準備するもの

- 練習問題ワークシート
- 三角定規
- 話し合い用の小型ホワイトボードとマーカー

付録

課題　力を分解し、分力を作図する。

1
- 力の分解：1つの力を、同じはたらきをする2つ以上の力に分けること。
- 合力：分解された力

4
○日常生活の中では、どんな場面で力が分解されているだろうか？

余白があれば、生徒の小型ホワイトボードを掲示する

授業の流れ ▷▷▷

1　力の分解について知る　〈10分〉

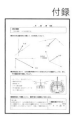

合成とは逆に、力を2つの方向に分けて考えることもできますね

働きは同じ ＝

1つの力
点線の2方向に分解すると…

2つの力

- 1つの力を、その力と同じ働きをする2つ以上の力に分けることを「力を分解する」といい、分解された力のことを「分力」という。
- 分力の矢印を2辺とする平行四辺形の対角線が、分解前の力の矢印になる。力を合成するときと逆の考え方である。

2　力の分解の練習問題に取り組む　〈15分〉

力の矢印をかき忘れないように注意しよう

- (1)力 F を分解する方向を決め、1つの方向に三角定規を合わせる。(2)力 F が対角線になるような平行四辺形の1辺をかく。(3)力 F を分解するもう一つの方向に三角定規を合わせる。(4)平行四辺形の1辺をかく。(5)分力の矢印をかく。
- 力の合成の場合と同様に、角度や向きが変わってもとまどうことがないように、十分練習させる。

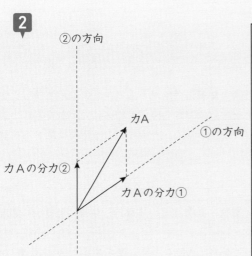

2

②の方向

力A

力Aの分力②

①の方向

力Aの分力①

2つの方向が決まれば
作図して分力を求めることができる。

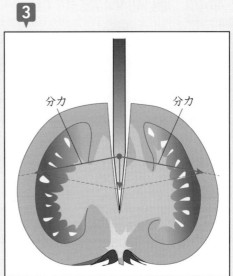

3

分力　　分力

---

3 日常生活における力の分解の例を作図する　〈15分〉

力の分解は、日常生活のいろいろな場面で利用されています。例えば、包丁で食材を切る場面を考えてみましょう

包丁で切るときは、真下に力を加えているけど…？分力は働くのかな？

- 日常生活で力を分解している場面を例示し、2力の矢印とその分力の矢印を板書する。
- 力の分解の例は、ロープウェーを支えるワイヤー、食材を切る際の包丁、傘を開く手、トラス橋・斜張橋・アーチ橋などの橋梁構造が挙げられる。トラス構造のみに注目させて、利用している物体を考えさせてもよい。

4 日常生活における力の分解の例を考える　〈10分〉

力を分解している場面にはどんなものがあるかな？

ロープウェーは左右のワイヤーでゴンドラを支えているよ

いろいろな形をした橋も分力を利用しているみたいだね

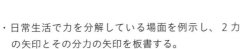

対話的な学び

- 日常生活の中で力が分解されている場面を考えて、班の中で発表させる。生徒が思いつかない場合は、タブレット端末で調べさせたり、教師が提示したりするとよい。
- 生徒が考えた例に対して、働いている力とその分力を小型ホワイトボードに作図させる。正確さを問うのではなく、力の分解が行われている場面を正しく捉えられていればよい。

2 運動の規則性 〔10時間扱い〕

単元の目標

　物体の運動に関する現象について、日常生活や社会と関連付けながら、見通しをもって観察、実験を行い、その結果を分析して解釈し、物体に働く力と物体の運動の様子、物体に力が働くときの運動と働かないときの運動についての規則性を見いだして理解させる。その際、力と運動に関する観察、実験の技能を身に付けさせる。

評価規準

知識・技能	思考・判断・表現	主体的に学習に取り組む態度
運動の規則性を日常生活や社会と関連付けながら、運動の速さと向き、力と運動についての基本的な概念や原理・法則などを理解しているとともに、科学的に探究するために必要な観察、実験などに関する基本操作や記録などの基本的な技能を身に付けている。	運動の規則性について、見通しをもって観察、実験などを行い、その結果を分析して解釈し、物体の運動の規則性や関係性を見いだして表現しているとともに、探究の過程を振り返るなど、科学的に探究している。	運動の規則性に関する事物・現象に進んで関わり、見通しをもったり振り返ったりするなど、科学的に探究しようとしている。

既習事項とのつながり

(1)中学校 1 年:「身近な物理現象」物体に力が働くとその物体が変形したり動き始めたり、運動の様子が変わったりすること、力は大きさと向きによって表されることや物体に働く 2 力がつり合うときの条件について学習している。

指導のポイント

(1)**本単元で働かせる見方・考え方**

　物体に働く力の大きさと速さが変化する割合を量的・関係的な視点で捉えさせ、物体に力が働くときの運動と働かないときの運動の規則性を見いださせる。

(2)**本単元における主体的・対話的で深い学び**

　投げ上げたボールが落下したり、自転車で坂を下ったりするときの運動やカーリングやエアーホッケーの運動の様子を思い出させるなど、速さが変化したり、一定だったりする運動を日常生活と関連付け、課題を自分事として捉えさせて主体性を引き出す。また、斜面上にある台車の運動を調べる実験では、話し合い活動を通じて力の分解で身に付けた知識を引き出して利用させ、運動の規則性についての理解を深めさせる。

指導計画（全10時間）

⑦ 運動の速さと向き（4時間）

時	主な学習活動	評価規準
1	◀ **対話的な学び** 〔比較〕物体の運動の表し方	（知）
2	〔比較〕 **実験** 運動の調べ方（記録タイマーの使い方）	知
3	〔量的〕〔関係的〕記録タイマーの結果を分析する	（思）
4	**実験** 「物体間で互いに働き合う力」	（知）

⑦ 力と運動（6時間）

時	主な学習活動	評価規準
5	**実験** 「一定の大きさの力が働き続けるときの台車の運動」	（知）態
6	◀ **対話的な学び** 〔量的〕〔関係的〕 一定の大きさの力が働き続けるときの台車の運動（まとめ）	（思）
7	**実験** 「力が働かないときの物体の運動」	（知）態
8	◀ **対話的な学び** 力が働かないときの物体の運動（まとめ）	（知）
9	**実験** 「斜面上の物体の運動」 課題の設定 解決方法の立案	思
10	振り返り ◀ **対話的な学び** 〔比較〕〔関係付け〕斜面上の物体の運動と力の関係	（思）

第①時

物体の運動の表し方

本時のねらい
・身の回りの物体の運動の様子を詳しく観察し、物体の運動の要素を調べることができる。

本時の評価
・運動には速さと向きの要素があることを理解している。（知）

準備するもの
・振り子
・秒針つきのアナログ時計
・放物運動する物体や車などの運動の連続写真、動画などの映像資料
・自由落下する物体と、水平方向に初速を与えられたあと落下する物体のストロボ写真

課題

物体の運動はどのようにして区別

身の回りの物体の運動を区別してみよう。

運動には「速さ」と「向き」の

		速さ	
		変わる	
向き	変わる	振り子 ジェットコースター 体操の選手	
	変わらない	発進する車 鉛直に落下する物体	

授業の流れ ▷▷▷

1 物体の運動はどのようにして区別できるか考える 〈10分〉

運動の様子はそれぞれ違っているようです。どのように区別できますか？

人が動かしているか、機械が動かしているか

ストロボ写真を見ると、間隔が一定のものとそうでないものがあるわ！

比較
・身の回りの運動している物体の様子を映像資料や演示実験などで見て、運動の様子の共通点や相違点について考えるよう伝える。

【運動する物体の例】
（演示）振り子、連続運針の秒針付きアナログ時計など
（映像や連続写真）ジェットコースター、発進する自動車、エアートラック上を運動する物体など

2 ペアやグループで話し合う 〈15分〉

僕は人が動かしているか、機械が動かしているかの違いで区別したよ

確かに。でもそれは運動のようすとは直接関係あるのかな

ストロボ写真や連続写真の、間隔の違いって何を表しているのかな。一定のものと、そうじゃないものがあるね

対話的な学び
・個人で考えた区別を、マトリックスなどを用いて整理してまとめた後、ペアやグループで対話的な学びを行う。他の人の意見を参考にして、改めて自分の区別を見直してみるよう促す。

できるか。

1

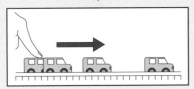

3

要素がある

速さ
変わらない
時計の秒針 太陽を回る地球
エアートラック上の物体 水平な台を滑るドライアイス

4

速さ…一定時間に移動する距離。

$$速さ〔m/s〕=\frac{移動距離〔m〕}{移動にかかった時間〔s〕}$$

平均の速さ
…物体がある時間の間、同じ速さで動き続けた
　と考えた速さ。
瞬間の速さ
…スピードメーターに表示されるような刻々と
　変化する速さ。

運動のようすの調べ方
一定時間ごとの物体の位置を記録する。
方法：連続写真、ストロボ写真、
　　　ビデオカメラ、記録タイマー

---

3 2つの運動を比較する 〈15分〉

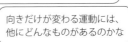

では、この2つの球の運動は同じといえますか？

縦方向の間隔は同じになっているね

左側はまっすぐ運動しているけど、右側は向きが変わっています

〔比較〕

・自由落下する物体と、水平方向に初速を与えられ
　たあと落下する物体のストロボ写真の比較から、
　運動の様子について共通点や相違点を話し合い、
　運動には速さと向きの要素があることを見いだし
　て理解させる。②までに行った区別を再検討し、
　速さと向きに着目して区別し直すよう促す。

4 運動の表し方についてまとめる 〈10分〉

運動には「速さ」と「向き」の要素があることが分かりました。速さと向きに着目して、もう一度運動を区別してみましょう

ジェットコースターは速さも向きも変わる運動だね

向きだけが変わる運動には、他にどんなものがあるのかな

・運動には速さと向きの要素があることについて確
　認し、速さについてまとめる。
・はじめに挙げた例以外に、それぞれに当てはまる
　運動には何があるか発問する。
・運動の様子を詳しく調べる方法についてまとめ、
　今後の理科の授業では記録タイマーを用いて運動
　を調べていくことを伝える。

第②時

記録タイマーの使い方

（本時のねらい）

・記録タイマーの仕組みを理解し、実習を通して基本操作を身に付けることができる。
・記録テープの打点間隔と速さとの関係を確認することができる。

（本時の評価）

・記録タイマーを利用して、物体の運動を調べている。知

（準備するもの）

・記録タイマー
・記録テープ

付録

課題

運動の速さを調べるには
　　　どうしたらよいか。

2

記録タイマー
　一定の時間間隔（東日本は$\frac{1}{50}$秒、西日本は$\frac{1}{60}$秒）ごとに記録テープに点を打つ道具。

（授業の流れ） ▷▷▷

1 速さを測定する方法を考える 〈10分〉

どのように速さを測定すればいいかな？

自動車のスピードメーターはどうやって速さを測定しているのかな

一定時間に進む距離が分かればいいのかな

・速さが変化する様子をどのように記録すればよいかを投げかける。
・一定時間ごとに進んだ距離が分かれば、速さの変化が分かることに気付かせる。
・自動車などのスピードメーターがどのような仕組みになっているのか興味をもたせる。

2 記録タイマーの仕組みを知る 〈15分〉

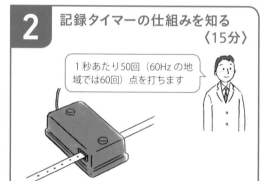

1秒あたり50回（60Hzの地域では60回）点を打ちます

・悪い例なども含めて演示しながら説明する。
・教卓のまわりに集合させる。あるいは教材提示装置を使うなど、すべての生徒によく見えるよう工夫して演示する。
・放電式のタイマーではテープの表裏を間違えると点が打たれないので気を付けるよう指導する。

実験 記録タイマーで運動を記録し **3**
よう

目的 記録タイマーの使い方や記録
の見方を身に付ける。

方法

テープを手で引いて記録をとる。
A　ゆっくり引いたとき
B　Aよりも速く引いたとき
C　だんだん速くなるように引いたとき

記録テープの見方 **4**
1秒間に50打点
↓
点と点の間隔は $\frac{1}{50}$ 秒

・・・・・・ ・ ・ ・ ・ ・ ・ ・ ・

$\frac{1}{50}$ 秒間で進んだ距離
{ 間隔が狭い　→　おそい
　間隔が広い　→　速い
　間隔が一定　→　一定の速さ

---

3 記録テープを手でゆっくり引いた
り速く引いたりしてみる　〈15分〉

打点の間隔が違うよ

だんだん速くしたときだ
け、点の様子が違うね

実験

・50cm程度に切ったテープを各自3本用意し、「ゆっ
くり」「速く」「だんだん速く」の各実験に用いる。
・ゆっくり引くときには、一つ一つの打点がはっき
り見分けられるよう、あまり遅すぎてはいけない。
・3本の記録テープがそれぞれどの実験結果なのか
分かるようにテープに書かせる。

4 記録テープを比較してそれぞれ
の特徴をまとめる　〈10分〉

速いほど点の間隔がひ
ろくなっているね

点の間隔からどんな運動を
したか、だいたい知ること
ができそうね

比較

・3本のテープを比較して、共通点や違いを見いだ
させる。
・「だんだん速く」では、人によって速さの変化のさ
せ方が異なるため、等加速度直線運動のような結
果が出ることは、むしろまれである。
・記録テープの見方について説明し、まとめる。

第③時
記録タイマーの結果の分析

（本時のねらい）
・記録タイマーで得られたデータを分析する方法を身に付けることができる。
・記録タイマーの結果と速さの関係を理解することができる。

（本時の評価）
・記録テープから、物体の運動を考察している。（思）

（準備するもの）
・記録テープ（前時の実習で得たデータ）
・はさみ
・のり
・方眼紙
・ものさし

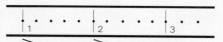

課題

記録テープのデータを処理する方法を身に付けよう。

2

手順1　5打点ごとに区切り、線を引く

| 打点がはっきりする部分から数える。 | 線の横に番号を書いておく。 |

（授業の流れ）▷▷▷

1　作業手順の説明を聞く〈10分〉

記録タイマーのテープから運動の様子をより詳しく調べましょう

〈各自が用意するもの〉

のり　はさみ　記録テープ

・作業は1人ずつになるので、理科室でも普通教室でも実施できる。
・前時に欠席した、あるいは記録テープを忘れた生徒がいないか確認する。
・前時に欠席したり、忘れたり紛失したりした生徒のために、記録タイマーとテープを用意しておく。

2　テープを5打点（6打点）ごとに区切る〈15分〉

まずはテープを5打点（6打点）ごとに区切り、線を引いていきましょう。点と点の間隔が5つ分になるように注意してください。1/50秒が5つで$\frac{5}{50}$です。つまり$\frac{1}{10}$(0.1)秒ごとに区切ります。こうすることであとで速さを求めやすくなります

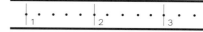

・いきなり切ってしまうと、間違えたときに取り返しがつかない。必ずテープを切る前に5打点ごとに線を引かせる。
・線を引いたらその横に何番目か分かるように数字を書いておくとよい。
・全員が線を引き終えた頃、もう一度5打点の意味を確認し、各自のテープが5打点ごとに区切れているか確認するよう促す。

手順2　テープを貼る　**3**

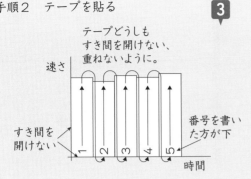

テープどうしも
すき間を開けない、
重ねないように。

速さ

すき間を
開けない

番号を書い
た方が下

時間

それぞれの結果を比べてみよう

テープを
ゆっくり
引いたとき

テープを
速く
引いたとき

だんだん
速くしたとき

速さの求め方　**4**

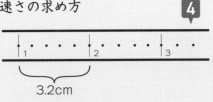

3.2cm

1番のテープが 3.2 ㎝の場合
→0.1 秒間の移動距離が 3.2cm
→速さ＝3.2÷0.1＝32cm/s
　　　　　↓
テープ 1 本の長さを単純に 10 倍
すれば 1 秒間の平均の速さが求め
られる。

---

3 テープを方眼紙に貼る　〈15分〉

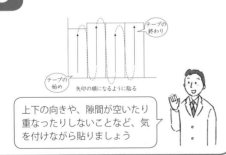

テープの
終わり

テープの
始め

矢印の順になるように貼る

上下の向きや、隙間が空いたり
重なったりしないことなど、気
を付けながら貼りましょう

・貼る向きや順序に気を付けさせる。テープに打た
　れた打点の間隔を見ることで速さの変化のしかた
　が読み取れるようにするためである。
・テープどうしを重ねたりすき間を開けたりしてし
　まうことが多い。貼り始める前に作業を止めさせ
　て説明する。

4 データを比べ、見方を確認する
〈10分〉

テープを
ゆっくり
引いたとき

テープを
速く
引いたとき

だんだん
速くしたとき

テープの長さは0.1秒で進んだ距
離。速さが速くなるほど長いんだ

それぞれのテープの長さを
測ると、0.1秒間の平均の
速さが求められるね

（量的）　（関係的）

・テープ 1 本の長さが0.1秒間で物体が進んだ距離を
　表していることを押さえる。
・横軸が時間の経過を表していて、それぞれのテー
　プを横に並べて比べることで、時間ごとの速さの
　変化が分かることに気付かせる。
・0.1秒間ごとの平均の速さの求め方について説明す
　る。

第④時

物体間で互いに働き合う力

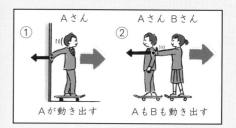

本時のねらい

- 力は物体どうしの相互作用であることに気付き、作用・反作用の働きについて理解することができる。
- ある力と作用・反作用の関係にある力を指摘することができる。

本時の評価

- 2つの物体間で働く力とその関係を理解している。（知）

準備するもの

- 台車、キャスター付きの椅子など
- 押し引きばねばかり2個
- 練習問題

課題

押した人も動いてしまうのはなぜだろう。

① Aさん　Aが動き出す
② Aさん Bさん　AもBも動き出す

② Aさんが壁を左向きに押した
→Aさんは右向きに動いた。
③ BさんがAさんを左向きに押した
→Aさんは左向き、Bさんは右向きに同じぐらい動いた。

⇒押した方も押された方から力を受けている？

授業の流れ ▷▷▷

1 物体が動き出すときは力を受けていることを確認する　〈10分〉

Aさん　Bさん
BがAを押す力
（力を受けているのはA）

Aが動き出すのは、Aが力を受けているからでしたね

- 1年で学習した「力の働き」を丁寧に復習する。
- 「〇が△を押す（引く）力」と表現する際の「△を」の部分が〈力を受けている物体〉を表していること。
- 力を受けたことで動き出したり変形したりするのが、この物体であることを強調しておく。

2 反作用で動き出す例を考える　〈10分〉

Aさん
Aが壁を押す力
（力を受けているのは壁）
Aが動き出す

あれ？なんでだろう？

Aさん　Bさん
BがAを押す力
（力を受けているのはA）
AもBも動き出す

- 生徒に実際に体験させるとよい。演示した後で、黒板に図を描き、力の矢印と力の説明を記入する。力を受けた側ではなく、力を相手に及ぼした側が動き出していることに疑問をもたせる。
- 動き出すということは、だれか（何か）がその物体に力を及ぼしているということであることを確認する。

やってみよう

方法 **2**

ばねばかりAでばねばかりBを押す。

結果

どちらのばねばかりも同じ値を示していた。

考察

AがBを押すとき、BからAに対して、反対向きで同じ大きさの力がはたらいていると考えられる。

まとめ

AがBを押す（作用）と
BもAを押し返す（反作用）　**3**

作用と反作用の関係
①大きさは同じ　②向きは反対向き　③一直線上にある
※作用点は一致することが多い。

反作用　　　　　作用

※作用と反作用は2つの物体間にはたらく力である。

---

3 作用・反作用の力を調べる　〈15分〉

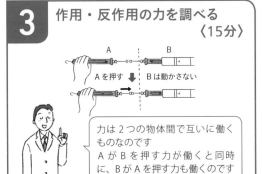

A　　　B
Aを押す　⬇　Bは動かさない

力は2つの物体間で互いに働くものなのです
AがBを押す力が働くと同時に、BがAを押す力も働くのです

実験

・一方のばねばかりを固定し、もう一方のばねばかりで押す。双方のばねばかりの目盛りを読む。
・力は必ず2つの物体の間で相互に働いており、その力の大きさは等しく、向きは逆向きで、作用線は同一である（作用・反作用の法則）。

4 作用・反作用についてまとめる　〈15分〉

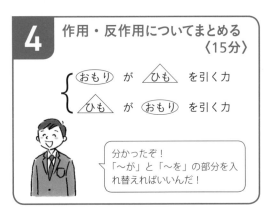

おもり が ひも を引く力
ひも が おもり を引く力

分かったぞ！
「〜が」と「〜を」の部分を入れ替えればいいんだ！

・練習問題に取り組む。
・「AがBを押す力」を作用とするならば「BがAを押す力」がそれに対する反作用である。逆に、「BがAを押す力」を作用とすれば「AがBを押す力」がこれの反作用になる。互いに主従関係ではない。
・重力（地球が物体を引く力）の反作用は「物体が地球を引く力」である。

第⑤時

一定の大きさの力が働き続けるときの台車の運動

本時のねらい
・水平面上で一定の大きさの力が働き続けるときの物体の運動を調べることができる。

本時の評価
・記録タイマーを利用して、力が働き続けるときの物体の運動を調べている。（知）
・実験結果から、斜面を下る力学台車の速さが時間とともに一定の割合で変化していることを見いだして表現している。態

準備するもの
・力学台車
・記録タイマー
・記録テープ
・セロハンテープ
・糸
・おもり・滑車
・はさみ・のり

付録

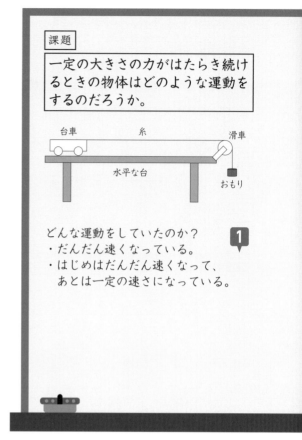

課題

一定の大きさの力がはたらき続けるときの物体はどのような運動をするのだろうか。

台車　　　　糸　　　　　滑車

水平な台　　　　　　おもり

どんな運動をしていたのか？　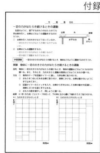
・だんだん速くなっている。
・はじめはだんだん速くなって、あとは一定の速さになっている。

授業の流れ ▷▷▷

1 説明を聞き、予想する 〈10分〉

水平面上で一定の大きさの力が働き続けるとき、物体はどんな運動をするのでしょうか。記録タイマーを使って、運動の様子を詳しく調べてみましょう

一定の大きさの力が働くのだから、速さも一定の運動になるのかな？

・記録テープの長さは、台車が運動する面の長さより少し長い程度にする。
・テープには力が小さいときと大きいときの区別をあらかじめ記入させておく。
・記録タイマーの使い方や記録テープの見方について、再度確認する。
・一定の力を加え続けたときの運動について、予想やその理由を話し合う。

2 一定の大きさの力が働く物体の運動を調べる 〈15分〉

こんなになめらかに動くんだね

記録タイマーのスイッチを入れたら、台車を押さえている手をはなして、台車を運動させましょう

実験

・台車を手で押さえて動かないようにしておき、記録タイマーのスイッチを入れてから手をはなす。そうしないとスタート直後の記録が取れない。
・速さの変化の割合は、台車の質量によっても異なるので、必ず予備実験を行って、適当なおもりの質量を決めておく。

2 **3**

実験 一定の大きさの力がはたらき続けるときの物体の運動を調べよう。

手順

① 記録テープ（長さ約1m）を各自2本用意する。
② おもりをつないだ糸を台車に取りつけ、滑車にかける。台車は動かないように手で止めておく。
③ 記録タイマーのスイッチを入れ、台車から手をはなして台車の動きを記録し、滑車にぶつかる前に手で止める。
⑤ おもりの数を増やして、同じように調べる。
⑥ 0.1秒（5打点）ごとにテープを切って、順番に用紙に貼り付ける。

4

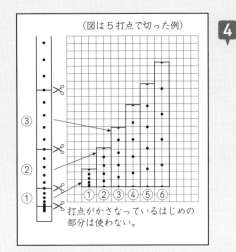

（図は5打点で切った例）

① ② ③

① ② ③ ④ ⑤ ⑥

打点がかさなっているはじめの部分は使わない。

---

3 力の大きさを大きくしたときの運動を調べる 〈15分〉

だんだん速くなっているように見えるけど、速さはどのように変化しているのかな？

実験

・台車を押さえる人、記録タイマーのスイッチを入れる人、滑車に衝突する直前に台車を止める人、などと、班の中で分担を決めて効率よく実験を行わせる。
・運動方程式（ma=F）より、加速度（a）の大きさは、力（F）の大きさに比例し、台車の質量（m）に反比例する。

---

4 テープを切って貼る 〈10分〉

（5打点の場合）

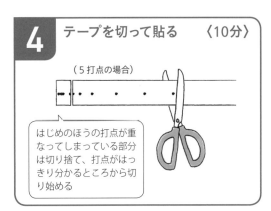

はじめのほうの打点が重なってしまっている部分は切り捨て、打点がはっきり分かるところから切り始める

・はっきり打点が見分けられるところを0打点目とする。
・50Hzの地域では5打点、60Hzの地域では6打点ごとにテープを区切って、前回同様に方眼紙に貼る。
・テープは紛失しやすいため、時間内に貼り終わらない場合は、次回までの宿題として、必ず実験を行ったその日のうちに貼るように指導する。

一定の大きさの力が働き続けるときの運動のまとめ

本時のねらい

・水平面上で一定の大きさの力が働き続けるときの物体の運動の実験結果をまとめ、このときの力と運動の関係を見いだして理解することができる。

本時の評価

・記録テープから、力が働き続けるときの物体の運動を考察している。（思）

準備するもの

・前時の実験結果
・まとめ表
・グラフ用紙
・定規

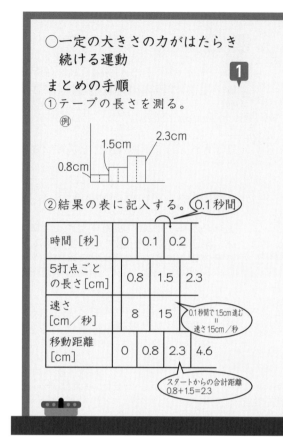

○一定の大きさの力がはたらき続ける運動

まとめの手順

① テープの長さを測る。

（例）
0.8cm　1.5cm　2.3cm

② 結果の表に記入する。（0.1秒間）

時間［秒］	0	0.1	0.2	
5打点ごとの長さ[cm]		0.8	1.5	2.3
速さ[cm／秒]			8	15
移動距離[cm]	0	0.8	2.3	4.6

0.1秒間で1.5cm進む＝速さ15cm／秒

スタートからの合計距離 0.8+1.5=2.3

授業の流れ ▷▷▷

1 テープの長さを表にまとめる 〈10分〉

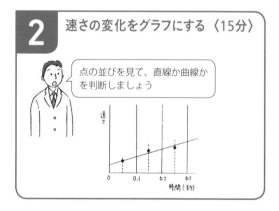

テープ1本の長さをはかって、表に記入していきましょう

どちらもきれいな階段状の形になっているみたい

・5（6）打点ごとに区切られていることを再度確認し、各テープの長さが0.1秒間に進んだ距離であることを確認する。

・表にまとめる作業は、テープを貼る作業とともに宿題にしたり、作業が速い生徒には先に行わせておくとよい。

2 速さの変化をグラフにする 〈15分〉

点の並びを見て、直線か曲線かを判断しましょう

・板書で例を示すと生徒は安心して作業に取り組める。

・作業中は机間指導を十分に行うとともに、早く作業ができた生徒は近くの生徒にも教えるように伝えるとよい。

・グラフは関係を知るためにかくので、折れ線にしてしまうと関係が読み取れない。点の並びから直線か曲線かを判断し、直線ならば定規で直線を引くように指示する。

③速さの変化をグラフで表す。 [2]

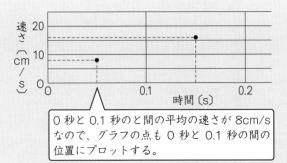

0 秒と 0.1 秒のと間の平均の速さが 8cm/s なので、グラフの点も 0 秒と 0.1 秒の間の位置にプロットする。

ポイント
・点の並びを見て、直線か曲線か判断する。
・直線なら、点が線の上下に均等に散るように、定規で 1 本の直線を引く。

[4]

まとめ
物体に一定の大きさの力がはたらき続けるとき、
①速さが一定の割合で増加する運動をする。
②はたらく力が大きいほど、速さの増加する割合が大きい。

3 実験結果を考察する 〈15分〉

実験結果からどんなことが分かりましたか。考察してみましょう

直線のグラフだから、速さは時間に比例して速くなっているね

働く力が大きいほど、グラフの傾きも大きいね

▶ 対話的な学び　量的　関係的

・グラフが書けた生徒から考察をするよう伝え、机間指導を行い、遅れている生徒を支援する。
・個人で十分に考えた後、グループやペアで考察する時間をとると、新たな考えに触れることができ、苦手な生徒も考察することができる。
・実験結果とともに、レポートとしてまとめ、提出させる。

4 一定の大きさの力が働き続けるときの運動についてまとめる 〈10分〉

考察を発表してください

速さは時間に比例して大きくなります

働く力が大きいほど、速さの変化の割合が大きくなります

・数名を指名して考察を発表させたり、グループで話し合わせたりする。
・せっかくグラフをかいているので、「だんだん速くなる」ではなく、「一定の割合で速くなる」と考察できるようにしたい。
・生徒はよく「力の大きさが大きいほど速さが速くなる」と表現するが、正確には「速さの変化の割合が大きくなる」であることを押さえる。

第⑦時

力が働かないときの
物体の運動

本時のねらい

・なめらかな水平面上で運動している物体の運動を調べることができることができる。

本時の評価

・力が働かないときの運動を調べている。（知）
・習得した知識・技能を活用して、力学台車に働く力の大きさの違いと力学台車の速さの変化を関係付け、課題を解決しようとしている。態

準備するもの

付録

・力学台車
・記録タイマー
・記録テープ
・セロハンテープ
・糸
・おもり・滑車
・はさみ・のり

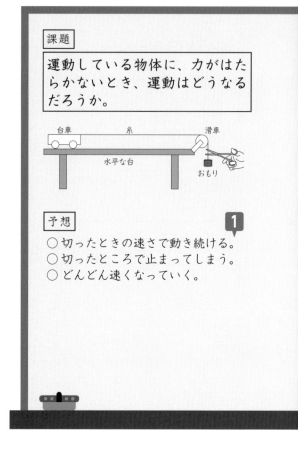

課題

運動している物体に、力がはたらかないとき、運動はどうなるだろうか。

予想

○切ったときの速さで動き続ける。
○切ったところで止まってしまう。
○どんどん速くなっていく。

授業の流れ ▷▷▷

1 予想する   〈5分〉

前回の実験で、台車が動き出してすぐに、糸を切るとどうなるでしょうか

糸を切ると、力が働かなくなるね

力が働かないのなら、台車は止まってしまうんじゃないかな

・運動している物体に、力が働かないとき、どのような運動になるか予想させ、本時の学習への関心を高める。
・前時の実験や、力の働きを思い出させながら自由に考えさせ、いろいろな発言を引き出す。

2 水平面を動く台車の運動を調べる   〈20分〉

手が離れた瞬間からは、台車には力が働いていません

記録タイマー ポン！と押す。

記録テープ

実験

・1人1本ずつ記録をとる。
・おもりと糸を使った方法では、時間がかかるため、手で押し出す方法をとる。手がはなれてからは台車に力が働かないことを確認する。
・グループ内で押し出す力の大きさを変えると、後で比較できてよい。

実験

物体に力がはたらかないときの
運動を調べよう。

方法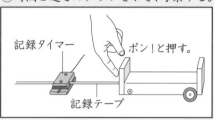

① なめらかな水平面上で台車をポンと
押す。
② 記録タイマーで運動を記録し、テープを5(6)打点ごとに切って貼る。
③ 時間と速さのグラフをかき、考察する。

ポイント
・点の間隔が均等になり始めたところを
0打点目とする。
・グラフをかくときは点の並びを見て、
直線か曲線かを判断する。
・この実験は運動を始めてからの記録を
とったので、0秒のときの速さは0で
はない。

記録タイマー　ポン！と押す。
記録テープ

3 記録テープを5(6)打点ごとに
切って貼る　〈10分〉

今回は、力が
働かない時の
運動を調べる
ので、台車か
ら手が離れた
ところを0
打点目としま
しょう

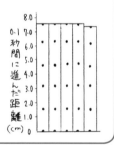

4 表やグラフをかき、考察を行う
〈15分〉

今回は、台車が動いている途中
から記録したので、0秒のとき
の速さは0ではありません

速さはほとんど変化してい
ないみたいだね

・台車が手からはなれた後（打点の間隔が一定に
なっているところ）を0打点目として、テープを
処理するよう伝える。
・記録テープを貼る台紙やまとめる表、グラフ用紙
などは、力が働くときの運動と共通の書式にして
おくと、生徒もスムーズに作業ができる。
・実際には摩擦によってだんだん遅くなる運動に
なってしまう。

・テープを貼る作業を終えた生徒から、表やグラフ
を書くよう伝える。生徒は前回の実験で慣れてい
るので、スムーズに作業が進められるはずである。
・ここでも折れ線グラフにしないことなどの基本は
強調しておきたい。
・時間内に終わらない場合は、家庭学習の課題とし、
次回までに考察までを終えておくように伝える。

第⑧時

力が働かないときの
物体の運動と慣性

本時のねらい

・なめらかな水平面上で運動している物体の運動を調べることができる。

本時の評価

・力が働かないときの物体の運動と慣性を理解している。知

準備するもの

・記録テープを貼り付けた台紙
・結果のグラフ
・だるま落とし、テーブルクロス、コップなど

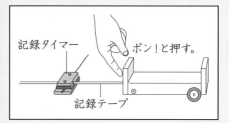

課題

力がはたらかないときの運動についてまとめよう。

記録タイマー　ポン！と押す。

記録テープ

2

実験からわかったこと
・力がはたらかないとき、台車は手をはなれたときの速度のまま運動を続ける。
・手をはなれたときの速度が違っても、同じ結果になった。

授業の流れ ▷▷▷

1 結果や考察を確認する 〈10分〉

実験の結果はどのようなグラフになりましたか？
力が働き続けるときの運動とのような違いがありますか？

時間と速さのグラフが水平なグラフになっているので、速さが一定の運動だといえます

対話的な学び

・通常、速さは少しずつ減少していくが、生徒の反応は次の2つが考えられ、どちらも引き出したい。
①速さは一定である。
②速さはしだいに遅くなっている。
力が働かない運動で、なぜしだいに遅くなっているか考えさせてみてもおもしろい。
・グラフのはじめで速さが増加している部分がある生徒もいる。その理由を考えさせるのもよい。

2 力が働かないときの運動についてまとめる 〈15分〉

運動している物体に力が働かないとき、物体は速さが変化せずまっすぐ進んでいきますね

運動している物体に力が働かないか、合力が0のとき、物体は速さが等しくまっすぐに進む運動（等速直線運動）をします

・1年生で学習した力の働きの1つ、「運動の様子を変化させる」を改めて思い出させる。
・力が働いていないので、運動の様子が変化しない（速さも向きも変わらない）ということを確認する。
・等速直線運動について説明する。

3

静止している物体に力がはたらかない
ときはどうなるのだろう？

だるま落とし　　テーブルクロス引き

上の物体には力がはたらいていない
ため、水平方向には動かずに、真下
に落ちる。

まとめ　　　　　　**4**

物体に力がはたらかない、または合力が0のとき、
1. 運動している物体は等速直線運動を続ける。
2. 静止している物体はそのまま静止し続ける。
⇒これを慣性の法則という。
⇒物体のもつこのような性質を慣性といい、慣性はすべての物体がもっている。
例：乗り物の急発進・急ブレーキ

---

3 止まっている物体に力が働かないときについて考える　〈15分〉

運動していない（止まっている）物体に力が働かないときはどうなるでしょうか？

4 慣性、慣性の法則について知る　〈10分〉

急ブレーキをかけると前に飛び出しそうになるのも慣性と関係あるのかな

車は急に止まれないのも慣性ですね

・だるま落としやテーブルクロス引きを演示したり、生徒を指名して前でやってもらったりする。力を加えた部分は動くが、上に乗っているだるまやコップには力が働いていないため、動かないことを確認する。
・慣性は、物体の動かしにくさと言える。それを表す量が質量（慣性質量）である。質量が大きいほど動かしにくいし、運動を止めにくい。

・慣性はすべての物体がもつ性質であり、これを慣性の法則ということも確認する。
・慣性を体感した例を発表させ、乗り物に乗ってブレーキをかけたときや急発進したときなど、生徒の日常体験で似たような場面を引き出して共有したい。

第 ⑨ 時

斜面上の物体の運動

付録

(本時のねらい)
・斜面上の物体の運動を調べる実験を計画して
　行うことができる。

(本時の評価)
・仮説に基づいて、物体に働く力の大きさと速
　さの変化の関係を調べるために必要な実験を
　計画し、実施している。思

(準備するもの)
・力学台車
・記録タイマー
・記録テープ
・セロハンテープ
・糸
・おもり
・滑車
・長さ1m程度の板
・はさみ・のり

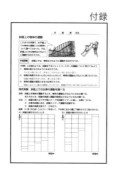

課題

斜面上にある物体はどのように
運動するのだろうか。

<考えよう>
・どんな運動をするだろうか。
・どんな力がはたらいているだろうか。
・斜面の傾きが大きくなると、何が
　どう変わるだろうか。

(授業の流れ) ▷▷▷

1　予想する　〈10分〉

斜面上の物体はどのような運動
をするのでしょうか。滑り台や
ジェットコースターを思い出し
てみましょう

だんだん速くなっていった
気がします

はじめは速くなって、そのあとは一定だ
と思います

(課題の設定)

・ジェットコースターや滑り台の経験を思い出させ
　ながら質問し本時の課題への関心を高める。
・水平面上で調べた、力と運動の関係について再確
　認する。
・運動の様子を予想したら、物体に働く力について
　も考えるよう促す。

2　斜面上の台車の運動を調べる
　　計画を立てる　〈20分〉

斜面上の物体の運動を調べる
実験を、自分たちで計画し
て、調べてみましょう

水平面上での実験を参考
に、計画してみようかな

いろいろな傾きの斜面で調
べてみたいわ

(解決方法の立案)　(実験)

・斜面の傾きを変えて1人2本ずつ記録をとる。
・斜面の傾きが大きすぎるとスピードが速くなりす
　ぎて危険である。傾きが小さいときと大きいとき
　の差を効果的に見せるためには、傾きが小さいと
　きの角度をなるべく小さくすることが必要である。
　必ず予備実験をして、板の下に入れるものの高さ
　を調整しておく。

予想 **1**

○どんどん速くなる。

○一定の速さで下っていく。

○物体にはたらく力はだんだん大きくなる。

○一定の大きさの力がはたらいている。

○角度が大きいほどいっきに速くなる。

○傾きが変わっても、はたらく力は変わらない。

○傾きが大きいほど、はたらく力も大きくなる。

実験 斜面上で台車の速さはどのように変化するのだろうか。また、斜面の傾きを変えるとどうなるだろうか。

仮説 課題に対する自分の考えを書こう。友達の考えも参考に自分の仮説を立てよう。

2

計画 仮説を確かめるための実験を計画して実施しよう。

3 斜面上の台車の運動を調べる〈10分〉

傾きを大きくするとどうなるかな

・台車を手で押さえて滑らないようにしておき、記録タイマーのスイッチを入れてから手を離す。そうしないとスタート直後の記録が取れない。

・記録テープの処理はこれまでの実験で慣れてきているので、人数分のテープをスムーズに取り終え、各自でテープの処理を進めるように伝える。

4 時間と速さのグラフをかく〈10分〉

テープはきれいな階段状になっているようだけど、詳しく調べるにはどうしたらよいかな

前回までの実験の時間と速さの関係のように、グラフにしてみよう

・グループで協力して、手際よく進める。できれば時間内にグラフ作成まで終えておきたいが、終わらない場合は家庭学習の課題とし、次の時間までにグラフを完成させてくるように伝える。

第⑩時

斜面上の物体の運動と
力の関係のまとめ

(本時のねらい)
・実験結果を分析・解釈して斜面上の物体の運動と力の関係について見いだして理解することができる。

(本時の評価)
・実験の結果を分析して解釈し、斜面上の物体に働く力について説明している。(思)

(準備するもの)
・記録テープを貼り付けた台紙
・結果のグラフ

課題

斜面上の物体の運動について
まとめよう。

実験から分かったこと

・速さは一定の割合で増加する。

・斜面の傾きが大きいほど、速さの変化の割合が大きい。

・速さと時間のグラフが、水平面上で一定の大きさの力を加え続けたときの運動と同じになっている。

・斜面上では一定の大きさの力がはたらき続ける。斜面の傾きが大きいほど、その力は大きい。

(授業の流れ) ▷▷▷

1 実験の考察をする 〈15分〉

結果から分かったことは何で、仮説は確かめられましたか？
そう考えた理由も書いてみましょう
水平面上で調べた、力と運動の関係も参考にしてみましょう

速さが時間に比例して大きくなっています

(対話的な学び) (比較) (関係付け)

・5〜10分程度個人で考える時間をとった後、近くの人やグループでお互いの考察を発表し合う。
・数名を指名して発表させたり、グループでの話し合いを報告させたりしてもよい。
・一定の力を加え続けたときの水平面上での物体の運動と比較しながら、斜面上の物体に働く力について考えさせるとよい。

2 探究の振り返りを行う 〈15分〉

課題を意識しながら実験を行うことができましたか？
仮説は課題を解決するものに、計画は仮説を検証するものになっていますか？

ばねばかりで実際に力の大きさを調べてみたいな

(振り返り)

・3年生では、探究の過程を振り返ることが重点となっている。ぜひここは時間をとってしっかりと振り返りを行わせたい。また、レポートを自己評価や相互評価することによって、振り返りもより深まる。その際、ルーブリックなどの形で評価基準を示しておくと効果的である。

斜面上の物体にはたらく力

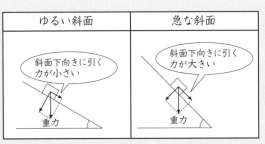

ゆるい斜面	急な斜面
斜面下向きに引く力が小さい 重力	斜面下向きに引く力が大きい 重力

・斜面の傾きが一定なら、斜面上のどの位置でも変わらない。
・斜面の傾きが大きくなっても物体にはたらく重力は変わらないが、斜面方向の分力は大きくなる。

斜面の傾きが最大のとき

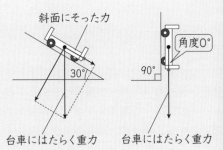

斜面の傾きが最大＝90°
　　　　　　⇒自由落下
物体にはたらく力＝物体にはたらく重力

3 斜面上の物体の運動と働く力についてまとめる　〈15分〉

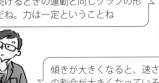

水平面上で一定の大きさの力が働き続けるときの運動と同じグラフの形だね。力は一定ということね

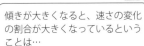

傾きが大きくなると、速さの変化の割合が大きくなっているということは…

・物体に働く重力が斜面で分解されて斜面方向の分力と斜面に垂直な方向の分力になることを、板書を用いて説明する。
・斜面上の位置が変わっても物体に働く重力は変化しないことから、斜面方向の分力も変化しないことを押さえる。
・斜面の角度が大きいときと小さいときの分力について、作図して確かめる。

4 自由落下について説明する　〈5分〉

斜面の傾きを大きくするほど力が大きくなって、速さの変化の仕方も大きくなりましたね。では、斜面の傾きが最大なのはどんなときでしょう？

斜面の傾きが90°のときです

・実際に演示しながら説明する。
・斜面の傾きが最大（90°）のとき、物体に働く力は重力である。このときの運動を「自由落下」とよぶ。
・速さの変化の仕方は物体の質量によらない。質量の大きい物体は大きな力が働くが、その分慣性も大きいため、速さが変化しづらいためである（重たいもの軽いものも同じ速さで落ちる）。

3 力学的エネルギー 〔9 時間扱い〕

単元の目標

　力学的な仕事の定義を基に、仕事とエネルギー、力学的エネルギーに関する現象について、日常生活や社会と関連付けながら、見通しをもって観察、実験を行い、その結果を分析して解釈し、仕事とエネルギーの関係、位置エネルギーと運動エネルギーの互換性、力学的エネルギーの保存性を見いだして理解させる。その際、衝突の実験で測定される力学的エネルギーを量的に扱うことができることを理解させるとともに、力学的エネルギーに関する観察、実験の技能を身に付けさせる。

評価規準

知識・技能	思考・判断・表現	主体的に学習に取り組む態度
力学的エネルギーを日常生活や社会と関連付けながら、仕事とエネルギー、力学的エネルギーの保存についての基本的な概念や原理・法則などを理解しているとともに、科学的に探究するために必要な観察、実験などに関する基本操作や記録などの基本的な技能を身に付けている。	力学的エネルギーについて、見通しをもって観察、実験などを行い、その結果を分析して解釈し、力学的エネルギーの規則性や関係性を見いだして表現しているとともに、探究の過程を振り返るなど、科学的に探究している。	力学的エネルギーに関する事物・現象に進んで関わり、見通しをもったり振り返ったりするなど、科学的に探究しようとしている。

既習事項とのつながり

(1)小学校 5 年：「振り子の運動」振り子の周期はその長さによって変わり、おもりの重さなどには関係しないことを学習している。

(2)中学校 1 年：「身近な物理現象」物体に力が働くとその物体が変形したり動き始めたり、運動の様子が変わったりすること、力は大きさと向きによって表されることや物体に働く 2 力がつり合うときの条件について学習している。

(1)本単元で働かせる見方・考え方

　物体に加える力の大きさ・移動距離と仕事の大きさを量的・関係的な視点で捉えさせ、それぞれの変化を関係付けて考えさせる。また、物体のもつ運動エネルギーと位置エネルギーの大きさの変化を同時に捉え、それぞれの大きさと力学的エネルギーの総量についての規則性を見いださせる。

(2)本単元における主体的・対話的で深い学び

　ジェットコースターや振り子の運動を例にあげ、物体のもつ位置エネルギーや運動エネルギーに関わる事物や現象を日常生活と関連付け、課題を自分事として捉えさせて主体性を引き出す。また、位置エネルギーや運動エネルギーの実験では、それぞれの結果を比較して共通する規則性を見いだし、位置エネルギーや運動エネルギーについての理解を深めさせる。

指導計画（全9時間）

㋐ 仕事とエネルギー（8時間）

時	主な学習活動	評価規準
1	〔比較〕力学的な仕事	（知）
2	実験「道具を使ったときの仕事」	（知）思
3	仕事の原理	知
4	仕事の能率	（知）
5	〔条件制御〕実験「物体のもつエネルギーと高さや質量の関係」	（知）思
6	対話的な学び〔関係的〕位置エネルギーの大きさを決めるもの	思
7	〔条件制御〕実験「物体のもつエネルギーと速さや質量の関係」	知
8	対話的な学び〔関係的〕運動エネルギーの大きさを決めるもの	（思）

㋑ 力学的エネルギーの保存（1時間）

時	主な学習活動	評価規準
9	力学的エネルギーの大きさ	（知）態

第①時

力学的な仕事

本時のねらい
- 力学的な仕事と、働くことを表す日常語の仕事の区別を付け、仕事の定義を正しく理解し、仕事の量の求め方を身に付けることができる。

本時の評価
- 力学的な仕事の定義を理解している。（知）

準備するもの
- ひも付きのおもり
- ばねばかり

課題

理科でいう「仕事」とは何だろう。

「仕事」とは… ◀ 1

働く
お金を稼ぐ ｝日常語の「仕事」
アルバイト

2

理科でいう仕事はどのようなことをいうのか考えよう。

仕事をしている場合

- おもりを持ち上げる
- おもりを引っ張って動かす
- おもりを押して動かす

仕事をしていない場合

- つるしたおもりを持って水平に移動する
- 力を加えても動かない

授業の流れ ▷▷▷

1 「仕事」という言葉のイメージについて考える 〈10分〉

「仕事」というとどのようなことを思いつきますか？

「働く」とか「お金を稼ぐ」

・仕事という言葉について生徒にどのようなことをイメージするか答えさせる。「働く」「アルバイト」「お金を稼ぐ」といった日常生活で考えられる仕事が出てくると思われるが、日常語の「仕事」と力学的な「仕事」は違うということに関心をもたせる。

2 おもりを動かす例から力学的な仕事とはどのようなものか考える 〈10分〉

理科でいう「仕事」とはどのようなものかわかりますか？

動かすだけだと仕事じゃないんだね

力の向きと動く向きが同じ？

↑ 仕事をしている

→ 仕事をしている

仕事をしていない

・おもりを持ち上げる、横に引っ張る、つるして横に移動する様子を見せ、力学的な仕事とはどのようなものか、定義を考えさせる。
・おもりを持ち上げること、横に引っ張ることは、力を加えた方向におもりが動くため、仕事をしたことになる。一方、つるして水平に移動することは、おもりに加える力（上向き）と移動した向き（横向き）が一致しないため、仕事をしたことにならない。

❸

理科でいう仕事とは、
物体に力を加え、力の向きに物体を移動
させると、「物体に対して仕事をした」
という。

持ち上げる

重力に逆らって
上向きの力で上に動かした
　　　仕事をしている

引っ張る（押す）

横向きの力で横に動かした
　　　仕事をしている

つるしたまま横に動く

物体には上向きの力がはたらいて
いるが、横向きの力ははたらいて
いない
　　　仕事をしていない

物体に力を加えたが、動かない
　　　仕事をしていない

仕事の大きさ
　1Nの力で1m移動させた仕事を1Jという
計算式
　仕事（J）＝加えた力の大きさ（N）×
　　　　　　力の向きに移動した距離（m）

❹

計算してみよう

①1Nの物体を2m持ち上げたときの仕事

②5Nの物体を20cm持ち上げたときの仕事

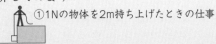③2kgの物体を0.5m持ち上げたときの仕事

仕事を比べよう
30cm持ち上げたときの仕事

30cm横に引っ張ったときの仕事

仕事の大きさが違うのは…
台車を持ち上げるのに必要な力は、台車にはたらく
重力の大きさと等しい。
引っ張って動かすのに必要な大きさは、机と台車の
間にはたらく摩擦力と等しい。

---

3 力学的な仕事の定義と
計算方法を知る　　〈15分〉

理科でいう仕事は働く
こととは違うんだね

仕事（j）＝加えた力の大きさ（N）
×力の向きに移動した距離（m）
で表されるんだよ

どんな風に動かしても
いいの？

・力学的な仕事の定義と計算方法を説明し、練習問
　題に取り組ませる。
・物体の質量を物体に働く重力に換算させたり、距
　離の単位をm以外のものを使ったりするなど、問
　題に変化をもたせる。

4 持ち上げる力と横に引っ張る力の
大きさの違いを考える　　〈15分〉

おもりにばねばかりを取り付
け、上に1m持ち上げたとき
と、横に1m引っ張ったとき
の仕事を比べてみましょう

持ち上げるときと、引っ張ると
きで必要な力の大きさが違うね

〔比較〕

・おもりにばねばかりを取り付け、上に持ち上げた
　ときの仕事の大きさと机の上で引っ張ったときの
　仕事の大きさを求めさせ、違いが出る理由を考え
　させる。
・持ち上げるときに必要な力は物体に働く重力と、
　引っ張るときに必要な力は摩擦力と等しいことを
　説明する。

第②時

道具を使ったときの仕事

（本時のねらい）
・道具を使う場合と使わない場合について、物体を持ち上げたときの仕事の量を調べることができる。

（本時の評価）
・道具を使う場合と使わない場合の仕事の大きさを調べている。（知）
・道具を使う場合と使わない場合について、それぞれの仕事の量を比較して考察している。思
　　　　　　　　　　　　　　　　　　付録

（準備するもの）
・力学台車
・滑車・おもり
・斜面となるもの
・ばねばかり・ものさし
・ひも

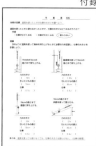

課題

| 道具を使ったときの仕事の大きさを調べよう。 |

2

道具を使ったときと使わなかったときで、仕事の大きさはどうなるだろうか?

予想　道具を使ったときは

・仕事が小さくなる。
・仕事が大きくなる。
・変わらない。

（授業の流れ）▷▷▷

1 石垣やピラミッドなどの石材は、どのようにして運ばれたのか考える〈5分〉

大きな石でできてますね。どうやって運んだんですかね?

木を石の下に置いて引っ張ったんだよね

坂道を登らせたんだよ

・ピラミッドや城の石垣など、古い建築物の写真を見せ、その石材がどのようにして運ばれたのかと質問する。諸説あるが、ピラミッドは斜面とコロを使ったといわれていることを例として、道具を使って物を運んだということを意識付ける。

2 道具を使うときと使わないときの仕事の大きさを予想する〈10分〉

道具を使ったときと、使わないときで仕事の大きさはどうなるでしょう

道具を使うと何がいいのかな?

道具を使ったほうが仕事は小さくなるのかな。だから楽になるんじゃない?

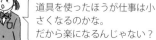

・道具を使うと物体を動かすのに必要な力の大きさが小さくなることを踏まえ、道具を使うときと使わないときの仕事の大きさを、「小さくなる」「大きくなる」「変わらない」の3択で予想させる。予想の根拠も示すために話し合いを行わせてもよい。

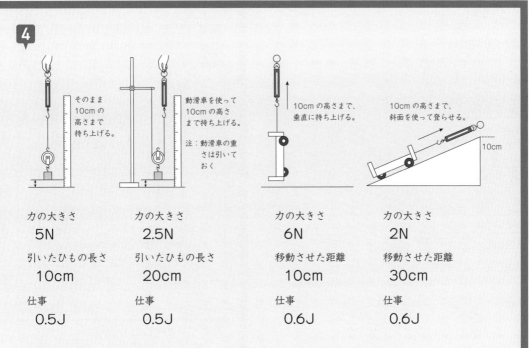

4

そのまま10cmの高さまで持ち上げる。

動滑車を使って10cmの高さまで持ち上げる。

注：動滑車の重さは引いておく

10cmの高さまで、垂直に持ち上げる。

10cmの高さまで、斜面を使って登らせる。

10cm

力の大きさ	力の大きさ	力の大きさ	力の大きさ
5N	2.5N	6N	2N
引いたひもの長さ	引いたひもの長さ	移動させた距離	移動させた距離
10cm	20cm	10cm	30cm
仕事	仕事	仕事	仕事
0.5J	0.5J	0.6J	0.6J

道具を使っても使わなくても、仕事の大きさは変わらない。
これを「仕事の原理」という。

3　動滑車と斜面を用いて実験を行う　〈25分〉

動滑車を使うと軽いけど、いっぱい引っ張っているような気がするね

斜面を引っ張る力は小さくなったよ。坂道だからきついと思っていたけど…

実験

・あらかじめ滑車の重さを調べておき、おもりとつなげたときに滑車の重さを引いて計算する。動滑車はひもに印をつけ、おもりが上がったときに引っ張ったひもの長さをはかるようにする。
・道具を使って物体を持ち上げたときに、移動させた距離が長くなっていることに気付かせる。

4　実験の振り返りを行う　〈10分〉

仕事は「力×動かした距離」で計算できましたね
計算した結果はどうでしたか？

ほとんど同じでした

道具を使っても使わなくても、仕事の大きさは変わりません
詳しいことは次回説明します

・仕事の大きさを計算させ、道具を使うと物体を動かすのに必要な力は小さくなるが、距離は大きくなることから、仕事の大きさは道具を使っても使わなくても変わらないことを確認し、これを仕事の原理ということを説明する。

第③時

仕事の原理

本時のねらい

・仕事の原理について理解し、それを用いて計算することができる。

本時の評価

・仕事の原理について理解している。知

準備するもの

・練習問題

付録

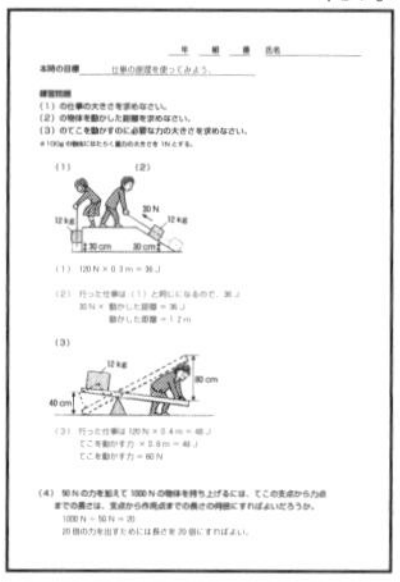

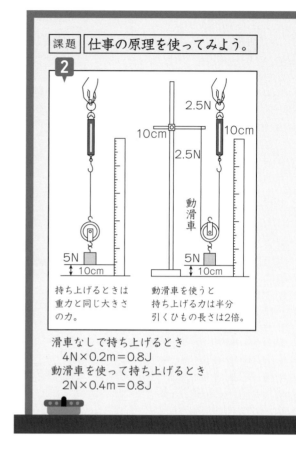

課題 仕事の原理を使ってみよう。

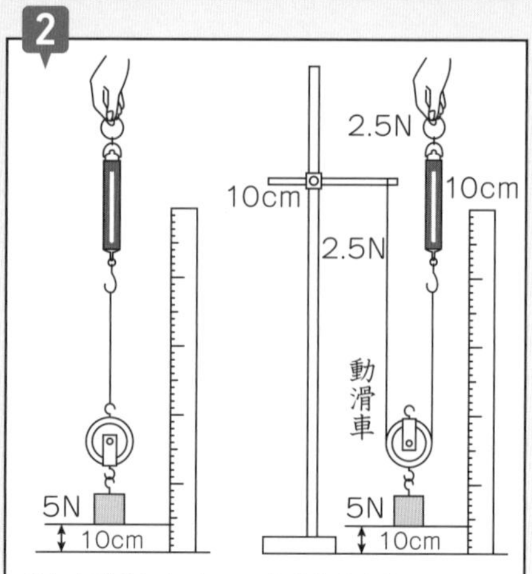
2
5N
10cm
2.5N
10cm
2.5N
10cm
動滑車
5N
10cm

持ち上げるときは重力と同じ大きさの力。

動滑車を使うと持ち上げる力は半分引くひもの長さは2倍。

滑車なしで持ち上げるとき
　4N×0.2m＝0.8J
動滑車を使って持ち上げるとき
　2N×0.4m＝0.8J

授業の流れ ▷▷▷

1 前時の実験を振り返る 〈5分〉

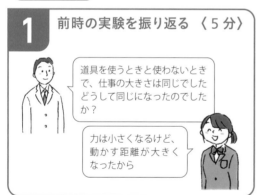

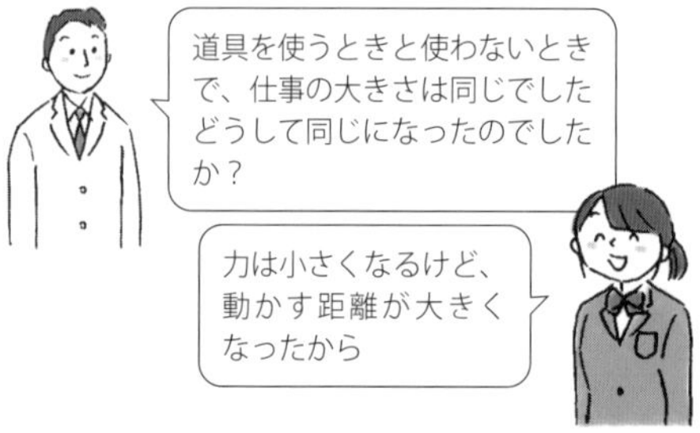
道具を使うときと使わないときで、仕事の大きさは同じでしたどうして同じになったのでしたか？
力は小さくなるけど、動かす距離が大きくなったから

・前時の実験結果を振り返る。
・道具を使うと物体を動かすのに必要な力の大きさは小さくなるが、動かす距離が大きくなることを確認する。
・確認の実験を再度行ってもよい。

2 動滑車、斜面、てこの場合の力と動かす距離の関係を説明する〈15分〉

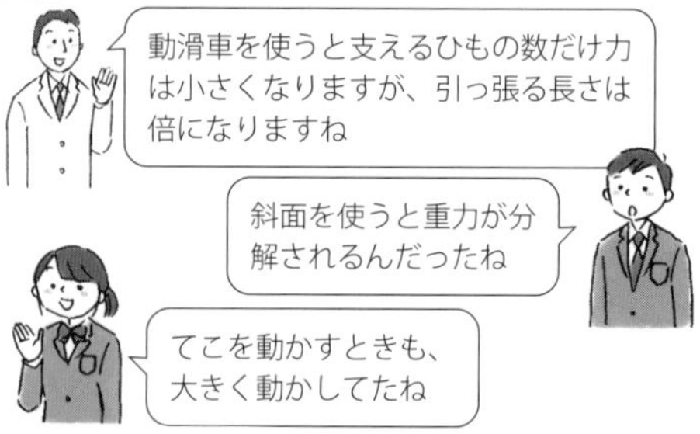
動滑車を使うと支えるひもの数だけ力は小さくなりますが、引っ張る長さは倍になりますね
斜面を使うと重力が分解されるんだったね
てこを動かすときも、大きく動かしてたね

・動滑車を使うと2か所で支えることになるため、持ち上げる力が半分になるが、2か所分のひもを引かなければならないため、ひもを引く長さが2倍になることを説明する。
・斜面上の物体は重力が分解されることを振り返り、物体を引く力は斜面を下る力と同じになるが、上らせる距離が延びること、てこの場合は支点からの作用点と力点の距離の比で、力と距離が変わることを説明する。

2

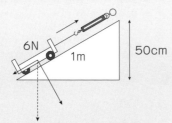

台車の重さは斜面によって
分解されるため、持ち上げるのに
必要な力は斜面を下る力と同じ。

距離は斜面の分長くなる。

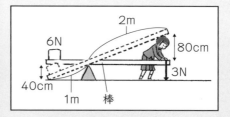

支点から力点までの距離と、
支点から作用点までの距離の比で
持ち上げるのに必要な力と動かす
距離が決まる。

3

(1) 120N×0.4m＝48J
(2) 30N×斜面の長さ＝48J
　　斜面の長さ＝1.6m
(3) 120N×0.4m＝48J
　　てこを使ったときの力×0.8m＝48J
　　てこを使ったときの力＝60N

4

50N の力を出せる人が、1000N
の物体を持ち上げるには、てこ
の支点から力点までの長さは支
点から作用点までの長さの何倍
にすればいいだろうか？

1000N÷50N＝20
20倍の長さにすればいい。

---

3 仕事の原理を用いた練習問題
に取り組む　〈15分〉

仕事の原理を使うと、
こんな問題も解けるね

4 応用問題に取り組む　〈10分〉

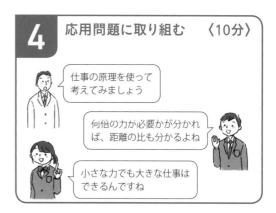

仕事の原理を使って
考えてみましょう

何倍の力が必要かが分かれ
ば、距離の比も分かるよね

小さな力でも大きな仕事は
できるんですね

・仕事の原理を利用して、道具を使ったときの移動
　距離を求める問題や、道具を使ったときの必要な
　力の大きさを求める問題に取り組ませる。
・(1)では道具を使わなかったときの仕事の大きさを
　求める。(2)は斜面を持ち上げる力がわかっている
　ので、動かした距離を計算できる。(3)はてこを動
　かした距離が分かっているので、力の大きさを計
　算できる。

・道具を用いた問題を提示し、道具を使うことで、
　小さな力で大きな仕事ができることを理解させる。
・大きな動滑車があれば、生徒がどのくらいの重さ
　まで持ち上げることができるか活動させるとよい。

第④時

仕事の能率

（本時のねらい）
・仕事率について理解することができる。

（本時の評価）
・仕事率について理解している。（知）

（準備するもの）
・練習問題

付録

（課題）

仕事率を理解しよう。

2

仕事の能率の表し方

　仕事の能率（仕事率）は、1秒当たりの仕事の大きさで表される。

仕事率［W、J/s］
　＝仕事［J］÷ 時間［秒］
　＝力［N］× 距離［m］÷ 時間［秒］

（授業の流れ）▷▷▷

1 仕事の能率について考える
〈5分〉

・例を挙げて、仕事の能率を比べるにはどのようにすればよいか考えさせる。
・「能率」は一定時間に行う仕事の割合を示すものであり、「効率」は機械などの仕事量と消費されたエネルギーとの比率を意味するので注意する。

2 仕事率の説明を聞く 〈10分〉

・仕事率は仕事の大きさを時間で割って計算できる（［J］÷［s］）ことを説明する。この時、時間の単位が秒であることを注意する。
・仕事率の単位は［W］であり、電力の単位と同じである。特に扱う必要はないが、電力による発熱量の単位がエネルギーを表す [J] であり、電気エネルギーによって行われる仕事の能率（電気エネルギーが1秒間に行う仕事）を電力ということに触れてもよい。

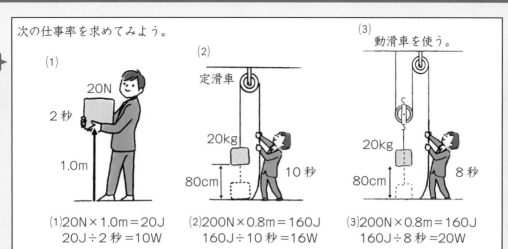

3 次の仕事率を求めてみよう。

(1)
20N
2秒
1.0m

(2)
定滑車
20kg
80cm
10秒

(3)
動滑車を使う。
20kg
80cm
8秒

(1)20N×1.0m＝20J
　　20J÷2秒＝10W

(2)200N×0.8m＝160J
　　160J÷10秒＝16W

(3)200N×0.8m＝160J
　　160J÷8秒＝20W

4

0.8Wのモーターを使って4.0kgのおもりを2m持ち上げるのには何秒かかりますか？
　　0.8W＝40N×2m÷x秒　　x＝100

仕事率60Wの機械が30秒かかる仕事を、20Wの機械で行うと何秒かかるでしょう？
　　60W×30秒＝1800J　　1800J÷20W＝90秒

3 仕事率を用いた練習問題を行う 〈20分〉

まず、仕事の大きさを計算しよう

(3)は仕事の原理から仕事の大きさを求めることができるね

4 計算式を入れ替えた応用問題を行う 〈15分〉

仕事率［W］＝仕事［J］÷時間［s］でしたね
これを変形することで、仕事の大きさやかかった時間を求めることができますね

・仕事率を求める練習問題を行う。
・仕事の計算を行ってから仕事率を求めるよう指導する。
・道具を使った問題も用意し、仕事の原理を利用して計算させる。

・仕事率の計算式を変形させ、仕事率から仕事の大きさやかかった時間を求めさせる。

第 ⑤ 時

物体のもつエネルギーと
高さや質量の関係

本時のねらい
・実験を通して、位置エネルギーの大きさについて調べることができる。

本時の評価
・位置エネルギーの大きさと高さや質量の関係を調べている。（知）
・実験結果から、物体がもつ位置エネルギーの大きさと高さや質量の関係を見いだして表現している。思

準備するもの
・落下式衝突実験機
・ワークシート

付録

課題

高い位置にある物体がもつエネルギーの大きさを調べよう。

エネルギーとは… ❷

物体が、他の物体に対して仕事をする能力

他の物体に対して仕事をすることができる
　⇒エネルギーをもっている。

落下するおもりが杭を動かした。
→落下するおもりはエネルギーをもっている。

授業の流れ ▷▷▷

1　エネルギーという言葉について考えさせる　〈10分〉

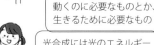

エネルギーという言葉はよく聞くと思いますが、どのような意味だと思いますか？

動くのに必要なものとか、生きるために必要なもの

光合成には光のエネルギーが必要だし、発熱反応もエネルギーだったよね

・エネルギーという言葉について、生徒にどのようなことをイメージするか答えさせる。「動く」「パワー」といった言葉が出てくることが考えられるが、光合成の光エネルギー、細胞の呼吸で得られるエネルギー、発熱・吸熱反応での化学エネルギーなど、これまでの既習事項を踏まえて考えさせる。

2　エネルギーの意味について説明する　〈10分〉

エネルギーとは、他の物体に対して仕事をする能力のことをいいます。では、衝突実験機を使っておもりを杭にぶつけてみましょう

杭が動いた。おもりは、エネルギーをもっているんだね

・エネルギーの意味について、他の物体に仕事をすることができる能力であるということを説明する。
・衝突実験機を使わせ、落下するおもりは杭を動かすため、エネルギーをもっていることに気付かせる。

おもりの落とし方と、エネルギーの大きさの関係を調べよう。

杭が動いた距離							

生徒が考えた実験内容を書かせる
例：5gのおもりを落とす高さ

杭が動いた距離							

杭が動いた距離							

3 実験の方法を考えさせる 〈10分〉

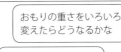

おもりのもつエネルギーは、おもりの落とし方とどのような関係があるか調べてください

おもりの重さをいろいろ変えたらどうなるかな

おもりを落とす高さも変えてみたいね

（条件制御）

・落とし方と落下する物体のエネルギーの大きさにはどのような関係があるか調べるための方法を考えさせる。
・「おもりの質量を固定して高さを変えていく」「高さを固定しておもりの質量を変えていく」というように、変数が1つになるように注意させる。

4 実験を行い、記録を取る〈20分〉

同じ高さから落としても、おもりが重い方が大きく動くね

高さを変えても動く距離が変わったよ
動く距離と高さの関係はどうやって表せばいいかな？

実験

・衝突実験機を用いた実験を行い、結果を表にまとめさせる。
・結果から、おもりの落とし方とおもりのもつエネルギーの大きさの関係を表すにはどうすればいいか考えさせる。

第⑥時

位置エネルギーの大きさを決めるもの

（本時のねらい）
・位置エネルギーの大きさと、物体の高さや質量の大きさとの関係を見いだすことができる。

（本時の評価）
・位置エネルギーの大きさと高さや質量の関係を考察している。思

（準備するもの）
・グラフ用紙

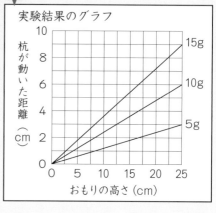

課題 位置エネルギーは何によって決まるのか考えよう。

1
基準面よりも高いところにある物体がもつエネルギー…位置エネルギー

2
実験結果のグラフ

（縦軸）杭が動いた距離（cm）　10　8　6　4　2　0
（横軸）おもりの高さ（cm）　0　5　10　15　20　25
15g　10g　5g

（授業の流れ）▷▷▷

1 前時を振り返り、位置エネルギーについて考える　〈5分〉

高いところにある物体がもつエネルギーを、「位置エネルギー」といいます。位置エネルギーの関係を調べるのに、どのようなことをしましたか？

 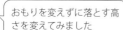
おもりの重さを変えて同じ高さから落としてみました

おもりを変えずに落とす高さを変えてみました

・位置エネルギーについて説明し、前時の実験をどのような方法で行ったかを確認する。
・杭の移動距離が大きいほどおもりがした仕事が大きいため、おもりがもっていた位置エネルギーが大きいといえる。
・おもりの重さ、落下させる高さと位置エネルギーの関係を表すにはどうすればいいか考えさせる。

2 グラフを作成し、位置エネルギーは何と関係があるか考える 〈25分〉

グラフをかくと、おもりの高さに比例していることがわかるね

おもりの質量にも比例してるよ

◀ 対話的な学び　関係的

・位置エネルギーの大きさは杭に対して行った仕事で測ることができるため、実験結果をグラフに表し、位置エネルギーの大きさが、落下させるおもりの高さと質量が大きいほど大きくなることを、話し合いを通して見いださせる。

位置エネルギーは、物体に仕事をすることで与えられる。

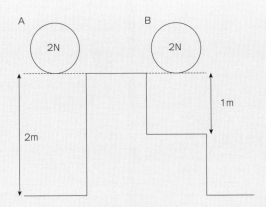

　　A：2N×2m＝4Jの仕事が位置エネルギーとして与えられた。
　　B：2N×1m＝2Jの仕事が位置エネルギーとして与えられた。

位置エネルギーは、基準面からの高さが高いほど大きい。
位置エネルギーは、物体の質量が大きいほど大きい。

3 位置エネルギーは、物体に対して行った仕事であることを知る〈10分〉

おもりが一番下にあるとき、おもりはエネルギーをもっていません。持ち上げると位置エネルギーが増えるのはなぜでしょう？

「エネルギー」はほかの物体に対して仕事をするんだよね

何かがおもりにエネルギーを与えた？

・位置エネルギーは、高さがないときは0であり、物体が持ち上げられるという仕事をされることで得られることを理解させる。
・エネルギーの単位は［J］を用いること、位置エネルギーの計算は発展的内容にあたるため扱えないが、物体を持ち上げるのに行った仕事が位置エネルギーになるということを伝える。

4 位置エネルギーの大きさは、見方によって変わることを知る〈10分〉

位置エネルギーの大きさは、物体の高さによって決まりますが、次の場合はどうでしょう

同じ高さにあっても、どこからの高さなのかで位置エネルギーは変わるんだね

・位置エネルギーの大きさは、基準面からの高さによって変わるため、どこから見た高さ（基準面）なのかを考慮する必要があることを示す。

第⑦時

物体のもつエネルギーと速さや質量の関係

本時のねらい

・実験を通して運動エネルギーの大きさについて調べることができる。

本時の評価

・運動エネルギーの大きさと速さや質量の関係を調べている。知

準備するもの

・レール
・速さ測定器（ビースピ）
・木片
・質量の異なる球(木、プラスチック、金属など)
・ワークシート

付録

課題

運動する物体のエネルギーを調べよう。

 1

運動している物体はエネルギーをもつ⇒運動エネルギー

運動エネルギーは何とどのような関係があるだろうか。

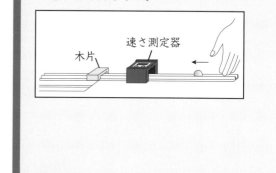

木片　速さ測定器

授業の流れ ▷▷▷

1 高さがないところで運動している物体はエネルギーをもつか考える 〈5分〉

> 高いところにある物体は位置エネルギーをもつことが分かりました
> では、水平なところを運動している物体のエネルギーはどうなるか調べましょう

> 水平だと位置エネルギーはないよね

> 走っている人とぶつかったら痛いから、動いている物体はエネルギーをもっているんだよ

・高さがなくても、運動をしている物体はエネルギーをもつことに気付かせる。
・実験用の球を使ってビー玉遊びを行わせる。
　ビー玉を転がす→他の球に衝突する→衝突された球が動き出す（仕事をされた）→衝突された球のエネルギーが増えた
・日常生活と関連させ、ボウリングや交通事故などを例に出して考えさせてもよい。

2 実験装置を見て、どうすれば木片が動く距離が変わるか考える 〈10分〉

> 動いている物体がもつエネルギーは何とどのような関係があるか調べましょう

> どうやったら木片が大きく動くかだよね

> どうやって球に大きな仕事をするかを考えればいいのかな?

条件制御

・レール上で球を転がして、木片に衝突させるとき、どのようにすれば木片が大きく動くか予想を立てさせる。
・球を動かすときは、球に対してエネルギーを与えていることを気付かせてもよい。

球のぶつけ方と、エネルギーの関係を調べよう。

木片が動いた距離							

木片が動いた距離							

生徒が考えた実験内容を書かせる
例：10gのおもりをぶつける速さ

木片が動いた距離							

3 衝突実験を行う 〈25分〉

速さ測定器

木片

球の速さが変わると
大きく動いてるね

球の種類を変えて同じ速さで
比べることはできないかな？

実験

・質量の異なる球を、速さを変えながら木片に衝突
させ、木片の動く距離を記録する。木片がレール
から出たものは無効とするため、速さの上限を予
備実験で確認しておく。

・大きく動かすことだけを意識するのではなく、少
しずつ速さを変えることでデータがまとめやすく
なることを伝える。

4 実験結果を表にまとめる 〈5分〉

球の速さが速くなる
と、木片が大きく動い
ていない？

位置エネルギーのときと
は何か違うね

・時間に余裕があれば表を追加し、データを多くと
らせる。

・結果を表にまとめさせ、気付いたことを発言させ
る。

・運動エネルギーの説明は次時に行う。

第⑧時

運動エネルギーの大きさを決めるもの

（本時のねらい）
・運動エネルギーの大きさが、運動する物体の質量と速さに関係することを見いだすことができる。

（本時の評価）
・運動エネルギーの大きさと速さや質量の関係を考察している。（思）

（準備するもの）
・グラフ用紙
・斜面式の衝突実験機

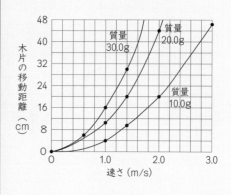

課題
運動エネルギーは何によって決まるのか考えよう。

3

速さとエネルギーの関係

（グラフ）
縦軸：木片の移動距離（cm）　0, 8, 16, 24, 32, 40, 48
横軸：速さ（m/s）　0, 1.0, 2.0, 3.0
質量30.0g、質量20.0g、質量10.0g

（授業の流れ）▷▷▷

1 実験結果をグラフにまとめる 〈20分〉

運動する物体がもつエネルギーを運動エネルギーといいますでは、位置エネルギーのときのように、何とどのような関係があるか考えてみましょう

グラフにしたら何か分かるかな？

・前時の実験結果をグラフにまとめさせる。
・質量が異なるが、速さがほぼ同じになっているデータがあれば、それもグラフにできるとよい。なければ事前に予備実験を行っておき、データを用意する。

2 グラフを読み取り、運動エネルギーは何と関係があるか考える 〈10分〉

質量が大きくなると動く距離も大きくなるねこれは比例しているのかな？

グラフは直線じゃないね速くなると二次関数みたいになるのかな

◀ **対話的な学び** （関係的）

・グラフをかかせる前に、プロットから傾向を読み取らせ、どのようなかき方をするのが適切か考えさせる。特に、折れ線グラフにならないように指導する。
・グラフから、運動エネルギーは質量が大きくなるとエネルギーも大きくなることを読み取らせる。また、速さが2倍になったとき、木片の移動距離は2倍以上になることに気付かせる。

❸

質量とエネルギーの関係

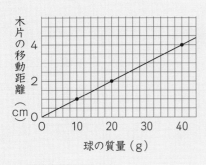

運動エネルギーは
　質量が大きいほど大きくなる。
　速さが速いほど大きくなる（速さが2
　倍になると、エネルギーは2倍以上に
　なる）。

❹

例：スピードが出ている車ほど、交通事故
　　の被害は大きくなる。
　　釘を壁に打つとき、小さな金づちより
　　大きな金づちの方が、釘が深く入る。

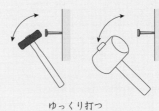

ゆっくり打つ　　　　　　速く打つ

---

3 運動エネルギーを決めるものを
知る　　　　　　　　　〈10分〉

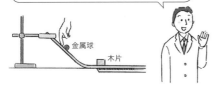

運動エネルギーは質量が大きいほど大き
くなり、速さが速いほど大きくなります

・運動エネルギーを決めるのは質量と速さであるこ
　とを説明する。質量に比例することは、斜面を滑
　らせる衝突実験機を用いれば、衝突するときの速
　さは質量が変わっても同じであることが説明でき
　るため、演示で行ってもよい。

4 運動エネルギーが関わる例を
考える　　　　　　　　〈10分〉

運動エネルギーが関わっていると
分かるものは何があるでしょう？

走っている人とぶつかると
すごく痛いよね

金づちで釘を打つときも、
大きい金づちの方が深く
刺さりそうだよね

・交通事故やくぎを打つ場面など、動いているもの
　がぶつかる例を挙げる。
・釘打ちなどは、実際に生徒に体験させて実感をも
　たせるのもよい。
・運動エネルギーが大きいときは、動かすために物
　体に与えているエネルギーが大きいことに気付か
　せるとよい。

第⑨時

力学的エネルギーの保存

本時のねらい

・位置エネルギーと運動エネルギーは互いに変化し、その和は力学的エネルギーとして保存されることを理解することができる。

本時の評価

・摩擦力が働かない場合、力学的エネルギーの総量は保存されることを理解している。（知）
・運動する振り子がもつ位置エネルギーの大きさの変化と運動エネルギーの大きさの変化を関係付け、課題を解決しようとしている。態

準備するもの

・振り子
・ワークシート

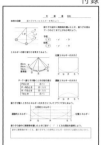
付録

課題

振り子がもつエネルギーを考えよう。

3

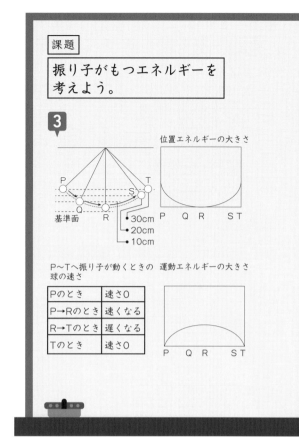

位置エネルギーの大きさ

基準面
・30cm
・20cm
・10cm

P〜Tへ振り子が動くときの球の速さ

Pのとき	速さ0
P→Rのとき	速くなる
R→Tのとき	遅くなる
Tのとき	速さ0

運動エネルギーの大きさ

授業の流れ ▷▷▷

1 途中に障害物がある振り子の運動について考える 〈10分〉

運動している振り子に障害物を置くと、振り子の球はどこまで上がるでしょうか？

途中で邪魔をされるんだから、低くなるんじゃないかな

勢いがあるから高くなるんじゃない？

・振り子を普通に動かしたとき、振り子のおもりはスタートとほぼ同じ高さまで上がることを観察させる。
・途中に障害物がある場合、振り子はどこまで上がるか予想させる。

2 振り子のもつエネルギーについて考える 〈10分〉

振り子はほぼ同じ高さで戻ってきたね。ひもの長さは関係ないんだ

エネルギーは関係あるのかな？

・途中に障害物がある振り子の運動を確認し、なぜほぼ同じ高さまで上がるのか考える。
・運動をしている振り子の位置エネルギーと運動エネルギーがどのように変化をしているか話し合わせる。

4

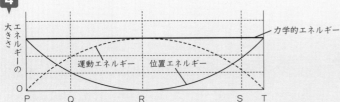

エネルギーの大きさ

力学的エネルギー

運動エネルギー　位置エネルギー

O　P　Q　R　S　T

位置エネルギーと運動エネルギーは相互に移り変わる。

位置エネルギーと運動エネルギーの和…力学的エネルギー

力学的エネルギーは常に一定に保たれている。

　⇒ **力学的エネルギーの保存**

実際には、摩擦や空気の抵抗などがあるため、力学的エネルギーは保存されていない。

例：ジェットコースターは落下する直前の高さまでもどることはできない。

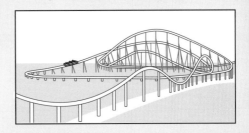

---

3 位置エネルギーと運動エネルギーの関係について話し合う 〈15分〉

球がPにあるときは動いてないから速さはないよね
ということは運動エネルギーもないね

PからRに向かっては落下しているから、速くなるよね
RからTに行くときは上るから遅くなるね

4 力学的エネルギーの保存について知る 〈15分〉

摩擦などがなければ、力学的エネルギーは常に一定に保たれています。これを力学的エネルギーの保存といいます

ジェットコースターは何度も上がったり下がったりするけど、最初が一番高くてどんどん低くなってるね

・振り子のおもりの位置とその位置での速さの関係を考えさせる。
・振り子が落下しているときは位置エネルギーが小さくなるが、速さが速くなるため、運動エネルギーが大きくなる。それにより、高さと速さの片方が小さくなれば、もう片方が大きくなっていることに注目させる。

・力学的エネルギーは保存されることを説明する。
・実際は、振り子をしばらくそのままにしておくと停止する。これは摩擦や空気抵抗があるためであり、現実的には力学的エネルギーは保存されないことにも触れる。
・例として、ジェットコースターの高さが徐々に低くなっていく様子を写真などで示す。

　本単元では、水溶液の電気伝導性、酸とアルカリの性質、中和反応、金属のイオンへのなりやすさの違い、電池の仕組みについて、微視的に捉えて理解させ、技能を身に付けさせるとともに、思考力、判断力、表現力等を育成することをねらいとしている。
　電気を帯びた粒子であるイオンが初めて登場し、電子の授受によって化学変化を説明する場面が多く、モデルを用いた対話的な学びが有効である。

（ア）　水溶液とイオン　全17時間
㋐原子の成り立ちとイオン　7 時間

次	時	主な学習活動	学習過程、見方・考え方、評価など
1	1	**実験**「水溶液の電気伝導性」	比較
	2	実験のまとめ、電解質と非電解質	
	3	**実験**「塩酸に電流を流す実験（電気分解）」	
	4	電気をもった粒子（イオン）の存在	記録 知
	5	原子の構造	記録 知
	6	陽イオン・陰イオン・化学式	記録 知
	7	電解質の電離	記録 知

⑦酸・アルカリ　5時間

次	時	主な学習活動	学習過程、見方・考え方、評価など
2	8	実験「塩酸と水酸化ナトリウム水溶液の性質を調べる」	
	9	実験「身の回りの水溶液の性質を調べる」	
	10	酸・アルカリそれぞれに共通する性質	記録 知
	11	実験「酸・アルカリの性質を決めているものを調べる」	記録 思
	12	酸、アルカリの性質を決めているもの	振り返り　微視的　記録 態

⑦中和と塩　5時間

次	時	主な学習活動	学習過程、見方・考え方、評価など
3	13	酸・アルカリを混ぜるとどうなるか	対話的な学び　微視的
	14	実験「塩酸と水酸化ナトリウム水溶液を混ぜる」	記録 思
	15	塩酸と水酸化ナトリウムの中和実験のまとめ	対話的な学び　微視的　記録 知
	16	実験「硫酸と水酸化バリウム水溶液を混ぜる」	
	17	硫酸と水酸化バリウムの中和実験のまとめ	対話的な学び　微視的　記録 思

（イ）　化学変化と電池　全7時間

⑦金属イオン　4時間

次	時	主な学習活動	学習過程、見方・考え方、評価など
1	1	実験「硝酸銀水溶液と銅の反応」	微視的
	2	金属のイオンへのなりやすさの実験計画	解決方法の立案　記録 思
	3	実験「金属のイオンへのなりやすさの違いを調べる」	関係付け　記録 思
	4	金属のイオンへのなりやすさのまとめ	振り返り　微視的　記録 態

⑦化学変化と電池　3時間

次	時	主な学習活動	学習過程、見方・考え方、評価など
2	5	実験「ダニエル電池の製作」	対話的な学び
	6	ダニエル電池の仕組み	対話的な学び　微視的　記録 思
	7	身の回りの電池	対話的な学び　記録 知

4 水溶液とイオン 〔17時間扱い〕

単元の目標

　様々な水溶液に適切な電圧をかけ、水溶液の電気伝導性や電極に生成する物質を調べる観察、実験や酸とアルカリの性質を調べる観察、実験及び中和反応の観察、実験を行い、その結果を分析して解釈し、イオンの存在やその生成や原子の成り立ちに関係することを理解させるとともに、酸とアルカリの特性や中和反応をイオンのモデルと関連付けて理解させる。

評価規準

知識・技能	思考・判断・表現	主体的に学習に取り組む態度
化学変化をイオンのモデルと関連付けながら、原子の成り立ちとイオン、酸・アルカリ、中和と塩についての基本的な概念や原理・法則などを理解しているとともに、科学的に探究するために必要な観察、実験などに関する基本操作や記録などの基本的な技能を身に付けている。	水溶液とイオンについて、見通しをもって観察、実験などを行い、イオンと関連付けてその結果を分析して解釈し、化学変化における規則性や関係性を見いだして表現しているとともに、探究の過程を振り返るなど、科学的に探究している。	水溶液とイオンに関する事物・現象に進んで関わり、見通しをもったり振り返ったりするなど、科学的に探究しようとしている。

既習事項とのつながり

⑴中学校2年：「化学変化と原子・分子」では、物質は原子や分子からできていることを学習している。原子の内部の構造については、第3学年で初めて学習する。

⑵中学校2年：「電流とその利用」では、電流が電子の移動に関連していることを学習している。原子の成り立ちとイオンを学習する際は、第2学年で学んだ電子と関連付けるようにする。

指導のポイント

　ここではまず、原子が＋の電荷をもった陽子と－の電荷をもった電子からできており、電気的中性が保たれていること、電子の授受によって電気を帯びることなど、イオンの概念を形成させることが重要である。こうした基本的な概念の理解が、酸、アルカリと中和、金属のイオンへのなりやすさのちがい、電池の基本的な仕組みの学習において、大変重要になる。

⑴本単元で働かせる見方・考え方

　第1学年の微視的な粒子、第2学年の原子、分子を経て、ここでは、初めて学ぶイオンの概念を定着させることが求められる。その上で、事象を微視的にとらえ、性質を比較したり、イオンの数と液性の関係を検討したりすることが大切である。イオンのモデルは「化学変化と電池」の学習を見通し、汎用的なものを提示したい。

(2)本単元における主体的・対話的で深い学び

　酸、アルカリの正体は何か、酸性の水溶液とアルカリ性の水溶液を混合したらどうなるか、といった課題はイオンのモデルを活用して話し合う場面を設定しやすい。ホワイトボードや自作のイオンのモデルを活用すれば、対話を通して考えを練り上げる機会を設定することができる。また、課題解決への見通しをもたせることで、観察、実験にのぞむ姿勢はより主体的になることが期待される。

指導計画（全17時間）

⑦ 原子の成り立ちとイオン（7時間）

時	主な学習活動	評価規準
1	比較 実験 「様々な水溶液の電気伝導性を調べる」	（知）
2	電解質と非電解質とが何であるかを理解する。	（知）
3	実験 「塩酸に電流を流す実験（電気分解）を行う」	（思）
4	電気をもった粒子（イオン）が存在することを理解する。	知
5	原子の基本的な構造を理解する。	知
6	陽イオンと陰イオンについて理解し、記号を用いて表す。	知
7	電解質が水溶液中でどのように電離するかを理解する。	知

⑦ 酸・アルカリ（5時間）

時	主な学習活動	評価規準
8	実験 「酸・アルカリの性質を調べる」	（思）
9	実験 「身の回りの水溶液の性質を調べる」	（思）
10	酸・アルカリそれぞれに共通する性質を理解する。	知
11	実験 「酸・アルカリの性質を決めているもの（電気泳動）」	思
12	振り返り 微視的 酸、アルカリの性質を決めているものを理解する。	（知）態

⑦ 中和と塩（5時間）

時	主な学習活動	評価規準
13	対話的な学び 微視的 酸・アルカリを混ぜるとどうなるかの予想する。	（思）
14	実験 「塩酸と水酸化ナトリウム水溶液の中和」	思
15	対話的な学び 微視的 実験のまとめ・中和の定義	知
16	実験 「硫酸と水酸化バリウム水溶液の中和」	（思）
17	対話的な学び 微視的 中和について、イオンのモデルを用いて考察する。	思

第①時

水溶液の電気伝導性

(本時のねらい)
・身近な液体や水溶液が電流を流すか調べ、電流が流れるものと流れないものがあることを見いだすことができる。

(本時の評価)
・身近な液体や水溶液の電気伝導性を調べる技能を身に付けている。(知)

(準備するもの)
・電池・導線(2)・モーター・ステンレス電極
・ビーカー・蒸留水・2.5%塩酸
・2.5%水酸化ナトリウム水溶液・2.5%砂糖水
・2.5%塩化ナトリウム水溶液
・エタノールと水の混合物
・2.5%塩化銅水溶液
・その他身の回りの水溶液

付録

| 課題 | 電気伝導性がある液体はどれだろうか。 |

1. 塩化ナトリウム(結晶)
2. 水(蒸留水)
3. 塩化ナトリウム水溶液

| 予想 | |

　　1. ある　　2. ない　　3. ある

| 結果 |

　　1. ない　　2. ない　　3. ある

| まとめ |

　　塩化ナトリウム水溶液のみ、
　　電気伝導性を示した。

(授業の流れ) ▷▷▷

1　課題を確認する　　〈10分〉

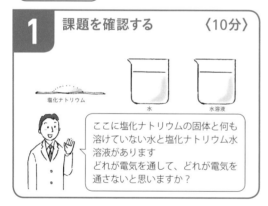

塩化ナトリウム　　水　　水溶液

ここに塩化ナトリウムの固体と何も溶けていない水と塩化ナトリウム水溶液があります
どれが電気を通して、どれが電気を通さないと思いますか？

・食塩の結晶、精製水、食塩水を提示し、電気伝導性があるものはどれであるかを問いかける。それぞれの状況の違いに注目させ、電気伝導性という性質に注目して比較するという見方・考え方を大切にし、生徒の思考を促すようにしたい。

2　演示実験を見る　　〈10分〉

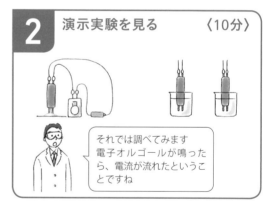

それでは調べてみます
電子オルゴールが鳴ったら、電流が流れたということですね

・食塩、精製水、食塩水の順番に電気伝導性の有無を調べる演示実験を行う。ステンレス電極はよく洗ったものを使用する。
・電気伝導性があることは、低電圧モーターが回転したことや、電子オルゴールが鳴ったことなどで判断する。

実験	液体の電気伝導性	3

目的	身の回りの液体に電気伝導性があるかどうかを調べる。

方法

ビーカーに調べたい液体を入れてステンレス電極を差し込み、モーターが回るかどうかを調べる。

結果 4

液体の名称	結果
蒸留水	×
塩酸	○
水酸化ナトリウム水溶液	○
砂糖水	×
塩化ナトリウム水溶液	○
エタノール＋蒸留水	×
塩化銅水溶液	○
オレンジジュース	○

○…回った　×…回らなかった

実験から気づいたこと
・物質を水に溶かすと電流が流れる。
・砂糖やエタノールのように、電流が流れないものもある。

---

3 身の回りの水溶液について、電流が流れるかどうかを調べる〈20分〉

電極は実験をするごとにきれいに洗わないと、正しい結果が出ないね

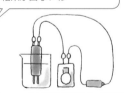

実験

・他にも身の回りの液体で電気伝導性を示すものがあるかどうかを問いかける。清涼飲料水、エタノール、洗剤等が候補になるが、手についたり混ぜたりすると危険なものもあるので、安全には十分に注意して液体を選択したい。

4 実験結果を表にまとめ、気付いたことを出し合う〈10分〉

水溶液でも、電気伝導性があるものとないものがあるよ

エタノールには電気伝導性がないんだね

比較

・電気伝導性という性質についてそれぞれの結果を比較することにより、電気伝導性があるものとないものがあることに気付かせたい。
・同じように水に溶けているのに電気伝導性を示すものと示さないものがあることに注目させ、次時につなげたい。

第②時

電解質と非電解質

（本時のねらい）
・実験結果を基に、電解質と非電解質がどのようなものであるかを理解することができる。

（本時の評価）
・電解質と非電解質についての基本的な概念を理解している。（知）

（準備するもの）
・教材提示装置
・パソコン
・プロジェクター
・スクリーン

課題 | 実験についてまとめよう。

○ 電気を通した液体

　　塩酸
　　水酸化ナトリウム水溶液
　　塩化ナトリウム水溶液
　　塩化銅水溶液
　　オレンジジュース

○ 電気を通さない液体

　　蒸留水
　　砂糖水
　　エタノール＋蒸留水

（授業の流れ）▷▷▷

1　前回の実験を想起する 〈10分〉

前回は、様々な液体が電気を通すかどうかを調べました
そこで、今日は、各班が調べた液体とその結果、気付いたことを発表してもらいます
発表を聴いていて、新たに知ったことや、考えたことがある場合はメモをとりましょう

・前回、様々な液体の電気伝導性を調べた実験を想起させ、実験結果と気付いたことを振り返らせる。
・電気伝導性だけでなく、水溶液中の変化にも注目させる。
・定番の液体以外に独自に調べたものがある場合には、どのようなものを調べたのか、現物を示すとよい。

2　実験結果を発表する 〈20分〉

塩化銅水溶液は電気を通しました
陽極からは気体が発生し、陰極には赤茶色の物質が付いていました…

・電気伝導性の有無について発表させる。また、水溶液中で変化が観察されたものについては、どのような変化が起こったのかを報告させる。
・状況によっては、発表する液体について、班ごとに分担させてもよい。

○ 電解質と非電解質 **3**

　　電解質…水に溶かしたとき、電流が流れる物質

　　　例…塩化ナトリウム、水酸化ナトリウム、塩化銅、クエン酸　など

　　非電解質…水に溶かしたとき、電流が流れない物質

　　　例…砂糖、エタノール　など

　　※純粋な水（何も溶けていない水）は電気を通さない。
　　※電解質だけでは、電気を通さない。
　　※電流が流れた水溶液では、変化が起きている。

3 実験をまとめ、電解質と非電解質について理解する　〈10分〉

水に溶かしたときに電流が流れる物質を電解質、流れない物質を非電解質といいます

電気を通したものでは、電極付近で変化が起きていました

 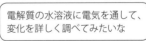

4 電気を通す理由を考える〈10分〉

なぜ、電気を通すのでしょうか　電極付近の変化と関係あるのでしょうか

電解質の水溶液に電気を通して、変化を詳しく調べてみたいな

・水に溶かしたときに電流が流れる物質と流れない物質があることに気付かせ、電解質、非電解質という用語を理解させる。
・何も溶かしていない蒸留水では電気伝導性がなかったことを確認しておく。
・電解質を水に溶かしたときに変化が起こっていることを確認しておく。

・例えば、塩化銅水溶液に電気を通すと、＋極からは気体が発生していること、－極には赤褐色の固体が付着していること、特有のにおいがすることを確認する。また、塩酸では＋極と－極の両方から気体が発生し、特有のにおいがすることを確認する。
・次回は塩酸に電気を通して、発生する気体を調べることにつなげるようにする。

第 ③ 時

塩酸に電流を流す実験
（電気分解）

（本時のねらい）
・塩酸に電流を流す実験を行い、陽極、陰極で
　発生した気体の正体を見いだすことができ
　る。

（本時の評価）
・塩酸の電気分解を行い、結果を分析して解釈
　し、生じた気体が何であるかを見いだして表
　現している。（思）

（準備するもの）
・2.5％塩酸・赤インクで着色した水
・電気分解装置（白金メッキ付
　きチタン電極、ゴム栓、ろう
　とつき）
・ビーカー・スポイト・ペトリ皿
・試験管・試験管立て
・電源装置・バット・導線（2）
・マッチ・保護眼鏡

付録

（課題）
塩酸に電流を流すとどのような
変化が起こるだろうか。

○ 予想される気体　

陽極：塩素　
（理由）
・塩酸は成分として塩素をふ
　くんでおり、塩化銅の電気
　分解で塩素が陽極から発生
　したから。
陰極：水素
（理由）
・塩酸は成分として水素をふ
　くんでおり、水の電気分解
　で水素が陰極から発生した
　から。

（授業の流れ）▷▷▷

1　課題を確認する　〈10分〉

前回は、電解質水溶液が電流を通す
こと、電流を通すときには水溶液中
で変化が起こっていることを経験し
ましたね
水溶液中ではどのような変化が起
こっているのでしょうか
今日は塩酸を例に考えてみましょう
塩酸は塩化水素 HCl の水溶液です
ね

・前回、電解質水溶液に電流が流れると電極で変化
　が起こっていることを生徒は観察しているので、
　そのことを思い出させたい。
・電解質水溶液の一つの例として、うすい塩酸を取
　り上げている。塩酸は塩化水素が溶けた水溶液で
　あり、電流を通すと塩素と水素に分解する。塩素
　と水素はすでに学習した経験があるので、実験の
　考察が可能である。

2　実験結果を予想する　〈10分〉

水の電気分解や塩化銅水溶液の電気分解
を思い出し、発生する気体を予想してみ
ましょう

水の電気分解では陰極で
水素が発生したね

塩化銅水溶液では、陽極で
塩素が発生したわ

・この段階ではイオンの存在を学習していないので、
　予想の根拠には限界があるが、水の電気分解と塩
　化銅水溶液の電気分解の経験を思い出すことがで
　きれば、その際の水素の発生、塩素の発生と関連
　付けることができる。
・予想として水素、塩素が出てきた場合は、その確
　認方法を思い出させておくと、実験を主体的に行
　うことができる。

実験	うすい塩酸の電気分解

| 目的 | 塩酸に電流を流す実験を行い、陽極、陰極で発生する気体の正体を明らかにする。 |

3

| 方法 | 1. 電気分解装置に 2.5 ％塩酸 100 ㎤ を入れる。
2. 6 Ｖの電圧を加えて電流を流し、どちらかの極に気体が 4 目盛りまでたまったら、電源装置のスイッチを切る。
3. 陽極側の管の上部の液のにおいを調べる。赤インクで着色した水に入れる。
4. マッチの火を陰極側の上部に近づける。 |

| 結果 | 1. 陰極の気体は 4 目盛り、陽極の気体は 1 目盛り程度集まった。
2. 陽極：消毒薬のにおいがした。赤インクの色が消えた。
　　陰極：気体が燃えた |

4

| 考察 | 陽極で発生した気体は特有のにおいと漂白作用があることから、塩素であると考えられる
また、陰極で発生した気体は可燃性があることから水素である。
塩素は水に溶けやすい性質があるので、集まった量が少なかった。 |

3 塩酸の電気分解の実験をする 〈20分〉

安全に十分に注意して、実験を行ってください

陽極と陰極からそれぞれ気体が発生しているね

電源装置

4 結果を整理し考察する 〈10分〉

陽極と陰極で発生した気体の正体は何だろう

自分の考えをまずまとめて、それから班の話し合いね

実験

・2 年次に使用した実験装置と基本的に同じ仕組みだが、生徒は忘れているので操作はていねいに振り返らせたい。塩酸ではステンレス電極が腐食するので、電極の素材に注意する。

・塩酸が手に着いた場合はよく洗う。また、保護眼鏡を装着し、万一、目に入った場合は大量の水で洗い続ける。

・気体が音を立てて燃えたことから、可燃性があることが分かり、水素であると判断できる。

・気体が消毒薬特有のにおいがすることや、漂白作用があることから、塩素であると判断できる。

・この実験では水素と酸素が同体積発生しているが、塩素は水に溶けやすいため、捕集量は塩素の方が少ない。生徒から出てこなければ、教師から話題を取り上げてもよい。

第④時

電気を帯びた粒子（イオン）の存在

（本時のねらい）
・塩酸の電気分解の結果から、水溶液中に＋と－の電気を持った粒子（イオン）が存在することを理解することができる。

（本時の評価）
・塩酸中には、＋の電気を帯びた水素イオンと－の電気を帯びた塩化物イオンが存在していることを理解している。知

（課題）
塩酸中には何が存在しているのだろうか。

○ 陽極（＋極）から発生した気体 **◀1**

・赤インクの色がうすくなった。
・プールの消毒薬のにおいがした。

→ 塩素が発生した。

○ 陰極（－極）から発生した気体

・マッチの火を近づけると音をたてて燃えた。

→ 水素が発生した。

（授業の流れ）▷▷▷

1 前時の実験結果と考察をまとめる 〈10分〉

実験結果と考察をまとめるよ

・生徒は前時の実験で、観察した様子（結果）と考えたこと（考察）を発表し、陽極で塩素が発生したこと、陰極で水素が発生したことを確認する。
・この化学変化を化学反応式で記述する。
  2 HCl → H₂ + Cl₂
・この化学変化は分解であることに気付かせ、中2で行った電気分解を思い出させる。

2 それぞれの電極で気体が発生した理由を考える 〈15分〉

なぜ、水素は陰極側で出て塩素は陽極側で出るのだろうか？

・なぜ、水素が陰極（－極）で発生し、塩素が陽極（＋極）で生成するのかを考えさせる。
・電流が流れている間、陰極には電源の負極（－極）から電子が移動してくること、また陽極からは電源の正極（＋極）に向かって電子が移動していることを確認しておく。

○ その他

・陰極側に集まった気体の体積の方が陽極側の気体よりも多かった。

　　→　塩素が水にとけやすいから。

○ 塩酸の電気分解　　$2HCl \rightarrow H_2 + Cl_2$

| 課題 | なぜ、水素は陰極側で発生し、塩素は陽極側で発生したのだろうか。 |

自分の考え

　　水素は水溶液中で＋の電気をもった状態で存在しているのではないか。
　　塩素は水溶液中では－の電気をもった状態で存在しているのではないか。

---

3 電気を帯びた粒子の存在に気付く　〈15分〉

塩素は HCl と表されますが、塩酸の中では＋の電気を帯びた水素の粒と－の電気を帯びた塩素の粒に分かれます

・生徒からは、水溶液中に電気をもったものが存在することを引き出せるとよいが、難しい場合は、ヒントを与えてみる。
・陰極（－極）では＋の電気をもった「粒」が水素分子になったこと、陽極（＋極）では－の電気をもった「粒」が塩素分子になったことを教える。

4 陽イオンと陰イオンを区別する　〈10分〉

水素のイオンは陽イオン、塩素のイオンは陰イオンだね

何で、原子が電気をもった粒になるんだろうイオンって何なのだろう？

・電気をもった「粒」のことを「イオン」と呼び、＋の電気をもったイオンを陽イオン、－の電気をもったイオンを陰イオンと呼ぶことを教える。
・生徒は、電気を帯びた粒がどういうものなのかをイメージしにくいと考えられるが、この点については次時の学習の中で明らかにする。

第⑤時

原子の構造

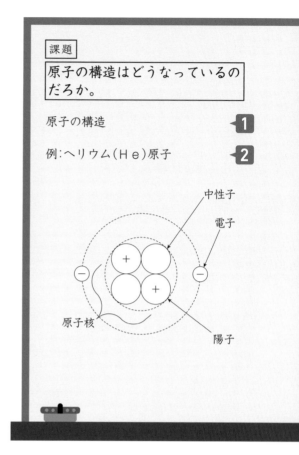

（本時のねらい）

・原子が＋の電気をもった原子核と－の電気を
もった電子からできていることを知ることが
できる。

・原子核が＋の電気をもった陽子と電気的に中
性である中性子からできていることを知るこ
とができる。

（本時の評価）

・原子の構造を理解している。知

（授業の流れ）▷▷▷

1　原子の構造に興味をもつ〈10分〉

前回、なぜ原子が電気を帯びた粒（イ
オン）になるのかが話題になりました
このことを解決するためには、原子の
構造を知る必要があります
２年生で習った原子について、さら
に深めていきましょう

・中学校２年生では、原子は一つの粒としてしか捉
えていないが、原子はさらに＋の電気をもった原
子核とそのまわりに存在する－の電気をもった電
子からできていることを説明する。

・中学校２年生では電流の正体として電子を学んだ
が、原子核のまわりに存在する電子と同じである
ことを確認する。

2　原子の構造を知る　〈15分〉

原子の中心には＋の電気を持った原子核
があり、原子核のまわりには、－の電気
をもった電子があります
原子核は＋の電気をもった陽子と電気的
に中性な中性子からできています

太陽と惑星の関係みたい！

・ヘリウム原子を例に、原子が原子核と電子ででき
ていることを教える。その際、原子の質量のほと
んどは原子核の質量であり、電子の質量はきわめ
て小さいことにも触れる。

・さらに、原子核は＋の電気をもった陽子と電気的
に中性な中性子からできていることを説明する。

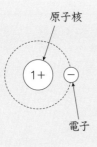
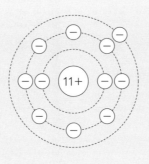
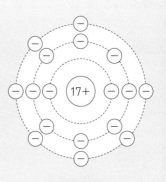

水素原子　　　　　　　　ナトリウム原子　　　　　　　塩素原子

・元素によって陽子の数は決まっている。（陽子の数）＝（原子番号）
・陽子と電子の数は同じなので、電気的に中性である。
・同じ元素でも中性子の数が異なる原子が存在する。　→　同位体

4

3　その他の原子の構造を知る　〈15分〉

元素によって陽子の数が決まっています
原子番号は陽子の数を表しています

陽子と電子の数は同じだから、電気的には中性になっています

4　同位体について知る　〈10分〉

元素によって、同じ元素でも、中性子の数がことなる原子が存在します
そのような関係にある原子を互いに同位体といいます

そういえば、放射線の記事で同位体という言葉を聞いたことがあります

・そのほかの例として、水素原子、ナトリウム原子、塩素原子を説明する。
・この3種類の原子を取り上げたのは、今後のイオンの学習によく登場するからである。
・元素の種類によって陽子の数が決まっていること、陽子と電子の数は等しく、電気的に中性になっていることを説明する。

・同じ元素でも中性子の数が異なる原子が存在すること、それらの原子を互いに同位体と呼ぶことを説明する。
・水素と重水素の例などを紹介し、元素としては同じ水素でも原子としては異なるものであることを説明する。

第⑥時

陽イオン・陰イオン・化学式

(本時のねらい)
・イオンについて、原子の構造と関連付けて理解することができる。
・代表的なイオンを取り上げ、その名称と記号での表し方を理解することができる。

(本時の評価)
・イオンを記号で表すことができることを理解している。知

課題

> イオンとはどのようなもの ①
> だろうか。

> 「原子が＋の電気を帯びたり、
> 　－の電気を帯びたりするのは
> 　どのようなときだろうか。」

自分の考え

原子は＋の電気と－の電気を同じ数だけもっているので、＋と－の電気のどちらかが増えたり減ったりしたら、原子が電気を帯びるかもしれない。

(授業の流れ) ▷▷▷

1 帯電する仕組みを知る 〈10分〉

> 陽子の数に比べて、電子の数が少なくなると原子全体は＋になりますね

> 反対に、電子の数が多くなると、原子全体は－になりますね

・帯電する仕組みを説明する際には、まず原子の＋の電気の数（陽子の数）と－の電気の数（電子の数）が等しいことに触れ、どうしたら＋の電気を帯びたり、－の電気を帯びたりするかを問いかける。
・電子を受け取ったり、失ったりすることによって原子が電気を帯びることに気付かせる。

2 陽イオンと陰イオンを知る 〈15分〉

> このように、原子が電気を帯びたものをイオンといいます
> ＋の電気を帯びているものを陽イオンといって、水素イオン、ナトリウムイオンなどがあります

> －の電気を帯びているものを陰イオンといって、塩化物イオンなどがあります

・水素イオン、ナトリウムイオン、塩化物イオンを例にあげ、水素原子が電子を１個失うと水素イオン（H^+）になること、ナトリウム原子が電子１個を失うとナトリウムイオン（Na^+）になること、塩素原子が電子を１個受け取ると塩化物イオン（Cl^-）になることを説明する。

イオン…原子が＋または－の電気を帯びたもの
陽イオン…＋の電気を帯びたイオン　陰イオン…－の電気を帯びたイオン
（例）
　水素原子は電子を1個失って水素イオンになる。
　ナトリウム原子は電子を1個失ってナトリウムイオンになる。
　塩素原子は電子を1個受け取って塩化物イオンになる。）

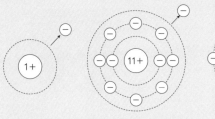
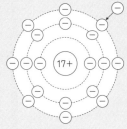

主なイオン
【陽イオン】
水素イオン　H^+
ナトリウムイオン　Na^+
亜鉛イオン　Zn^{2+}
銅イオン　Cu^{2+}
【陰イオン】
塩化物イオン　Cl^-
水酸化物イオン　OH^-
硫酸イオン　$SO_4{}^{2-}$

水素イオン　　ナトリウムイオン　　塩化物イオン

3　イオンの表し方を知る　〈15分〉

失った電子の数や受け取る原子の数は原子によって決まっていて、電子を2個失ったり、2個受け取ったりする原子もありますよ

Cu^{2+} は銅原子が電子を2個失った銅イオンを表しているのですね

4　小テストで理解を深める　〈10分〉

主なイオンの化学式は覚えましょう少し時間をあげるので合図があるまで、ノートにまとめたイオンについて覚えましょう

えー、小テストですか？がんばって覚えなければ！

・「化学変化とイオン」で使用する可能性がある汎用性が高いものについて、イオンの名称と記号を紹介し、ノートに整理させる。
・＋、2＋、－、2－は上付きで小さく書くことを確認する。
・イオンには複数の原子が組み合わさった多原子イオンがあることも補足しておく。

・イオンの化学式を覚える際は、原子の構造と結びつけて体系的に理解させたい。また、主な化学式についてはしっかりと覚え、活用できる状態にしておきたい。小テストを行うのも一つの方法である。一発勝負とせずに、達成されたところで総括的な評価に加えるなどが考えられる。

第⑦時

電解質の電離

（本時のねらい）
・電解質は陽イオンと陰イオンが組み合わさってできている物質であることを理解することができる。
・電解質が水に溶けると電離することを理解することができる。

（本時の評価）
・電解質の水溶液中の電離についての基本的な概念を理解している。知

（準備するもの）
・イオンのモデル

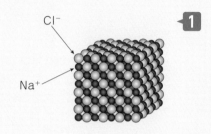

課題

電解質を水にとかしたときのようすは、どのようになっているのだろうか。

（例）塩化ナトリウム

Cl⁻
Na⁺

・塩化ナトリウムの結晶はナトリウムイオンと塩化物イオン化ができている。
・水の中では以下のように分かれる（電離）。
$$NaCl \rightarrow Na^+ + Cl^-$$

（授業の流れ）▷▷▷

1 電離について考える 〈10分〉

塩化ナトリウムが水に溶けると、ナトリウムイオンと塩化物イオンに分かれます

塩酸の場合は、水素イオンと塩化物イオンに分かれているのですね

2 陰極について考える 〈15分〉

塩酸に電流が流れているとき、陰極では水素イオンが電子を受け取って水素分子になります

だから、陰極から水素が発生していたんですね

・中学校2年生では塩化ナトリウムの結晶をナトリウム原子と塩素原子の集まりとして捉えている可能性があるが、ここでイオンについて学習したので、ナトリウムイオンと塩化物イオンが集まって結晶を作っていることを確認する。
・塩酸の中では水素イオンと塩化物イオンが電離していることを確認しておく。

・時間が少し空いてしまったので、塩酸の電気分解を簡単に振り返るとよい。
・水素イオンについて、水素原子が電子1個を失った状態であることなど、ていねいに確認しながら学習を進めるようにする。
・イオンのモデルを用いて、水素が発生した理由を生徒に考えさせてもよい。

塩酸の電気分解 ◀4

電子

電子

H

Cl

H

電子

Cl Cl

塩素分子

陽極

CI

塩化物イオン

水素イオン

電子

H H

水素分子

陰極

◀2

◀3

◀4 ◀2 ◀3

3 陽極について考える　〈15分〉

塩酸に電流が流れているとき、陽極では塩化物イオンが電子を失い、塩素分子になります

だから、陽極から塩素が発生していたんですね

4 全体の様子について確認する　〈10分〉

回路全体を見ると、電源装置の負極から正極へ向けて電子が移動していると考えることができますね
ただし、負極から出た電子が、正極まで移動しているわけではないことに注意しよう

・塩化物イオンについて、塩素原子が1個電子を受け取っている状態であることなど、ていねいに確認しながら学習を進めるようにする。
・イオンのモデルを用いて、塩素が発生した理由を生徒に考えさせてみてもよい。

・塩酸の水溶液と回路全体に目を向け、電極で電子の授受が行われることにより、回路全体に電流が流れていることを理解させる。
・水溶液中を電子が移動しているわけではないことにも注目させたい。
・電気分解は多様なので、塩酸の電気分解が一般的な仕組みであるかのように捉える必要はない。

第⑧時

塩酸と水酸化ナトリウム水溶液の性質を調べる

(本時のねらい)
・BTB溶液、フェノールフタレイン溶液を用いて、水溶液の性質を調べ、性質を判断することができる。

(本時の評価)
・酸、アルカリに共通する性質を見いだして表現している。(思)

(準備するもの)
・フェノールフタレイン溶液
・BTB溶液
・ビーカー
・2.5%塩酸
・2.5%水酸化ナトリウム水溶液
・保護眼鏡
・マグネシウムリボン
・試験管
・試験管立て

付録

課題 | 塩酸と水酸化ナトリウム水溶液の性質を調べよう。

○ 水溶液の性質 **1**
・酸性 ・中性 ・アルカリ性 **2**

○ 水溶液の性質を調べる薬品(指示薬)
・BTB溶液
　酸性…黄色　中性…緑色
　アルカリ性…青色
・フェノールフタレイン溶液
　酸性…無色　中性…無色
　アルカリ性…赤色

○ その他の性質
　酸性の水溶液では亜鉛やマグネシウムが反応して水素を発生する。

(授業の流れ) ▷▷▷

1　課題を確認する　　〈10分〉

水溶液を性質によって分類してみたいと思います
どのような性質で分類できますか

酸性、中性、アルカリ性があるのを知っています
小学校でも習いました

・小学校では酸性、中性及びアルカリ性の水溶液があることを学習しており、リトマス紙やムラサキキャベツ液を利用して水溶液の性質を調べている。発問に対する生徒の反応を捉えながら、小学校時代の経験を振り返らせてもよい。

2　水溶液の性質を調べる方法について考える　　〈10分〉

酸性、アルカリ性、中性はどうしたら判断できるかな

リトマス試験紙を使ったことがあるな

BTB溶液やフェノールフタレイン溶液でも調べられますよ

・小学校時代に酸性、中性、アルカリ性を何で調べたかを問いかけるとリトマス試験紙やムラサキキャベツ液を思い出す生徒が多い。
・ここではBTB溶液とフェノールフタレイン溶液を紹介し、色の変化を確認しておく。
・中学校1年の水素の発生の実験で、塩酸に亜鉛などを入れたことを思い出しておきたい。

実験	塩酸と水酸化ナトリウム水溶液の性質

目的	塩酸と水酸化ナトリウム水溶液の性質を調べ、何性かを判断する。

準備	BTB溶液　フェノールフタレイン溶液　2.5%塩酸　2.5%水酸化ナトリウム 水溶液　マグネシウムリボン　ビーカー

結果

実　　　　　験	BTB溶液	フェノールフタレイン溶液	マグネシウムリボン
塩　　　　酸	黄　色	無　色	気体が発生した
水酸化ナトリウム水溶液	青　色	無色から赤色へ変化	変化なし

4

考察	指示薬の色から、塩酸は酸性、水酸化ナトリウム水溶液はアルカリ性を示すと 考えた。マグネシウムリボンと反応することからも、塩酸が酸性であると判断 できる。

3　指示薬とマグネシウムリボンを用いて水溶液の性質を調べる〈20分〉

指示薬の色の変化を確認してみてくださいね

実験

・うすい塩酸とうすい水酸化ナトリウム水溶液を用いて指示薬とマグネシウムリボンを用いた実験を行う。

・酸、アルカリを取り扱う実験では安全眼鏡を装着する。特にアルカリの水溶液は目に入らぬように十分に注意し、万が一目に入ってしまったら、ただちに大量の水で目を洗うようにする。

4　塩酸と水酸化ナトリウム水溶液が何性であるかを判断する〈10分〉

塩酸は何性ですか？

BTB溶液が黄色に変化したので、塩酸は酸性です。マグネシウムリボンと反応して、気体が発生していました

・塩酸と水酸化ナトリウム水溶液の性質を確認するとともに、判断した理由も述べるように促す。

・次時に身の回りの水溶液の性質を調べる実験を設定しているので、ここでは指示薬等の性質を確認し、次回で活用できるように定着させておく。

第⑨時

身の回りの水溶液の性質を調べる

本時のねらい
・身の回りの水溶液の性質を調べ、水溶液の性質を見いだすことができる。

本時の評価
・身の回りの水溶液の性質を見いだして表現している。（思）

準備するもの
・BTB溶液
・食酢
・レモン果汁
・重曹（炭酸水素ナトリウム）
・キンカン
・石けん水
・精製水など
・試験管
・試験管立て・保護眼鏡

付録

課題 | 身の回りの水溶液の性質を調べよう。

○ 使用する水溶液
・食酢 ・レモン果汁
・重曹（炭酸水素ナトリウム）
・キンカン
・石けん水 ・精製水

○ 予想

酸性：食酢、レモン果汁
中性：精製水
アルカリ性：重曹、キンカン
　　　　　　石けん水

授業の流れ ▷▷▷

1 課題を確認する 〈10分〉

酸性を示すものはどれだと思いますか？

レモン汁は酸っぱいから酸性かな？

・酸性を示すものとアルカリ性を示すものをバランスよく用意する。予想させることで、身の回りの水溶液を調べることに興味をもたせる。
・身の回りのものを使用する場合でも、水溶液を口に入れたりしないよう、実験前に注意を促す。

2 BTB溶液を使って、酸性かアルカリ性かを調べる 〈20分〉

BTB溶液は、2、3滴たらすだけで色の変化は分かりますよ

キンカンにBTB溶液を入れたら青色になったよ

実験

・生徒に調べさせたい水溶液を持参させてもよい。
・水溶液同士を混ぜると反応し、予期せぬ結果となる場合があるので、水溶液同士を混ぜないように注意を促す。
・BTB溶液は2～3滴で色の変化を観察することができる。

実験 身の回りの水溶液の性質　2

目的　身の回りの水溶液の性質を調べ、何性かを判断する。

準備　BTB 溶液　食酢　レモン汁　重曹　キンカン　石けん水　精製水　試験管
試験管立て　保護眼鏡

結果と考察　3　4

使用した液体	BTB溶液の色の変化	性質
食　酢	緑色から黄色へ変化した。	酸性
レモン果汁	緑色から黄色へ変化した。	酸性
キンカン	緑色から青色へ変化した。	アルカリ性

3　結果をまとめる　〈10分〉

結果を表にまとめて
みましょう

4　結果と性質を発表する　〈10分〉

調べた水溶液の結果と性質を
発表してください
気付いたことがあれば、
付け加えてください

食酢とレモン果汁は BTB
溶液が緑色から黄色へ変化
したので酸性でした
キンカンは……

・BTB 溶液の色を記録し、液性を判断させる。
・授業が連続する際、前時の器具を再び使用する場合には注意が必要である。洗浄が不十分なため、想定外の実験結果となってしまうことがある。実験前に純水を用いて洗浄するのが望ましい。実験に使用した器具はよく洗浄するように指示をする。

・班によって実験結果が異なるものについては、時間があれば追試を行いたい。
・レモン汁にはクエン酸が溶けていることや、キンカンにはアンモニアが溶けていることなど、身の回りの水溶液には溶質として何が溶けているのかを紹介しておくとよい。

第⑩時

酸・アルカリ
それぞれに共通する性質

（本時のねらい）
・酸、アルカリの共通の性質をまとめることが
　できる。
・水溶液の性質の程度を表す単位として pH が
　あることを理解することができる。

（本時の評価）
・酸、アルカリの共通する性質を理解してい
　る。知

（準備するもの）
・2.5％塩酸
・食酢
・マグネシウムリボン
・試験管

（課題）酸性の水溶液とアルカリ性の
　　　　水溶液の性質をまとめよう。

○ 酸性の水溶液　**2**
　リトマス試験紙　青色→赤色
　　　　　　　　　赤色は変化なし
　BTB 溶液　黄色
　フェノールフタレイン溶液　無色
　亜鉛、マグネシウム等を入れると気
　体が発生
　（例）塩酸、食酢、レモン果汁

○ アルカリ性の水溶液
　リトマス試験紙　赤色→青色
　　　　　　　　　青色は変化なし
　BTB 溶液　青色
　フェノールフタレイン溶液　赤色
　（例）水酸化ナトリウム水溶液、
　　　　キンカン、石けん水、

（授業の流れ）▷▷▷

1 前回の実験の結果を
　　想起する　　　〈10分〉

前回、酸性を示したものは
何でしたか？

アルカリ性を示したものは
何でしたか？

・前回の実験を思い出し、酸性の水溶液、アルカリ
　性の水溶液としてどのようなものがあったかを思
　い出す。
・前回の実験でできなかったものがある場合は、教
　師が演示して学級で共有するのもよい。

2 酸性の水溶液とアルカリ性の
　　水溶液の性質をまとめる　〈15分〉

酸性の水溶液の性質と、
アルカリ性の水溶液の性
質をまとめましょう

・酸性の水溶液に共通する性質、アルカリ性の水溶
　液に共通する性質を確認し、板書するとともに、
　生徒にはノート等にまとめさせるようにする。
・酸性、アルカリ性が何によって決まっているのか
　という点に関心をもった生徒がいた場合は発言さ
　せ、次回につなげるようにする。

○ 酸性・アルカリ性の強さ ３・４

pH（ピーエイチ）
水溶液の性質（酸性・アルカリ性）の程度をあらわす単位
0〜14までの数値で表現。pH7は中性、7より小さい値は酸性、大きい値はアルカリ性

【参考資料】

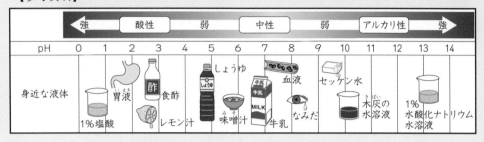

<table>
<thead>
<tr><th></th><th colspan="7">酸性</th><th>中性</th><th colspan="5">アルカリ性</th></tr>
</thead>
</table>

| pH | 0 | 1 | 2 | 3 | 4 | 5 | 6 | 7 | 8 | 9 | 10 | 11 | 12 | 13 | 14 |

身近な液体　1%塩酸　胃液　酢　食酢　レモン汁　しょうゆ　味噌汁　牛乳　血液　なみだ　セッケン水　木灰の水溶液　1%水酸化ナトリウム水溶液

3 塩酸と食酢にそれぞれマグネシウムリボンを入れて比較する　〈15分〉

同じ酸性の水溶液なのに、気体の発生の仕方が違いますねどうしてだろう

酸性にも強さの違いがあるんじゃないかな？

実験

・2.5%塩酸と食酢にそれぞれ同量のマグネシウムリボンを入れ、反応の様子を比較する。演示実験とする場合は、全員に現象を確認させる必要がある。教材提示装置などで反応の様子を映写し、学級全体で共有してもよい。
・気体の発生の様子の違いから、酸性の強さに違いがあることに気付かせたい。

4 pHについて知る　〈10分〉

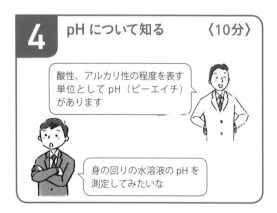

酸性、アルカリ性の程度を表す単位としてpH（ピーエイチ）があります

身の回りの水溶液のpHを測定してみたいな

・酸性、アルカリ性の程度を表すものとしてpHがあることを教える。
・もしも時間に余裕があれば、pHメーターやpH試験紙を用いて、身の回りの水溶液のpHを調べる活動を設定してもよい。

第⑪時

酸・アルカリの性質を
決めているものを調べる

本時のねらい

・酸、アルカリの性質を決めているものが何で
　あるかを根拠を基に予想することができる。
・酸、アルカリの性質が水素イオン H^+、水酸
　化物イオン OH^- によることを見いだすこと
　ができる。

本時の評価

・酸、アルカリの性質を決めているものが何で
　あるか、見通しをもって表現している。思

準備するもの

・2％硝酸カリウム水溶液
・2.5％塩酸
・2.5％水酸化ナトリウム水溶液
・スライドガラス
・ろ紙・目玉クリップ
・導線・電源装置
・pH試験紙・ペトリ皿

付録

課題 | 酸・アルカリの性質を決め
ているものは何か。

○ 酸性の水溶液と電離

　　塩酸　$HCl \rightarrow H^+ + Cl^-$
　　硫酸　$H_2SO_4 \rightarrow 2H^+ + SO_4{}^{2-}$

○ アルカリ性の水溶液

　　水酸化ナトリウム水溶液
　　　　$NaOH \rightarrow Na^+ + OH^-$
　　水酸化バリウム水溶液
　　　　$BaOH \rightarrow Ba^{2+} + 2OH^-$

あなたの考え　

　酸の性質は水素イオン $H+$、アルカリ
　の性質は OH^- によってそれぞれ決まっ
　ているのではないか。

授業の流れ ▷▷▷

1　酸性、アルカリ性の性質を決め
　　ているものに注目する　〈10分〉

酸の性質、アルカリの性質は何に
よって決まっているのでしょうか
塩酸、硫酸、水酸化ナトリウム、
水酸化バリウムの化学式を思い出
してみましょう

それぞれ、どのように電離する
でしょうか

・酸として、塩酸、硫酸などを取り上げ、化学式を
　思い出させ、どのように電離しているかを振り返
　らせる。
・アルカリとして水酸化ナトリウム、水酸化バリウ
　ムなどを取り上げ、化学式を思い出させ、どのよ
　うに電離しているかを振り返らせる。
・共通するものが何であるかに注目させるとよい。

2　酸性、アルカリ性の性質を決め
　　ているものを予想する　〈10分〉

何か共通するものは
見つかりましたか？

酸性の水溶液には水素イオ
ン、アルカリ性の水溶液に
は水酸化物イオンが存在し
ているのでは？

・共通するものにどのようなものがあるかを発表さ
　せ、酸性の水溶液には共通して H^+ が存在してい
　ることに気付かせる。また、アルカリ性の水溶液に
　は共通して OH^- が存在していることに気付かせる。
・実験方法を紹介し、もしも仮説が正しいとしたら、
　どのような結果になるかを予想させる。

実験 酸・アルカリの性質を決めているもの **3**

目的 酸、アルカリの性質を決めているものがそれぞれ H^+、OH^- であることを検証する。 **4**

結果 塩酸の実験では陰極側で赤色に変化した。また、水酸化ナトリウム水溶液では陽極側で青色に変化した。

考察 塩酸では陰極側の色が変化したことから、酸性の性質を決めているものは陽イオンと考えられるので水素イオンである。また、水酸化ナトリウム水溶液では陽極側の色が変化したことから、アルカリ性の性質を決めているものは陰イオンと考えられるので水酸化物イオンである。

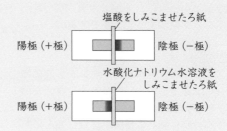

塩酸をしみこませたろ紙
陽極（＋極）　　　　陰極（－極）

水酸化ナトリウム水溶液をしみこませたろ紙
陽極（＋極）　　　　陰極（－極）

---

3 実験を行う　〈20分〉

陽極側と陰極側のどちら側の色が変化しているかに注目してください

塩酸では、陰極側の色が変化して、少しずつ広がっているよ

実験

・電気泳動の実験を行う。塩酸や水酸化ナトリウム水溶液を湿らせすぎると、pH試験紙に置いた瞬間に塩酸や水酸化ナトリウム水溶液が周囲に広がってしまうことがあり、色の変化が電気泳動によるものなのか、単なる自然拡散によるものかが判別しにくいことがある。失敗をすることを想定して、じっくりと取り組ませたい。

4 結果と考察をレポートにまとめる　〈10分〉

結果と考察をまとめましょう色の変化はスケッチに残しておくとよいですよ

酸とアルカリの性質を決めているものは…

・実験結果はスケッチで残しておく。その際、陽極と陰極がそれぞれどちら側であったかについても記録に残すようにする。また、スケッチだけでなく、文章でも結果を記述し、実験を行っていない人にも伝えるつもりで表現する。
・実験結果を基に考察を記述する。その際、結論と結論に至った根拠を記述する。

第⑫時

酸・アルカリの性質を
決めているもの

【本時のねらい】
・酸、アルカリの性質を決めているものがそれぞれ水素イオン H^+、水酸化物イオン OH^- であることを理解することができる。

【本時の評価】
・酸とアルカリの性質が水素イオンと水酸化物イオンによることについて基本的な概念を理解している。（知）
・酸・アルカリに関わる事物・現象に進んで関わり、酸・アルカリの性質を決めているものについて、見通しをもったり振り返ったりするなど、科学的に探究しようとしている。態

課題	酸・アルカリの性質を決めているものは何かをまとめよう。

○ 実験のまとめ ◀1

塩酸…陰極側が赤色に変化
＋の電気を帯びたものが酸の性質を決めている。
　　　→水素イオン H^+

水酸化ナトリウム水溶液…陽極側が青色に変化
－の電気を帯びたものがアルカリの性質を決めている。
　　　→水酸化物イオン OH^-

【授業の流れ】▷▷▷

1 実験結果と考察を発表する〈15分〉

塩酸の場合、陰極側で pH 試験紙の色が変化しました
陰極側に色が広がっていったので、原因となる物質は＋の電気を帯びた陽イオンなのではないかと考えました
塩酸の水溶液中に存在する陽イオンは水素イオン H^+ なので、酸の性質は水素イオンによるものと考えました

・実験結果と考察を発表させ、学級内で共有する。すべての班を発表させなくてもよいが、補足や修正がある場合は積極的に発言を求めるようにする。
・実験結果を教示提示装置などで図示できるようにする。考察の発表においては結論だけでなく、なぜそのように考えたのか、根拠を合わせて述べるように促す。

2 実験で起こった様子を、イオンのモデルを用いて表す〈10分〉

電圧をかけたときに起こっている様子をイオンのモデルで表してみましょう

【微視的】

・生徒には、電気泳動で起こっている様子を、イオンのモデルを用いて表すように指示する。
・塩酸や水酸化ナトリウムが電離しており、陽イオンと陰イオンのそれぞれが移動している可能性を指摘しつつ、pH 試験紙の変色に関わったものがそれぞれ H^+、OH^- であることが表現されているかどうかに注目する。

○ 酸性の性質
- ・水溶液中に水素イオン H^+ が存在するとき、水溶液は酸性を示す。
- ・水素イオン H^+ の濃度が高いほど、水溶液は強い酸性を示す。

○ アルカリ性の性質
- ・水溶液中に水酸化物イオン OH^- が存在するとき、水溶液はアルカリ性を示す。
- ・水酸化物イオン OH^- の濃度が高いほど、水溶液は強いアルカリ性を示す。

※炭酸水は二酸化炭素 CO_2 を水に溶かしたものだが、水溶液中では水と反応し、水素イオン H^+ が存在している。
※アンモニア水はアンモニア NH_3 を水に溶かしたものだが、水溶液中では水と反応し、水酸化物イオン OH^- が存在している。

3 酸とアルカリの性質を決めているものについてまとめる 〈10分〉

酸、アルカリの性質を決めているものについてまとめます

pHは H^+ や OH^- の濃度によってきまるんだね

- ・水素イオン H^+ と水酸化物イオン OH^- の濃度が酸性、アルカリ性の強さを決めていることにも触れておく。
- ・炭酸水やアンモニア水もそれぞれ酸性、アルカリ性であると学習しているので、酸性、アルカリ性を示す理由を簡単に補足しておく。ただし、深入りする必要はない。

4 探究の過程を振り返る 〈15分〉

皆さんは、酸性、アルカリ性の原因が何であるかの仮説を立て、実験を通して検証しました。その過程を振り返ってみましょう
皆さんはどのように課題を解決しようとしましたか？ どんな知識や技能を活用しましたか、自分の意見を班に生かしたり、だれかの意見を参考にしたことはありませんか？新たに生じた疑問はありませんか？

振り返り

- ・探究の過程を振り返らせ、どのようなプロセスで課題を解決しようとしたか、その姿を自分で記述するように促す。また、探究の過程を通してあらたな疑問が生じた場合は、その内容を記述するように促す。

第⑬時

酸・アルカリの水溶液を混ぜるとどうなるか

（本時のねらい）
・酸性の水溶液とアルカリ性の水溶液を混ぜたときにどのような変化が起こるか、イオンのモデルをもとに予想することができる。

（本時の評価）
・酸性の水溶液とアルカリ性の水溶液との反応について、見通しをもって表現している。（思）

（準備するもの）
・イオンのモデル
・ホワイトボード

課題
酸性の水溶液とアルカリ性の水溶液を混ぜるとどのような変化が起こるだろうか。

確認　塩酸と水酸化ナトリウム水溶液のようすをモデルで表してみよう。

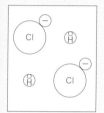

塩酸

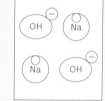

水酸化ナトリウム水溶液

（授業の流れ）▷▷▷

1　酸とアルカリを混ぜたらどうなるか考える　〈10分〉

酸とアルカリを混ぜたらどうなるでしょうか
イオンのモデルを用いて考えてみましょう

酸の性質は水素イオン H⁺、アルカリの性質は水酸化物イオン OH⁻ によって決まっていたね

・酸性の水溶液とアルカリ性の水溶液を混ぜたらどうなるかを、イオンのモデルを用いて考える課題を提示する。
・塩酸と水酸化ナトリウム水溶液を粒子のモデルで表したときの様子を振り返りながら確認する。
・できれば生徒一人一人に粒子のモデルを準備し、手元に置いておきたい。

2　混ぜたらどうなるかを個人で考える　〈10分〉

水素イオンは＋の電気を帯びていて、水酸化物イオンは－の電気を帯びているから…

ナトリウムイオンは＋の電気を帯びていて、塩化物イオンは－の電気を帯びているから…

（微視的）
・まず、生徒一人一人に課題について考えさせることで、課題に主体的に関わるようにしたい。
・モデルで混ぜたときの状態を示すとともに、その様子を文章で説明するように促す。
・考えるきっかけがつかめない生徒については、＋の電気を帯びたものと－の電気を帯びたものがどうなるかを考えさせてみる。

予想

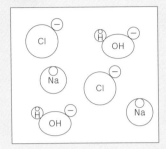 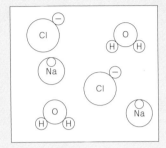 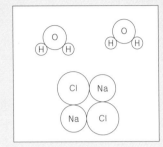

・酸性、アルカリ性の性質は打ち消し合うのではないか　**4**
・水を蒸発させると塩化ナトリウムができるのではないか。

---

3 班で意見をまとめる　〈10分〉

それぞれの考えをお互いに説明してみよう
まず、順番にモデルの図を見せ合って、説明してみようよ

対話的な学び　微視的

・班内で一人一人が意見を表明する機会を用意し、班の考えとして練り上げるようにする。
・考えが一つにまとまらない場合は、考えの相違点を説明できるようにする。
・班としてのモデル図を用意し、言葉で説明できるようにする。

4 班の意見を発表する　〈15分〉

○班の考えを発表します
塩酸の水素イオンと水酸化ナトリウムの水酸化物イオンは…
ナトリウムイオンと塩化物イオンは…。

・全班に発表させてもよいが、机間指導を通して特徴的な班に発表を求めてもよい。
・H^+とOH^-が引き合うことに気付いた班があれば、何になりそうかを問いかけたり、水溶液の性質について問いかけたりする。Na^+とCl^-が水溶液中に残っていることに気付いた班があれば、水を蒸発させたらどうなるかを問いかけてもよい。

第⑭時

塩酸と水酸化ナトリウム水溶液を混ぜる実験

本時のねらい

・塩酸と水酸化ナトリウムの中和実験を行い、互いの性質が打ち消され、塩化ナトリウムが生成したことを見いだすことができる。

本時の評価

・中和の実験を行い、イオンと関連付けてその結果を分析して解釈し、互いの性質が打ち消され、塩が生成することを見いだして表現している。思

準備するもの

付録

・塩酸
・水酸化ナトリウム水溶液
・BTB 溶液・駒込ピペット
・ろ紙・ビーカー
・スライドガラス
・ドライヤー
・ルーペ・保護眼鏡

課題

塩酸と水酸化ナトリウム水溶液を実際に混ぜるとどうなるだろうか。

方法

①塩酸にBTB溶液を数滴入れる。

②水酸化ナトリウム水溶液を塩酸に少しずつ加え、色の変化を観察する。

③水溶液の色が緑色になったところで水酸化ナトリウム水溶液を加えるのをやめる。

④水溶液の色が青色になったら、別に用意しておいた○%塩酸を少しずつ加え、水溶液の色が緑色になったところで塩酸を加えるのをやめる。

⑤緑色になるまで②と④をくり返す。

授業の流れ ▷▷▷

1 実験前に目的を確認し、方法、注意点を知る 〈10分〉

> 薬品の扱い方には注意してください 駒込ピペットを正しく使えますか？

・前時のイオンのモデルを用いて予想したことを思い出させ、BTB溶液の色の変化と生成する物質に注目させる。
・駒込ピペットの使い方や、塩酸、水酸化ナトリウム水溶液を扱う上での安全上の留意点を確認する。

2 BTB溶液の色の変化を見る（実験1） 〈10分〉

> BTB溶液の色が急に変わったよ

> 溶液の色を緑色にするのは難しいね

> 駒込ピペットから少しずつ液をたらしてください

実験

・指示薬であるBTB溶液の色については振り返っておく必要がある。酸性で黄色、中性で緑色、アルカリ性で青色である。BTB溶液の緑色の変色域は狭いので溶液の色を緑色にするのは難しい。1滴ずつ滴下するのがコツ。
・この実験によって、酸性、中性、アルカリ性への変化が可逆的に起こることを確認させる。

結果 4

・BTB溶液の色の変化について

・塩酸に水酸化ナトリウム水溶液を少しずつ加えると、黄色から緑色になり、さらに加え続けると青色に変化する。
・青色になった水溶液に塩酸を少しずつ加えると緑色になり、さらに加え続けると黄色に変化する。

・緑色になった水溶液を蒸発乾固させたときの変化について
・蒸発乾固させると白い固体が析出し、ルーペで観察すると四角い形をしていた。

考察

・水溶液が緑色に変化したことから、酸性の水溶液とアルカリ性の水溶液を混ぜると、互いの性質を打ち消し合うのではないかと考えた。
・白い固体が析出し、四角い形をしていたことから、塩化ナトリウムができたと考えた。

3 中和した溶液を熱し、塩の観察をする（実験2）　〈15分〉

火傷しないように注意しましょう
ルーペで何が見えますか？

四角い結晶ができています

4 実験結果をまとめる　〈15分〉

塩酸と水酸化ナトリウム水溶液が中和すると何ができますか？

結晶の形が塩化ナトリウムと同じ形だから…

実験

・塩酸と水酸化ナトリウム水溶液を混ぜる実験で中和したかどうかは、BTB溶液が緑色になったことで判断する。参考までに、塩酸と水酸化ナトリウム水溶液の中和は以下のような化学反応式で表される。
$HCl + NaOH \rightarrow NaCl + H_2O$
・溶液を熱するときは、火傷に注意する。

・塩酸と水酸化ナトリウムが反応し中和すると溶液は中性になり、塩化ナトリウムが生成していることを見いださせる。
・塩化ナトリウムが生成していることは、結晶の形から判断する。
・予想を思い出させながら、水素イオン H^+ と水酸化物イオン OH^- が結び付いて水が生成していることに気付かせる。

第⑮時

塩酸と水酸化ナトリウム
の中和実験のまとめ

本時のねらい

・酸とアルカリの水溶液を混ぜると互いの性質
が打ち消されること、塩が生成することをイ
オンのモデルと関連付けて理解することがで
きる。

本時の評価

・中和についての基本的な概念や原理・法則な
どを理解している。知

準備するもの

・イオンのモデル
・ホワイトボード

実験のまとめ

・水素イオンと水酸化物イオンが結
びついて水分子ができることで、
互いの性質を打ち消し合っている。

・塩酸と水酸化ナトリウム水溶液を
混ぜると塩化ナトリウムができる。

$$HCl \rightarrow H^+ + Cl^-$$
$$NaOH \rightarrow Na^+ + OH^-$$
$$HCl + NaOH \rightarrow H_2O + NaCl$$

中和…水素イオン H^+ と水酸化物イオン
　　　OH^- から水 H_2O が生じることによ
　　　り、酸とアルカリが互いの性質
　　　を打ち消し合う反応
塩 …アルカリの陽イオンと酸の陰
　　　イオンが結びついてできた物質。

授業の流れ ▷▷▷

1 実験で分かったことをまとめる 〈10分〉

BTB 溶液の色はどのように
変化しましたか？

生成した物質の様子はどうでしたか？

BTB 溶液は緑色になりました

白い固体で、四角い結晶でした

2 中和と塩についてまとめる 〈10分〉

中和…
塩…

・前の時間に行った実験結果を確認する。特に、酸
性、中性、アルカリ性が可逆的に起こることと、
中和したところで塩化ナトリウムが生成したこと
をしっかりと確認する。

・水素イオン H^+ と水酸化物イオン OH^- が結び付い
て水 H_2O が生成したことに気付かせておくとその
後の指導がしやすい。

・電離式を示し、水素イオン H^+ と水酸化物イオン
OH^- が結び付いたことを強調し、化学反応式を確
認する。化学反応式については生徒に書かせても
よい。

・化学式や化学反応式は生徒が苦手とするところな
ので、繰り返していねいに指導したい。

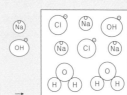

加える　　　　　加える　　　　　加える

酸性　　　　　　　酸性　　　　　　　中性　　　　　　アルカリ性

中和○　　　　　　中和○　　　　　　中和 ×

○…起きている　　×…起こっていない

3 イオンのモデルと中和を関連付ける〈15分〉

塩酸に水酸化ナトリウム水溶液を加えているんだから、水ができるはずだよね…

対話的な学び　微視的

・酸にアルカリを加えると水素イオンが水酸化物イオンと結び付き酸性が弱くなることに気付かせる。水素イオンがちょうど水酸化物イオンと結び付くと中性になる。さらに水酸化ナトリウム水溶液を加えると水酸化物イオンが存在するようになり、アルカリ性になる。

4 中和について理解を深める〈15分〉

酸にアルカリを加えると水素イオンが減って、酸性が弱くなるのです

酸にマグネシウムを入れた実験についても、同じように考えられるのかな？

・中和した後に、さらにアルカリを加えると溶液中に水酸化物イオン OH^- が多くなるので溶液はアルカリ性になる。このとき、中和が起こっていないことを確認する。
・水素イオンが多いと酸性が強くなり、水酸化物イオンが多いとアルカリ性が強くなることを確認しておく。

第⑯時

硫酸と水酸化バリウム水溶液を混ぜる実験

本時のねらい

・酸とアルカリの水溶液を混ぜると互いの性質が打ち消されること、塩が生成することをイオンのモデルと関連付けて理解することができる。

本時の評価

・沈殿が生じる中和があることを見いだして表現している。（思）

準備するもの

・硫酸
・水酸化バリウム水溶液
・BTB 溶液
・駒込ピペット
・試験管
・試験管立て
・保護眼鏡

課題

硫酸と水酸化バリウム水溶液を混ぜるとどのように変化するのだろうか。

硫酸
H_2SO_4 　■1

$H_2SO_4 \rightarrow 2H^+ + SO_4^{2-}$

水酸化バリウム
$BaSO_4$

$Ba(OH)_2 \rightarrow Ba_2^+ + 2OH^-$

授業の流れ ▷▷▷

1 硫酸と水酸化バリウムについての化学式、電離の式を確認する〈10分〉

硫酸の化学式はH_2SO_4です

水溶液中では水素イオン硫酸イオンに電離しますね

・生徒実験で用いる酸とアルカリの化学式と電離式を確認しておくとよい。硫酸は2価の酸であるので、1個のH_2SO_4から2個の水素イオンが生成することに気付かせる。
・水酸化バリウムは2価のアルカリである。
〈電離式〉
$H_2SO_4 \rightarrow 2H^+ + SO_4^{2-}$
$Ba(OH)_2 \rightarrow Ba^{2+} + 2OH^-$

2 硫酸と水酸化バリウム水溶液で中和反応の実験を行う〈15分〉

硫酸に水酸化バリウム水溶液を加えます

駒込ピペットから少しずつ液をたらしてください

実験

・硫酸は強酸性であるだけでなく、脱水作用があるので、服などに付けないように注意が必要である。服などに付いてしまうと、服に穴が開くことがある。
・使用した水溶液は排水口に流さず、廃液処理をする。

結果 **4**

・BTB 溶液の色の変化について

　　・硫酸に水酸化バリウム水溶液を少しずつ加えると、黄色から緑色になり、さらに加え続けると青色に変化する。
　　・青色になった水溶液に硫酸を少しずつ加えると緑色になり、さらに加え続けると黄色に変化する。

・水溶液内のようすについて
　　・緑色になる過程で白くにごり、白い固体が下に沈んだ。

考察

　　・水溶液が緑色に変化したことから、硫酸と水酸化バリウムにおいても、互いの性質を打ち消し合うのではないかと考えた。
　　・白くにごり、沈殿が生じたことから、水に溶けにくい塩ができたと考えた。

3 反応の様子を観察する 〈10分〉

何か観察できますか？

黄色から緑色に変化する過程で白く濁って、白いものが下に沈んでいきます

白い沈殿

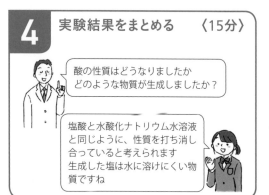

4 実験結果をまとめる 〈15分〉

酸の性質はどうなりましたか
どのような物質が生成しましたか？

塩酸と水酸化ナトリウム水溶液と同じように、性質を打ち消し合っていると考えられます
生成した塩は水に溶けにくい物質ですね

・硫酸と水酸化バリウム水溶液の場合も BTB 溶液の色の変化に注目し、互いの性質を打ち消し合っていることに気付かせる。
・白色の沈殿ができることに気付かせる。

・すでに塩酸と水酸化ナトリウム水溶液で同様の学習を行っているが、今回は 2 価の酸、アルカリであることに着目し、次の時間につなげるようにしたい。
・塩酸と水酸化ナトリウム水溶液では沈殿が生じなかったが、硫酸と水酸化バリウム水溶液では沈殿が生じたことを確認する。

第⑰時

硫酸と水酸化バリウムの
中和実験のまとめ

本時のねらい
・硫酸と水酸化バリウム水溶液液を混ぜると互いの性質が打ち消されること、塩が生成することをイオンのモデルと関連付けて理解することができる。

本時の評価
・沈殿が生じる中和をイオンと関連付けて表現している。思

準備するもの
・イオンのモデル
・ホワイトボード

実験についてまとめよう 1 2

・硫酸と水酸化バリウム水溶液を混ぜると互いの性質を打ち消し合った。
・硫酸と水酸化バリウム水溶液を混ぜると白色の沈殿が生じる。
→水に溶けにくい物質

$$H_2SO_4 \rightarrow 2H^+ + SO_4^{2-}$$
$$Ba(OH)_2 \rightarrow Ba^{2+} + 2OH^-$$

$$H_2SO_4 + Ba(OH)_2 \rightarrow 2H_2O + BaSO_4$$
白色沈殿

＊$BaSO_4$は水溶液溶液中でほとんど電離していない。

授業の流れ ▷▷▷

1 実験で分かったことをまとめる〈10分〉

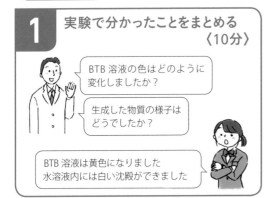

BTB溶液の色はどのように変化しましたか？

生成した物質の様子はどうでしたか？

BTB溶液は黄色になりました
水溶液内には白い沈殿ができました

・塩酸と水酸化ナトリウム水溶液の反応と同様の色の変化が見られたこと、硫酸と水酸化バリウム水溶液では沈殿が生じたことに注目させる。

2 硫酸と水酸化バリウム水溶液の
中和反応についてまとめる〈10分〉

実験のまとめ
硫酸と水酸化バリウムと混ぜると……

・塩酸と水酸化ナトリウム水溶液の反応と同様に、水素イオンと水酸化物イオンが結び付いて水が生成している。
・白い沈殿は中和で生成した塩である硫酸バリウムであることを確認する。

| 課題 | 硫酸と水酸化バリウム水溶液を混ぜるとどうなるだろうか。 |

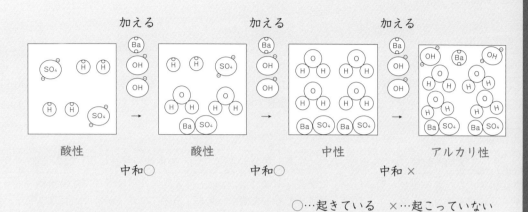

酸性 → 酸性 → 中性 → アルカリ性

中和○　　中和○　　中和 ×

○…起きている　×…起こっていない

---

3 イオンのモデルと中和を 関連付ける 〈15分〉

硫酸は水素イオンの数に注意しなければね

沈殿はどう考えれ ばよいのかな？

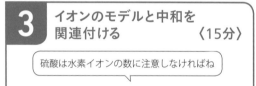

（微視的）　**対話的な学び**

・塩酸と水酸化ナトリウム水溶液でも同様の活動を 行ったが、別の事例で学んだことを深めることが 大切である。特に、2価の酸とアルカリの中和で あること、生じた塩が沈殿であることは、モデル 化の作業においても差異が生まれ、中和について より深めることができる。

---

4 発表する 〈15分〉

生成した水分子の数は大丈夫ですか

沈殿しているという ことは、電離してい ないと考えていいの ですね

・いくつかの班に発表させる。
・生成した水分子の数、沈殿として生じた硫酸バリ ウムの表し方に注目する。

5 化学変化と電池 （7時間扱い）

単元の目標

　電解質水溶液と金属の化学変化の観察、実験を行い、その結果を分析して解釈し、金属の種類によってイオンへのなりやすさが異なること、電池においては、電極における電子の授受によって外部に電流を取り出していること、化学エネルギーが電気エネルギーに変換されていることを理解させる。

評価規準

知識・技能	思考・判断・表現	主体的に学習に取り組む態度
化学変化をイオンのモデルと関連付けながら、金属イオン、化学変化と電池についての基本的な概念や原理・法則などを理解しているとともに、科学的に探究するために必要な観察、実験などに関する基本操作や記録などの基本的な技能を身に付けている。	化学変化と電池について、見通しをもって観察、実験などを行い、イオンと関連付けてその結果を分析して解釈し、化学変化における規則性や関係性を見いだして表現しているとともに、探究の過程を振り返るなど、科学的に探究している。	化学変化と電池に関する事物・現象に進んで関わり、見通しをもったり振り返ったりするなど、科学的に探究しようとしている。

既習事項とのつながり

(1)中学校 2 年：「化学変化と原子・分子」では、物質は原子や分子からできていることを学習している。原子の内部の構造については、第 3 学年で初めて学習する。

(2)中学校 2 年：「電流とその利用」では、電流が電子の流れに関連していることを学習している。電池の仕組みで電子と電流とを関連付ける際に、振り返っておきたい。

指導のポイント

　「金属とイオン」では、金属の種類によってイオンへのなりやすさが異なることを探究的に調べることを意図している。「化学変化と電池」ではダニエル電池の製作を通して、イオンのモデルと関連付けながら電池の基本的な仕組みを説明できるようになることが期待される。金属によるイオンへのなりやすさの違いを見いだし、ダニエル電池の製作を通して、電池の基本的な仕組みを説明しようとしている点が特徴である。高等学校においても、広義の酸化還元反応と電池の仕組みを学習する。中学校での学習が高等学校の化学への橋渡しとなる。

(1)本単元で働かせる見方・考え方

　本単元ではイオンのモデルを用いて、事象を微視的に捉え、反応前後の物質の様子を比較することが大切である。その際、微視的な見方をただ押しつけても生徒はなかなか受け入れることが難しい。変化が顕著な事象をしっかりと観察させ、それらの結果とイオンのモデルが関連付くことで、生徒はモデルを受け入れ、すすんで考察しようとすることができる。

　例えば、硝酸銀水溶液に銅を入れると、銅の水溶液特有の青色を呈し、銅がボロボロになる。また、銅表面には銀樹ができる。これらの事象を通して、金属原子が金属イオンになったことや、金属イオンが金属原子となったことを見いだし、イオンのモデルを用いた説明に取り組むことを大切にし

たい。同様に、電池の基本的な仕組みにおいても、電極付近の変化を十分に観察させた上で、イオンのモデルを用いた学習に取り組ませたい。

⑵本単元における主体的・対話的で深い学び

　先に述べた硝酸銀水溶液と銅の反応などの事象を通して課題を持たせ、他の金属にもイオンへのなりやすさに違いがあるのか、という点に関心をもたせたい。硝酸銀水溶液と銅の反応をもとに、基本的な知識、技能の定着をはかり、それらを活用して実験を計画し、見通しをもたせることが主体的な学習をすすめる原動力となる。

　電池の基本的な仕組みを明らかにする場面では、ホワイトボードと自作のイオンのモデル等を用意し、生徒同士がイオンのモデルを自由に操作しながら、実験結果と関連付け、電池の基本的な仕組みについての考えを練り上げていく過程を大切にしたい。

指導計画（全 7 時間）

⑦ 金属イオン（ 4 時間）

時	主な学習活動	評価規準
1	実験 「硝酸銀水溶液と銅の反応」 微視的 反応の仕組みを理解する。	（知）
2	解決方法の立案 3 種類の金属のイオンへのなりやすさの違いを調べる実験を計画する。	（思）
3	関係付け 実験 「金属のイオンへのなりやすさの違いを調べる」	（知）、思
4	振り返り 微視的 金属によるイオンへのなりやすさに違いがあることを見いだし、理解する。	態

④ 化学変化と電池（ 3 時間）

時	主な学習活動	評価規準
5	対話的な学び 実験 「ダニエル電池の製作」	（知）（思）
6	対話的な学び 微視的 ダニエル電池の仕組みを粒子のモデルと関連付けて説明する。	（知）、思
7	対話的な学び 身の回りで様々な電池が利用されていることを理解する。	知

第①時

硝酸銀水溶液と銅の反応

（本時のねらい）

・化学変化をイオンのモデルと関連付けながら、金属と金属イオンを含む水溶液の反応についての基本的な概念を理解することができる。

（本時の評価）

・硝酸銀水溶液と銅の化学変化を、イオンのモデルと関連付けながらワークシートに記述している。（知）

（準備するもの）

付録

・2%AgNO$_3$水溶液
・試験管
・細い銅線の束
・糸・つまようじ
・イオンのモデル
・保護眼鏡
・CuSO$_4$水溶液
・銀板

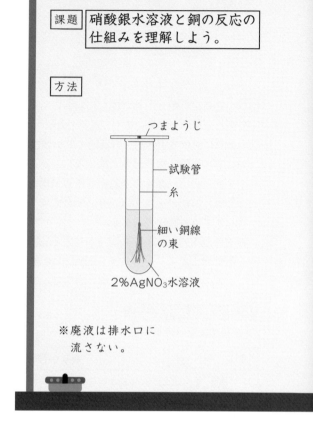

課題 | 硝酸銀水溶液と銅の反応の仕組みを理解しよう。

方法

つまようじ
試験管
糸
細い銅線の束
2%AgNO$_3$水溶液

※廃液は排水口に流さない。

（授業の流れ）▷▷▷

1 実験を行い、結果を整理する 〈15分〉

これは何でしょう？

銅線の束ですか？

実験

・銅線の束と硝酸銀水溶液を紹介し、これらを混ぜたらどうなるか問いかける。
・実験方法を説明し、班ごとに実験を行う。
・反応前後の物質の変化に着目させる。
・水溶液が無色から青色になったこと、銅線に銀色の金属樹が析出したこと、銅線がボロボロになったことを確認する。

2 考察をする 〈10分〉

どうして水溶液が青色になったのだろう？

銅イオンを含む水溶液は、青色透明になります

・反応前後の変化に着目して、班ごとに考察する。
・硫酸銅水溶液を提示し、銅イオンが存在する水溶液は、青色透明であることを紹介する。
・水溶液が無色から青色になったことから、銅イオンができたことを確認する。
・銅原子の集まりである銅線が銅イオンに、銀イオンが銀原子の集まりである銀樹になったことを押さえたい。

> 複数の生徒の意見を聞きながら、整理していく

結果

①硝酸銀水溶液の変化について
・水溶液が無色から青色になった。
②銅線の束の変化について
・銅線に銀色の金属樹が付着した。
・銅線がボロボロになった。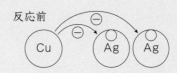

○必要な知識
・銅イオンが存在する水溶液→青色透明

考察

①銅に関わる現象について
・銅原子が銅イオンになった。
②銀に関わる現象について
・銀イオンが銀原子になった。

> マグネット式のモデルを使用して説明する

まとめ

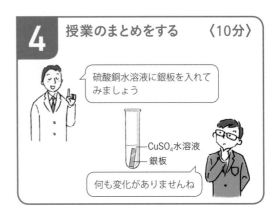

・銅原子が電子を失い銅イオンになり、銀イオンが電子を受け取り銀原子となった。

---

3 イオンのモデルを使って説明する　〈15分〉

> どうすれば、銅原子が銅イオンになるだろう？

> 銅原子は電子がなくなると銅イオンになるね

（微視的）

・電子の授受に着目させ、イオンのモデルを用いて班ごとに考えさせる。
・銅原子は電子を失うことで銅イオンになること、銀イオンはその電子を受け取ることで、銀原子になることを確認する。
・生徒の進捗状況を気にかけ、支援が必要な班には金属原子は電子を失うことで金属イオンになること、その反対の反応もあることを助言する。

4 授業のまとめをする　〈10分〉

> 硫酸銅水溶液に銀板を入れてみましょう

CuSO₄水溶液
銀板

> 何も変化がありませんね

・硝酸銀水溶液と銅の反応では、銅原子が銅イオンになる際に失った電子を、銀イオンが受け取り銀原子となる反応が起こっていた。
・金属原子と金属イオン間では、電子の授受が起こる。
・授業のまとめとして、銀と硫酸銅水溶液の反応を見せ、銀よりも銅の方がイオンになりやすいことを見いださせたい。

第②時

金属のイオンへの
なりやすさの実験計画

本時のねらい
・金属のイオンへのなりやすさの違いを調べる
　実験を計画することができる。

本時の評価
・Cu・Zn・Mg のイオンへのなりやすさの違い
　を調べる実験を計画し、ワークシートに記述
　している。（思）

準備するもの
・銅片
・亜鉛片
・マグネシウム片
・CuSO₄水溶液
・ZnSO₄水溶液
・MgSO₄水溶液

付録

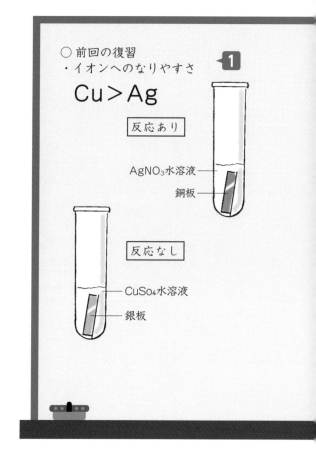

授業の流れ ▷▷▷

1 前時の振り返りをする 〈10分〉

銅は銀よりもイオンに
なりやすかったです

化学変化を観察することで、
イオンへのなりやすさを知る
ことができますね

・前回の実験を振り返り、銅原子が銅イオンになっ
　たこと、銀イオンが銀原子になったこと、それら
　の結果より、銅は銀よりもイオンになりやすいと
　判断できたことを確認する。
・原子とイオン間で電子の授受が行われること、化
　学変化を観察することで金属のイオンへのなりや
　すさを判断することができることを確認する。

2 課題を確認する 〈5分〉

他の金属の間でも、イオン
へのなりやすさに違いがあ
るのかな？

授業で扱ったことのある
Cu・Zn・Mg を使って
調べてみましょう

・今まで学習してきた金属には、様々なものがあるこ
　とを振り返り、他の金属間におけるイオンへのな
　りやすさの違いに興味をもたせ、課題を設定する。
・生徒の自由な発想に任せて授業の内容が発散しす
　ぎてしまわないよう、実験で使用する金属は今後
　の学習のつながりを考慮して Cu、Zn、Mg とす
　ることを教師が示す。本時では、実験計画を立案す
　る力を育むことに着目したい。

課題

金属のイオンへのなりやすさの違いを調べる実験を計画しよう。 **2**

4

○ 実験方法を考える。 **3**

① Cu と Zn を比較する実験
② Cu と Mg を比較する実験
③ Zn と Mg を比較する実験

【使うことができるもの】
・Cu 片　・Zn 片　・Mg 片
・$CuSO_4$水溶液　・$ZnSO_4$水溶液
・$MgSO_4$水溶液

○ 予想される結果と導かれる結論を考える。

① Cu と Zn の実験から予想される結果と導かれる結論
② Cu と Mg の実験から予想される結果と導かれる結論
③ Zn と Mg の実験から予想される結果と導かれる結論

---

3 実験方法を考える　　〈15分〉

Cu と Zn を比較したいとき、Cu 片と $ZnSO_4$水溶液を使うとよさそうだよ

解決方法の立案

・授業の冒頭で振り返った、前時の学習内容を手がかりにして、実験計画を立案させる。
・生徒の進捗状況を気にかけ、支援が必要な班には、金属原子を金属イオンの含まれている水溶液に入れた前回の実験を、今回の実験計画の立案に生かすことができるよう助言する。
・実際には、**3** と **4** は往還しながら実験計画は進むと考えられる。

4 予想される結果と導かれる結論を考える　　〈20分〉

Cu 片を $ZnSO_4$水溶液に入れて、反応がなかったら何が言えるのかな？

Cu より、Zn の方がイオンになりやすいんじゃないかな？

・水溶液に金属を加えると金属や水溶液にどのような変化が起こるのか、予想される結果を考え、どのようにして結論を導き出すことができるのかに着目させて考えさせたい。
・支援が必要な生徒には、銅原子が銅イオンになり、銀イオンが銀原子になった前回の実験を思い出させ、今回立案した実験ではどのような結果が得られそうか考えさせる。

第③時

金属のイオンへの なりやすさの違いを調べる

本時のねらい

・金属のイオンへのなりやすさの実験に関する基本的な技能を身に付けることができる。
・実験結果を分析して解釈し、金属のイオンへのなりやすさの違いを見いだして表現することができる。

本時の評価

・実験を正しく行っている。(知)
・実験結果を分析して解釈し、金属イオンへのなりやすさの違いを見いだして、ワークシートに表現している。思

準備するもの

付録

・銅片・亜鉛片・マグネシウム片・双眼実態顕微鏡・$CuSO_4$水溶液・$ZnSO_4$水溶液・$MgSO_4$水溶液・マイクロプレート（12穴）・点眼瓶・ピンセット

課題

$Cu・Zn・Mg$ のイオンへのなりやすさの違いを調べよう。

方法 **1**

① ピンセットで金属片をマイクロプレートに入れる。

② 点眼瓶で水溶液をたらす。

③ 金属片や水溶液の変化を観察する。

※ 廃液は排水口に流さない。

授業の流れ ▷▷▷

1 前時の授業を振り返り、 実験方法を確認する 〈10分〉

> みなさんが考えた実験方法を紹介します

> みなさんの考えた実験方法を踏まえた安全な方法で、気を付けて行いましょう

・前時に生徒が考えた実験方法を紹介する。その中から、実現できそうな方法を取り上げる。
・生徒の考えた実験方法をいかし、必要な助言を行った上で、安全面等に配慮した実験方法を確認する。
・器具や安全上の制約から、必ずしも生徒の考えた通りに実験できない場合もあるが、生徒の発想を評価しながら助言できるとよい。

2 実験を行い、結果を整理する 〈15分〉

> Zn 片を $CuSO_4$水溶液に入れると、Zn 片が黒くなったよ

> Zn 片の表面の様子を、顕微鏡で観察してみようよ

実験

・実験計画を立案した際に考えた、金属片や水溶液の変化など、予想される結果に着目させる。
・水溶液の変化については、観察結果を比較しやすいように白色の台紙等をマイクロプレートの下に敷くとよい。
・金属片の変化は、生徒が観察したい現象に応じて顕微鏡を使用することも考えられる。

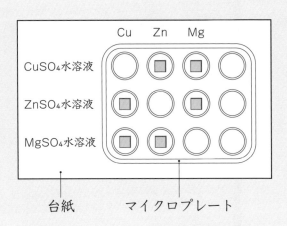

○次回の授業に向けて **4**

・班ごとに考察の発表がある。

・発表は1班につき2分。

・どのような点に着目して、結論を導き出したのかがわかるように発表する。

---

3 考察をする 〈20分〉

Cuよりも Zn の方がイオンになりやすいね

どうしてそういえるのかな
実験計画を立案したとき、
何に着目することにしたっけ？

〔関係付け〕

・実験結果から、金属のイオンへのなりやすさの違いを考えさせる。
・結論のみを出すのではなく、どうしてそのような結論が導き出せるのか考えさせる。実験計画を立案した際に、どのような変化が起こることを予想していたかを振り返り、その変化に着目し結論を導き出すように指導したい。

4 次回の授業への見通しをもつ 〈5分〉

次回の授業では、今回の実験に関する結果・考察を班ごとに発表してもらいます
時間は、1班につき2分です

・自分の班が、どのような点に着目して結論を導き出したのか、しっかりと伝わるように発表するよう指導する。
・水溶液の変化に着目した班、金属片の変化について肉眼・顕微鏡で観察した班、各班の考察を共有することで、多面的な思考が促され、学習内容の理解がより深まることを期待したい。

第④時

金属のイオンへの
なりやすさのまとめ

本時のねらい

・金属のイオンへのなりやすさに関わる実験に進んで関わり、見通しをもったり振り返ったりするなど、科学的に探究しようとすることができる。

本時の評価

・金属のイオンへのなりやすさに関わる実験を、友達との対話や新たな気付きなどに着目して振り返ろうとしている。態

準備するもの

・前時のレポート
・イオンのモデル

付録

課題

金属のイオンへのなりやすさの違いを見いだし、理解しよう。

結果 1

① Zn を CuSO₄水溶液に入れる
→時間が経つと、Zn はボロボロになる。表面に赤色のものが付着した。
② Mg を ZnSO₄水溶液に入れる
→時間が経つと、Mg はボロボロになる。表面に黒色のものが付着した。
③ Cu はどの水溶液に入れても変化なし。

生徒の発表の要点をまとめるように板書する

授業の流れ ▷▷▷

1 実験結果・考察を発表する 〈20分〉

Zn 片を CuSO₄水溶液に入れると、Zn 片の表面に赤色の物質が析出していました

・生徒が記述したレポートを書画カメラでスクリーン等に映し出し、発表させる。どのような点に着目して結論を導き出したのか明確にする。
・タイムキーパーは教師が務め、時間になったら終わりとする。
・あらかじめ本時のワークシートを配付しておく。発表を聞いている生徒には、自分たちの探究の過程との共通点や相違点を記述させる。

2 実験のまとめをする 〈10分〉

金属のイオンへのなりやすさの違いが、実験により明らかになりましたね

Mg が一番イオンになりやすく、Cu が一番イオンになりにくかったです

・各班の発表を踏まえて、Cu・Zn・Mg のイオンへのなりやすさには違いがあり、その順番は Cu < Zn < Mg であること、つまり、金属のイオンへのなりやすさには違いがあることを確認する。
・様々な探究の過程があったことに触れたい。
・1 班でも実験結果が異なる班があった場合、再度教卓で演示実験を行い事実を確認する。その上で実験のまとめをする。

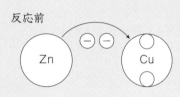

3 モデルで説明する 〈10分〉

今回の化学変化の様子を
モデルで表すと、どうなる
でしょうか？

Znが電子を失って、
Cuは電子を受け取っ
たのですね

（微視的）
・学習内容の理解をより深めるために、今回の実験
　の化学変化をモデルで表すとどのようになるか確
　認する。
・教師が説明をしながら、生徒に考えさせる。その
　際、硝酸銀水溶液と銅の反応を振り返る。
・班毎にイオンのモデルを与えて、生徒も実際に手
　を動かしながら考えることができるよう工夫した
　い。

4 探究の過程を振り返る 〈10分〉

他の班の発表を聞いて、金属片を顕
微鏡で観察することで、金属樹の様
子を観察できたことを知った。ただ
実験をして結果を得て満足するので
はなく、より強い主張とするために
はどのような実験をするとよいのか
考える必要があることに気付いた

（振り返り）
・探究の過程を振り返る記述内容が本時の評価に関
　わること、また、その評価基準を事前に説明する。
・探究の過程を振り返り、どのように試行錯誤しな
　がら課題を解決しようとしたかを書く。具体的に
　は、活用した知識・技能や友達との対話、新たな
　気付きなどに触れることが考えられる。
・時間が許せば、よく書くことができている数人の
　生徒に発表させたい。

第⑤時

ダニエル電池の製作

本時のねらい

・ダニエル電池を製作する実験に関する基本的な技能を身に付けることができる。
・ダニエル電池の外部に接続した回路のつなぎ方、各金属板の変化に着目して、実験の結果を整理することができる。

本時の評価

・ダニエル電池を正しく製作している。（知）
・実験の結果をワークシートに整理している。（思）

準備するもの

付録

・Cu 板・Zn 板
・ダニエル電池用セパレートカップ
・14%CuSO₄水溶液
・7%ZnSO₄水溶液
・電子オルゴール・導線（2）
・100mL ビーカー・保護眼鏡

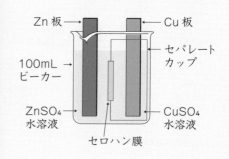

課題

ダニエル電池を製作し、実験結果をまとめよう。

○ダニエル電池のつくり　**1**

Zn 板　　　　　　　　　Cu 板
　　　　　　　　　　　　セパレートカップ
100mL
ビーカー
ZnSO₄　　　　　　　　　CuSO₄
水溶液　　　　　　　　　水溶液
　　　　セロハン膜

※ 廃液は排水口に流さない。

授業の流れ ▷▷▷

1 実験の説明を聞く　〈10分〉

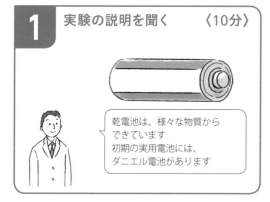

乾電池は、様々な物質からできています
初期の実用電池には、ダニエル電池があります

・身の回りで使用されている乾電池を思い出させ、様々な物質からできていることに着目させる。
・演示でダニエル電池を示し、初期の実用電池であることを知らせる。
・ダニエル電池が本単元中の学習で使用していた物質からできていることに着目させ、電流を取り出すことができるのか疑問をもたせる。

2 ダニエル電池の製作・実験を行い、結果をまとめる　〈15分〉

ダニエル電池をつくってみて、実験をしましょう

電子オルゴールの＋側を銅板、－側を亜鉛板につないだとき、音が鳴ったよ

実験

・班ごとにダニエル電池を製作し、実験を行う。電子オルゴールが鳴ったことからダニエル電池から電流が取り出せることを見いださせる。
・安全上、実験時は保護眼鏡を着用させる。
・音が鳴ったときの電子オルゴールとダニエル電池のつなぎ方にも着目させる。
・実験が終わり次第、結果を学級で共有する。

実験	2

ダニエル電池を製作する。

観察	3

ダニエル電池の電極の変化に着目する。

結果

電子オルゴールの＋側（赤色の導線）を
銅板につなぎ、－側（黒色の導線）を亜鉛
板につないだとき電子オルゴールが
鳴った。

結果

亜鉛板が黒くなり、削れていた。
銅板に赤色の物質が付着していた。

4

○実験結果から気付いたこと
銅板が＋極、亜鉛板が－極である。
ダニエル電池から電流がとり出せる。
銅板に銅ができたのではないか。
亜鉛が水溶液中に溶けたのではないか。

複数の生徒の意見を聞きながら、
整理する

3 12時間反応させたダニエル電池について、結果をまとめる 〈15分〉

ダニエル電池の各金属板では
どのような反応が見られますか？

12時間反応
させたもの

亜鉛板が黒くなり、
削れていました

4 実験結果から気付いたことを出し合い、まとめる 〈10分〉

ダニエル電池から
電流をとり出すこ
とができたね

銅板に付着していた
赤色の物質は、
銅じゃないかな？

◀ 対話的な学び

・前日から反応させておいたダニエル電池を提示し、
継続して電流をとり出せていることを確認する。
その後、各金属板の変化に着目させて、どのよう
な変化が見られるか班ごとに調べる。
・亜鉛板が黒くなり削れている様子と、銅板に赤色
の物質が付着している様子に着目させる。
・電極の観察が終わり次第、結果を学級で共有する。

・実験結果から、銅板が＋極、亜鉛板が－極となり
電流が流れることや、各金属板で化学変化が起
こっていることに気付かせるようにしたい。
・化学変化と回路における電子の移動が同時に起
こっていることから、これらが互いに関係してい
る可能性があることに着目させ、次時につなげた
い。

ダニエル電池の仕組み

本時のねらい

・化学変化をイオンのモデルと関連付けながら、化学変化と電池についての基本的な概念を理解することができる。
・実験結果を分析して解釈し、ダニエル電池の仕組みをイオンのモデルと関連付けて説明することができる。

本時の評価

・化学変化と電池についての基本的な概念を理解している。（知）
・ダニエル電池の仕組みをイオンのモデルと関連付けてワークシートに説明している。思

準備するもの

・前時に製作したダニエル電池
・イオンのモデル

付録

課題

ダニエル電池の仕組みを説明しよう。

○実験結果から気づいたこと
・正極は銅板、負極は亜鉛板である。
・ダニエル電池から電流がとり出せる。
・銅板に銅ができたのではないか。
・亜鉛が水溶液中に溶けたのではないか。

> 複数の生徒の意見を聞きながら、整理していく

考察
A　電子の移動する向き　**1**
・亜鉛板→銅板
B　電極付近の変化　**2**
亜鉛板：亜鉛原子が亜鉛イオンになった。
銅　板：銅イオンが銅原子になった。

授業の流れ ▷▷▷

1 電子の移動する向きについて考察し、確認する　〈10分〉

> 電子の移動する向きについて、考察しましょう

・実験結果から、＋極は銅板、−極は亜鉛板となり電流がとり出せることを確認する。
・電子の移動する向きについて、班毎に考察させる。その際、話し合いが進まない班に対して、電子の移動する向きと電流の流れる向きは反対向きであることを確認する。
・考察の内容を、学級全体で共有する。

2 電極付近の変化について考察し、確認する　〈25分〉

> 電極付近の変化について、イオンのモデルを活用して考察しましょう

微視的　**対話的な学び**

・実験結果から、亜鉛板が削れていること、銅板に銅が付着していることを確認する。
・電極付近においてどのような化学変化が起こっていたか、電子の授受に着目させて、班ごとに考察させる。その際、イオンのモデルを活用し、微視的な視点を働かせやすいようにする。
・考察の内容を、学級全体で共有する。

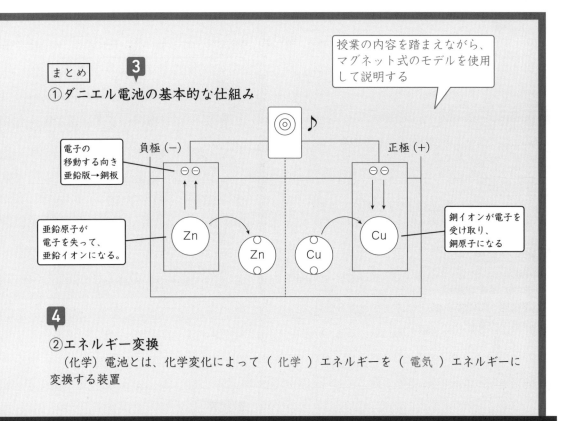

まとめ **3**

①ダニエル電池の基本的な仕組み

> 授業の内容を踏まえながら、マグネット式のモデルを使用して説明する

電子の移動する向き
亜鉛版→銅板

負極（ー）　　　　　　　　　　正極（＋）

亜鉛原子が電子を失って、亜鉛イオンになる。

銅イオンが電子を受け取り、銅原子になる

4

②エネルギー変換

　（化学）電池とは、化学変化によって（ 化学 ）エネルギーを（ 電気 ）エネルギーに変換する装置

3 ダニエル電池の基本的な仕組みをまとめる　〈10分〉

> どうして電流が流れるのでしょうか

> 電子の授受が行われているからです

4 エネルギー変換についてまとめる　〈5分〉

> ダニエル電池の電極では、どのような化学変化が起きていましたか？

> 銅板には銅が付着し、亜鉛板は削れていました

・ダニエル電池は、亜鉛原子と銅イオン間で電子の授受が行われることによって、電子の流れを外部の回路に取り出していることを理解させる。その際、前時までに学習したイオンへのなりやすさの違いにも触れたい。
・隔膜を通してイオンが移動していることにも触れるが、深入りはしなくてよい。

・電極付近の変化に着目させ、化学変化が起こっていたことを確認する。
・電池は化学変化によって、化学エネルギーを電気エネルギーに変換する装置であることを確認する。
・このような電池を特に化学電池と呼ぶこともあることに触れ、光発電などと区別する。

第⑦時

身の回りの電池

・身の回りで様々な電池が利用されていること
　を理解することができる。

（本時の評価）
・身の回りで様々な電池が利用されていること
　を理解している。知

（準備するもの）
・乾電池
・リチウムイオン電池
・鉛蓄電池（可能ならば）
・各種電池の資料

付録

課題
身の回りのさまざまな電池を
理解しよう。

○知っている電池
・アルカリ電池
・マンガン電池
・リチウム電池
・リチウムイオン電池
・燃料電池

○電池が使用されているもの
・電動自転車
・電気自動車
・ノートパソコン
・スマートフォン

（授業の流れ）▷▷▷

1　身の回りの電池を思い出す〈10分〉

乾電池にもいろいろな種類
があります

マンガン　アルカリ　リチウム

・コンセントにつないで利用する電気製品以外に、
　携帯したり、移動させたりする製品を思い出させ、
　身の回りで電池が使用されているものに目を向け
　させる。
・どのような大きさ、形のものがあったかを思い出
　させ、主なものについてはサンプルを用意してお
　く。

2　電池が使用されているものを書き出す〈15分〉

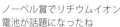

自転車やスマートフォン、パソ
コンにも電池が使われているよ

ノーベル賞でリチウムイオン
電池が話題になったね

対話的な学び

・身の回りで電池が使用されている製品にどのよう
　なものがあるかについて、気付いたものからワー
　クシートに箇条書きで書き出させる。
・どのような電池が使用されているかが分かるもの
　については、書き加えておく。
・書き出したものを発表させる。
・電池があるおかげで、携帯するものでも電気エネ
　ルギーを得られるようになったことに触れたい。

3

○一次電池…放電のみ
　〈例〉・用途によってマンガン電池、アルカリ電池、リチウム電池、
　　　　　空気亜鉛電池など

○二次電池…充電と放電が可能
　〈例〉・鉛蓄電池…自動車のバッテリーなど
　　　　・リチウムイオン電池…パソコンや携帯電話のバッテリーなど
　　　　・ニッケル水素電池…基本的にアルカリ電池と同じように使える

○燃料電池…燃料のもつ化学エネルギーを直接
　　　　　　電気エネルギーに変換する装置
　　　　　　燃料電池自動車やビルや家庭用の電源など

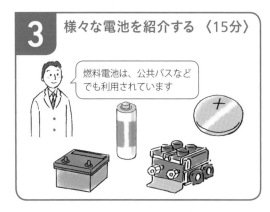

3 様々な電池を紹介する〈15分〉

燃料電池は、公共バスなどでも利用されています

4 電池の重要性について説明する〈10分〉

化学エネルギーを電気エネルギーに変換する装置として、いろいろなところに電池が利用されていますね

・一次電池として乾電池を紹介し、いくつかのバリエーションを紹介する。
・二次電池として鉛蓄電池を紹介し、二次電池の特徴も説明する。
・パソコンや携帯電話などに利用されている例として、リチウムイオン電池などを紹介してもよい。
・燃料電池も紹介し、様々な電池があることに触れる。

・化学エネルギーを電気エネルギーに変換する装置として、電池は重要である。
・小型でエネルギー密度の高い製品が開発されその用途が広がってきた。
・何度も充電して使用できる電池についても、性能が向上し、多くの製品で利用されている。
・最近ではエネルギーの変換効率の高い燃料電池が実用化されつつあり、注目されている。

第 2 分野(5) 生命の連続性

　本単元では、生物の成長と殖え方の特徴を捉え、遺伝には規則性があることや、長い時間経過の中で生物は変化して多様な生物の種類が生じてきたことを観察、実験や資料等から見いださせ、理解させることがねらいである。生物間のつながりを遺伝子で捉えるミクロな視点と、地球の長い歴史の中で生物が進化してきたと捉えるマクロな視点の両面で生命の連続性の認識を深めさせる。

　一連の学習を通して、生物の生命を尊重しようとする態度や生物の多様性を保全しようとする態度を育成することが重要である。

（ア） 生物の成長と殖え方　全10時間
⑦細胞分裂と生物の成長　4時間

次	時	主な学習活動	学習過程、見方・考え方、評価など
1	1	根の成長を細胞のレベルで捉える	仮説の設定　対話的な学び　微視的
	2	観察「体細胞分裂の観察」	仮説の設定　記録 知
	3	前時の実験「体細胞分裂の観察」の考察	対話的な学び　比較　記録 思
	4	体細胞分裂の過程と生物の成長	対話的な学び　微視的

④生物の殖え方　6時間

次	時	主な学習活動	学習過程、見方・考え方、評価など
2	5	無性生殖とはどのような子の残し方なのか	
	6	観察 セイロンベンケイソウの観察と無性生殖の殖え方	◀ 対話的な学び
	7	植物の有性生殖　観察 「受粉した花粉の変化」	記録 知
	8	観察 「ウニの発生」	記録 思
	9	動物の有性生殖と発生	振り返り ◀ 対話的な学び　記録 態
	10	染色体の受け継がれ方と減数分裂	振り返り ◀ 対話的な学び　記録 思

（イ）　遺伝の規則性と遺伝子　全6時間
⑦遺伝の規則性と遺伝子　6時間

次	時	主な学習活動	学習過程、見方・考え方、評価など
1	1	身の回りの遺伝現象と遺伝子	◀ 対話的な学び　比較
	2	遺伝の規則性①メンデルの実験	振り返り　対話的な学び
	3	遺伝の規則性②分離の法則	振り返り　関連付け　記録 思
	4	遺伝の規則性③形質の伝わり方　実験 「遺伝子のモデル実験」	関連付け　記録 知
	5	遺伝子の本体　実験 「DNAの抽出実験」	微視的
	6	遺伝子を扱う技術	振り返り　比較　記録 態

（ウ）　生物の種類の多様性と進化　全7時間
⑦生物の種類の多様性と進化　7時間

次	時	主な学習活動	学習過程、見方・考え方、評価など
1	1	地質時代表で見る生命の歴史	◀ 対話的な学び　時間的　空間的
	2	生物の変遷①植物の変遷	◀ 対話的な学び　記録 思
	3	生物の変遷②動物の変遷	◀ 対話的な学び　記録 思
	4	進化の証拠①セキツイ動物の骨格の比較と相同器官	◀ 対話的な学び　比較　記録 知
	5	進化の証拠②化石と現存する生物の骨格の比較	比較　記録 知
	6	生物の多様化と環境への適応	関連付け　記録 思
	7	遺伝子の変化と進化の関係性	振り返り　共通性　多様性　記録 態

6 生物の成長と殖え方 （10時間扱い）

単元の目標

　細胞分裂や生物の殖え方に関する観察などを行い、細胞は分裂によって殖えること、生物の殖え方には有性生殖と無性生殖があることを見いだして理解させるとともに、無性生殖では子は親と同じ染色体をもつことになるが、有性生殖では両親から染色体を受け継ぐことを減数分裂と関連付けて理解させる。

評価規準

知識・技能	思考・判断・表現	主体的に学習に取り組む態度
生物の成長と殖え方に関する事物・現象の特徴に着目しながら、細胞分裂と生物の成長、生物の殖え方についての基本的な概念や原理・法則などを理解しているとともに、科学的に探究するために必要な観察、実験などに関する基本操作や記録などの基本的な技能を身に付けている。	生物の成長と殖え方について、観察、実験などを行い、その結果や資料を分析して解釈し、生物の成長と殖え方についての特徴や規則性を見いだして表現しているとともに、探究の過程を振り返るなど、科学的に探究している。	生物の成長と殖え方に関する事物・現象に進んで関わり、見通しをもったり振り返ったりするなど、科学的に探究しようとしている。

既習事項とのつながり

(1)小学校 5 年：「植物の発芽、成長、結実」では、発芽、成長及び結実の様子に着目して、植物の育ち方について学習している。「動物の誕生」では、魚の卵の中の変化や人の胎児の様子に着目して、動物の発生や成長の様子について学習している。

(2)中学校 1 年：「植物の体の共通点と相違点」では、胚珠が種子になることについて学習している。

(3)中学校 2 年：「生物と細胞」では、生物の体は細胞からできていることや、植物と動物の細胞のつくりについて学習している。

指導のポイント

　細胞分裂の様子を実際に観察させることを起点として、生命現象が精妙な仕組みに支えられていることに気付かせる。地球上のありとあらゆる生物の生命の連続性が、細胞という微視的なものの中に普遍的に保たれているという生命の神秘的でもある営みについての認識を深めさせたい。

(1)本単元で働かせる見方・考え方

　本単元では体細胞分裂の観察を行うことを通して、生命の連続性を「微視的」に捉えて「順序性」を見いだし、細胞内の核が変化していることと細胞の大きさの変化とを「関係付ける」ことにより、細胞分裂と体の成長の仕組みについて理解させる。さらに、有性生殖と無性生殖を「比較する」ことを通して、有性生殖がもたらす「多様性」や、無性生殖との「共通性」に気付かせるとともに、生物の殖え方の「規則性」を見いださせ、無性生殖と有性生殖の違いを染色体の受け継がれ方と減数分裂とを「関連付ける」ことにより理解させる。これらの学習を通して、生命をつなぐ営みを「多面的」に捉え、親の形質が子に伝わる生命の「連続性」について考えさせる。

(2)本単元における主体的・対話的で深い学び

　既習事項を思い出させながら、生物が成長するときに細胞のレベルではどのようになっているのかを主体的に考えさせ、他者との対話を通してその考えを深めさせたい。生物が成長して殖えるときにはどのような現象が起きているのかについて生徒自身が問題を見いだすことで、自ら進んで探究する活動を行わせる。第3学年で重視する学習過程でもある探究の過程を振り返らせる学習活動も充実させたい。

指導計画（全10時間）

⑦ 細胞分裂と生物の成長（4時間）

時	主な学習活動	評価規準
1	`仮説の設定` ◀ `対話的な学び` `微視的` 根が成長するとき、細胞はどのようになるか考える。	（態）
2	`微視的` `仮説の設定` `観察`「体細胞分裂の観察」	知（思）
3	`対話的な学び` `比較` 前時の「体細胞分裂の観察」の考察	（知）思
4	`対話的な学び` `微視的` 体細胞分裂の過程と生物の成長	（思）（態）

⑦ 生物の殖え方（6時間）

時	主な学習活動	評価規準
5	植物や動物の様々な無性生殖を映像等で観察し、無性生殖とはどのような子の残し方なのか考える	（知）
6	`観察`「セイロンベンケイ等の植物の殖え方の観察」 `対話的な学び` 無性生殖の親と子の特徴について考える。	（思）
7	有性生殖とはどのような子の残し方なのか考える。 `観察`「受粉した花粉の変化」	知（思）
8	`実験`「ウニの発生」	（知）思
9	動物の有性生殖と発生 `振り返り` ◀ `対話的な学び` 有性生殖の親と子の特徴について考える。	（思）態
10	染色体の受け継がれ方と減数分裂 `振り返り` ◀ `対話的な学び` 生物の殖え方	（知）思

第①時

根の成長を細胞のレベルで捉える

本時のねらい

・根の成長を細胞のレベルで考えることができる。

本時の評価

・根が成長するとき、細胞のレベルではどのようになっているのかを主体的に探究しようとしている。（態）

準備するもの

・発根したソラマメ、タマネギなどの植物染色液（食紅など）
・根の先端部分の顕微鏡写真

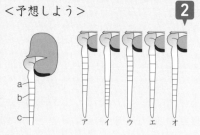

授業の流れ ▷▷▷

1 生物の体のつくりと細胞について想起する 〈5分〉

生物の体は何でできているの？

細胞でできているのだったよね

たくさんの数の細胞が集まって組織になっているのだよね

（微視的）

・小5、中1、中2の既習事項の「細胞のつくり」を思い出させる。
・「細胞でできている生物の体はどのように成長するのか？」と本時の学習の動機付けをする。

2 発根したソラマメではどの部分がよく成長しているか予想する 〈10分〉

〈仮説〉
根の根元の部分がよく伸びることにより、根が成長する

aの部分が成長しているとしたらオになるのかな

（仮説の設定）

・発根したソラマメではどの部分がよく成長しているのかを予想させる。少し考える時間を与えてから選択肢を提示するとよい。
・その予想から、仮説を生成させる。実物や写真を見せて、根の先端付近が一番伸びていることに気付くようにする。

課題 **3**

根が成長するとき、細胞のレベルではどのようになっているのか考えよう。

自分の考え …細胞の数が増えて、細胞の大きさはどんどん小さくなっているのではないか？

他の人の意見

川島さん…全ての細胞が大きくなっている。
松岡さん…細胞の数が増えていく。
平井さん…根の一部の細胞が増えている。

対話した後の自分の考え

　根の根元にある細胞の数がふえて1つの細胞の大きさは小さくなるが、新しくできた細胞がどんどん下に押し出されるようにして根が成長するのではないかと考えた。

4

＜まとめ＞
・根は先端付近が一番伸びる。
・先端付近の細胞は小さく、根元付近は大きい。

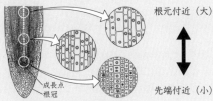

根元付近（大）

先端付近（小）

①細胞分裂で細胞の数が増える。
②増えた細胞が大きくなる。

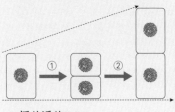

2 で立てた仮説を振り返る

＜振り返り＞
　根元がよく伸びると仮説を立てたが、先端にある細胞の数が増えて大きくなり根が成長することがわかった。

---

3 生物の成長を細胞のレベルで考える 〈15分〉

細胞も成長して大きくなっているのかな？

よく成長した部分の根の細胞はどうなっているかな？

大きくなる他に、何か変化はあるのかな

対話的な学び

・根の先端付近で一番伸びるということは、細胞のレベルではどのようになっているのかを考える。
・自分の考えを記述させてから、ペアやグループで対話的な学びを行い、他の人の意見を参考にしながら自分の考えを再構成する。

4 根の成長と細胞の変化についてまとめる 〈15分〉

先端付近の細胞の大きさが小さいということは数が増えているんだね

細胞の数が増えた後に大きくなるの？

細胞の中が変化しているね 何だろう？

・根の先端付近の細胞の写真や映像を見せ、根の先端で細胞分裂をして細胞の数を増やした後、細胞が大きくなることで体が成長していることを図にまとめる。
・ペアになり、生物の体と細胞の変化について、説明し合うことで理解できたかどうかを確認する。

第②時

体細胞分裂の観察

本時のねらい

本時のねらい

・タマネギの根の先端部分の細胞の観察を行い、細胞分裂のときに核にどのような変化が起こっているのかを確かめることができる。

本時の評価

・体細胞分裂の観察を行い、その順序性を見いだして理解している。知
・生命の成長について、見通しをもって観察を行い、その結果を分析して解釈している。（思）

準備するもの

・発根した種子・ペトリ皿
・うすい塩酸・染色液
・ピンセット・柄つき針
・スポイト・ろ紙・顕微鏡
・スライドガラス
・カバーガラス

付録

課題

根が成長するとき、細胞のレベルではどのような変化が起こるのかを観察しよう。

細胞分裂のとき、核にはどのような変化が起こっているのだろうか。

＜自分の考え＞

核の大きさが大きくなり、2個に分裂しているのではないか。

細胞の核の変化を予想することにより、観察の視点を核の変化に着目させる意図もある

授業の流れ ▷▷▷

1 観察の結果を予想する 〈5分〉

細胞分裂のとき、核にはどのような変化が起こっているのだろう？

1個の細胞の中には核は1個しかなかったよね

仮説の設定 微視的

・前時で、根が成長するときには細胞が変化していることを学んでいる。ここでは、どのような変化が細胞レベルで起こるのか、特に核に起こる変化について、予想を立てさせる。

2 実験の方法を知る 〈10分〉

細胞が変化する根の先端部分の細胞の観察を行おう

塩酸の処理にも意味があるのですね

・タマネギの種子から発根した根を用意する。
・観察のねらいと観察する視点を確認し、手順を説明する。
・手順の中で、塩酸で根を処理する目的、押しつぶしの方法、染色の方法を確実に押さえる。
・根の先端と離れた部分とでは細胞にどのような違いが見られるのかも観察させる。

2 細胞分裂の観察

目的 根の先端の細胞のようすを観察する

＜方法・手順・観察事項＞

❶ タマネギの根を塩酸で処理する
■1 根の先端から5mmを切り取り、うすい塩酸に入れる。
■2 約60℃のお湯で数分間温めたあと、試験管から取り出して軽く水洗いする。

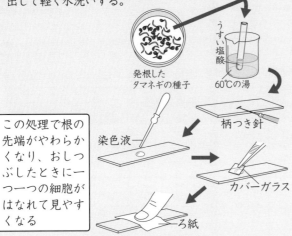

発根した
タマネギの種子　　60℃の湯　うすい塩酸

この処理で根の先端がやわらかくなり、おしつぶしたときに一つ一つの細胞がはなれて見やすくなる

染色液　柄つき針

カバーガラス

ろ紙

塩酸の処理や押しつぶす操作など、実験操作のもつ意味について必ず触れる

❷ プレパラートをつくる
■1 うすい塩酸で処理した根をスライドガラスにのせ、柄つき針で軽くつぶす。
■2 染色液を1滴落とし、数分間おいてからカバーガラスをかける。さらにその上にろ紙をのせる。
■3 横にずらさないようにおしつぶし、根をおし広げる。

❸ 顕微鏡で観察する
■1 プレパラートを、まず低倍率（10×10）で観察し、染色された核が多数見られるところを探す。
■2 次に高倍率（10×40）で観察し、核のようすに変化が見られる細胞を探す。

3 観察する　〈25分〉

押しつぶすことで、細胞同士が広がるのですね

観察

・塩酸の処理や押しつぶす操作の意味を押さえながら実験・観察を進める。
・特に、核や染色体に注目させる。
・細胞分裂のいろいろな段階が観察できているかを確認する。
・観察内容をノートやプリントに記録する。

4 考察を行う　〈10分〉

核が見えない細胞がありました

核の変化に順序があるみたいです

・自分の観察したことがらを整理して、その中で発見したり気付いたりしたことをまとめさせる。
・根の先端と離れた部分とでは細胞にどのような違いが見られるのか、考察させる。
・核の中の変化について、考察させる。

第③時

体細胞分裂の観察の考察

（本時のねらい）

・前時の観察結果をまとめ、生徒が観察した結果と体細胞分裂の過程を対比しながら、体細胞分裂時の核の変化について理解することができる。

（本時の評価）

・細胞の分裂と生物の成長とを関連付けて理解している。（知）

・生物の成長するときの特徴や規則性を見いだして表現している。思

付録

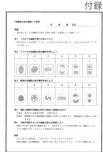

（課題）

根が伸びるときの細胞の分裂と生物の成長とを関連づけて説明しよう。

問1　どのような細胞の変化が見られたか。

＜自分の結果＞

核の中のようすが変化していて、ひものようなものがあった。そのひもが分かれているものもあった。

問2　タマネギの体細胞分裂の順序を考えよう

a	b	c	d	e	f

問3　動物の体細胞分裂の順序を考えよう

g	h	i	j	k	l

（授業の流れ） ▷▷▷

1　前時の復習をする　〈10分〉

この前の観察でどんな細胞の変化が見られましたか？

細胞の中にひものようなものがありました

細胞の大きさは根の先端部と根元の部分では違いました

・①丸い核以外にどのようなものが観察されたか、②根の先端と離れた部分の細胞とどのような違いがあったのかを振り返る。

2　対話を通して考える　〈15分〉

どんな順序になるかな

（対話的な学び）

・観察した結果から、細胞分裂の順序を考える。個人でまず考えてから、グループで検討する。

・タマネギの体細胞分裂の各ステージがかかれている図を配布し、a〜eを並び替える。さらに、動物の体細胞分裂の順序も考え比較する。

体細胞分裂の過程 3

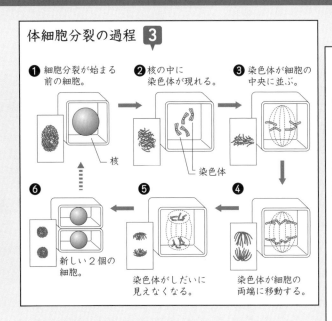

❶ 細胞分裂が始まる前の細胞。
❷ 核の中に染色体が現れる。
❸ 染色体が細胞の中央に並ぶ。

— 核
— 染色体

❻ 新しい2個の細胞。
❺ 染色体がしだいに見えなくなる。
❹ 染色体が細胞の両端に移動する。

生徒実験では植物細胞しか扱わないが、生物の多様性の理解の観点から、動物の体細胞分裂についても触れられるとよい

4

問4　植物と動物の体細胞分裂の共通点と相違点は何か。

共通点…核の中に染色体が現れ、分裂する点。
相違点…細胞壁がある植物細胞は細胞の内側から分裂するが、動物細胞は外側から分裂する点。

問5　生物が成長するときの細胞の変化を説明しよう。

細胞の中の核で染色体の複製が起こり、分裂することで元の染色体数と同じ細胞がふえる。ふえた細胞が大きくなることで生物の体は成長する。

3　説明を聞く　〈15分〉

染色体の動きは…教科書の写真や図を見てごらん

染色体ってこんな動きをするんだ

・細胞分裂の過程（順序）を整理する。
・細胞分裂の前期、中期、後期、終期の各段階の核の変化について、教科書や資料集の写真や図を参考にしてまとめる。
・映像教材を使い、染色体の動きを見せてもよい。

4　まとめをする　〈10分〉

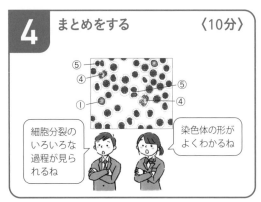

⑤ ④ ① ⑤ ④

細胞分裂のいろいろな過程が見られるね

染色体の形がよくわかるね

（比較）

・細胞分裂の過程（順序）と観察した結果をもう一度対比させ、観察した細胞が細胞分裂のどの過程のものだったかを確認する。
・動物の体細胞分裂のいろいろな過程と比較し、植物細胞の体細胞分裂との共通点と相違点を見いださせる。
・根が伸びるときの細胞の分裂と生物の成長について生徒に説明させることで理解の定着を図る。

第④時

体細胞分裂の過程と
生物の成長

（本時のねらい）

・細胞分裂時に染色体が複製され、分裂後のそれぞれの細胞の染色体数が減らない仕組みがあることを理解することができる。

（本時の評価）

・体細胞分裂の観察についての探究の過程を振り返りながら、染色体数が保持される仕組みを科学的に探究している。（思）
・生命現象が精妙な仕組みに支えられていることに気付き、生命を尊重しようとしている。
（態）

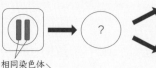

課題

細胞分裂のときの染色体の数の変化について考えよう。

細胞分裂の前と後で、染色体の数が半分にならないのはどうしてだろうか。細胞分裂の途中にどのようなことが起きているのか考えよう。

細胞分裂前　　　細胞分裂の途中　　　細胞分裂後

相同染色体

タマネギの染色体は 16 本あるが、ここでは分かりやすくするために 2 本の染色体で考える

〈自分の考え〉

細胞分裂の途中では、染色体にある遺伝子がコピーされているのではないか。

（授業の流れ）▷▷▷

1　前時の復習をする　　〈5分〉

細胞分裂をするとき、細胞の核はどのようになりますか？

核の中に染色体が見えてきました

細胞分裂のときに染色体が分かれました

（微視的）

・前時までの学習から、細胞分裂の際の核の変化を思い出させる。
・観察した植物の染色体数（タマネギは16本）を伝える。

2　観察の結果から考える　〈15分〉

染色体の数に着目すると、細胞分裂の途中では染色体にどのような変化が起きているのでしょうか？

分裂後も染色体の数は同じということは…

・細胞分裂により染色体が半数にならないのはなぜかを模式図を使って考える。細胞分裂の途中で染色体に起きている変化を考えさせる。
・体細胞分裂後は染色体の複製が起こり、分裂前の細胞と分裂後の細胞の染色体数は同じであることを見いださせる。
・染色体を減らさずに確実に次の世代に受け継ぐ仕組みが体細胞分裂にあることを伝える。

〈細胞分裂のとき〉

核……染色体が現れる。

〈細胞分裂〉
体細胞分裂

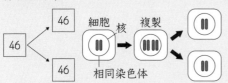

生物の体が成長するとき、細胞が分かれる
前にそれぞれの染色体と同じものが複製さ
れ2倍になっている。細胞分裂で2つに分
かれるとき、元の染色体と複製された染色
体は分かれる。

染色体の数…生物の種類によって
　　　　　　決まっている。
　　　　…偶数で、同じ形の染色体が対
　　　　　になっている。
　　　　　　　（相同染色体という）

3 資料の提示

植物	染色体数	動物	染色体数
ソラマメ	12	トノサマガエル	26
エンドウ	14	ネコ	38
タマネギ	16	ヒト	46
イネ	24	チンパンジー	48
ジャガイモ	48	イヌ	78
イチョウ	24	キイロショウジョウバエ	8
サツマイモ	90	フナ	100
スギナ	216	アメリカザリガニ	200
		アオダイショウ	36
		ニワトリ	78

3 説明を聞いて考える　〈10分〉

分裂後も染色体の数は
同じなんだ

生物の種類によって染色体
の数は決まっているのです

生物の種類と染色体数の表
を見て、気が付いたことを
挙げてみよう

・細胞分裂後に染色体の数が減らないように複製さ
　れる仕組みが体細胞分裂にあることを押さえる。
・生物の種類によって染色体の数が決まっているこ
　とを示す。
・生物の種と染色体数の表を提示し、気付いたこと
　を挙げさせる。

4 対話を通して考える　〈20分〉

生物の種類によってこ
んなに違うんだね

▶ 対話的な学び

・生物の種と染色体数の表から気付いたことについ
　て意見交換をする。
・染色体数が偶数であることや、染色体数の大小と
　生物の種や大きさには関係がないことなどを見い
　ださせる。
・多くの生物の染色体には同じ形のペアである相同
　染色体があり、偶数になることを説明する（後の
　減数分裂の理解につなげる）。

第⑤時

無性生殖

本時のねらい
・生物は体の一部だけで生きていけるかを考え、新しい個体をつくる様々な無性生殖の方法があることを知ることができる。

本時の評価
・無性生殖の事例を知り、その仕組みを理解している（知）。

準備するもの
・無性生殖の映像資料
・セイロンベンケイソウ、ニンジンのへた等

課題

雌雄に関係ない子の
残し方を考えよう。

1

生物のはたらき

・個体維持→体のつくりとはたらき
・種族維持→生殖（子孫をふやす）

無性生殖→雌雄に関係なくふえる。

授業の流れ ▷▷▷

1 課題を把握する 〈5分〉

生物が自らと同じ新しい個体（子）をつくることを「生殖」というんだよ

生物の体の一部が分かれて個体（子）をつくることはできるかな

・「生殖」の定義について説明する。
・生物の体の一部が分かれて個体をつくることはできるか考えさせる。
・技術・家庭の技術分野の「栽培」でジャガイモを扱っている場合もあるので、技術分野の学習状況を把握しておくとよい。

2 無性生殖をする生物について 考える 〈10分〉

生物の体の一部が分かれて個体（子）をつくる生殖をする生物がいます。どのようなものがあるかな考えよう

そんな生物はいたかな…

・雌雄に関係なく、生物の体の一部が分かれて個体（子）をつくる生殖（無性生殖）があることを示す。
・無性生殖をする生物にはどのようなものがいるかを生徒同士で考えさせる。
・出た意見を発表させ、全体で共有する。

無性生殖にはどのようなものがあるか？

2 **3** **4**

〈自分の考え〉

アメーバの分裂
ニンジンのヘタを水に入れ
ておくとふえる。

無性生殖の具体例がなかなか出
なさそうな場合には、教員がい
くつかの例を取りあげ、イメー
ジをもたせるとよい

〈他の人の意見〉

切ったイモを植えると芽が出る
落雷したイチョウの枝から芽を
出す。

| 分裂 | …単細胞生物に多い。親の体が２つに分かれる。 | （例）アメーバ、ミカヅキモ、ゾウリムシ |

| 出芽 | …親の体壁の一部から突起（芽）する。 | （例）酵母菌、ヒドラ |

| 栄養生殖 | …植物の体の一部から新しい個体ができる。 |

○ むかご
　…玉っころをつける。　　　　（例）オニユリ、ヤマノイモ
○ ストロン（ほふく枝）
　…つるがのびてふえる。　　　（例）ヘビイチゴ、ユキノシタ
○ 人工的なもの　　　　　　　　（例）樹木
　…挿し木、取り木　　　　　　（例）キクなど
　　さし芽　　　　　　　　　　（例）ジャガイモ
　　イモ

3 写真や映像資料を視聴する 〈20分〉

映像で見るといろんな生き物が無性生殖をしているんだね

4 まとめた後、継続観察の準備をする 〈15分〉

無性生殖にもいろいろな方法がありますね

受粉しないで殖えるんだ！

・ゾウリムシやミカヅキモの分裂、ヒドラやコウボの出芽、栄養生殖のジャガイモ、ほふく枝をつくるイチゴ、むかごで殖えるオニユリ、サツマイモの挿し木やカエデなどの木本植物の取り木など、予め準備しておいた無性生殖をする生物の写真や映像を資料として見せて説明する。
・多細胞生物の分裂としてウズムシ（プラナリア）やサンゴのポリプを紹介してもよい。

・写真や映像資料で見た無性生殖についてノートやプリントにまとめる。
・セイロンベンケイソウやニンジンのへたを湿らせたろ紙や土の上におき、殖え方を継続的に観察することを説明する。理科室や教室の日常的に生徒が目にする場所に置き、継続観察ができるようにする。
・教師が予め 5 ～10日前に始めたものを比較できるものとして準備しておくとよい。

第 ⑥ 時

セイロンベンケイソウの 観察と無性生殖の殖え方

本時のねらい
- 無性生殖の特徴について考え、無性生殖では子は親の特徴をそのまま受け継いでいることを理解することができる。

本時の評価
- 生命の殖え方について観察を行い、その結果を分析して解釈している。（思）
- 生物の殖え方についての特徴や規則性を見いだして表現している。（思）

準備するもの
- ワークシート
- 無性生殖の親子の写真や映像

ワークシート　　　　　付録

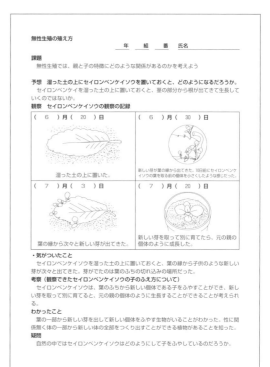

授業の流れ ▷▷▷

1　前時のその後を観察する〈15分〉

前の時間に準備したセイロンベンケイソウやニンジンのその後の様子を観察してみましょう

新しい芽ともとの葉を比べてみるとよいのですね

観察
- 前時や教師があらかじめ準備したセイロンベンケイソウやニンジンのその後の様子を観察する。
- 親（もとの葉）と子（新しい芽）の特徴を比較する。
- 新しい芽をとって別の容器に入れて、継続観察ができるようにする。

2　観察結果から考える　〈10分〉

無性生殖では、親と子の特徴にどのような関係があるか考えよう

セイロンベンケイソウは親の葉のふちから同じような葉が出ていたね

前の授業の映像のミカヅキモの分裂は親と全く同じだったよね

- 無性生殖では、親と子の特徴にどのような関係があるかを前時の写真・映像資料の親と子の様子やセイロンベンケイソウの観察結果から考えさせる（問1）。
- 個人で考えさせてから、グループで対話を進める。

2

問1 無性生殖では親と子の特徴にどのような関係があるのだろうか？

> 無性生殖の親と子の特徴が分かる写真や映像を用意しておくとよい

〈自分の考え〉

> 親と子の特徴は同じである。
> 親子がそっくりなのではないか。

〈他の人の意見〉

> 親と子はまったく同じ特徴をもつのではないか。

3

問2 無性生殖の栄養生殖は農業や園芸でよく利用されている。なぜだろう。

〈自分の考え〉

> よい特徴をもつ個体をふやすことができるから。

〈他の人の意見〉

> ・ふやすのが簡単だから。
> ・同じ質のものが得られるから。
> ・からだの一部があればふえるということは、倒木からでも新しい個体ができるということなので、貴重な樹木を再生するときには便利なのではないか。

3 無性生殖の利用について考える 〈10分〉

> 栄養生殖は、農業や園芸でよく利用されているのですよ。なぜだと思いますか？

> 親と子の特徴に関係があるのかな？

・無性生殖が農業の分野では積極的に利用されてきた理由を考えさせることで無性生殖を身近なものに捉えさせたい（問2）。
・ソメイヨシノの桜のクローンが全国にあること、強風で倒壊した鶴岡八幡宮の大銀杏や東日本大震災の津波による被害を受けた陸前高田の「奇跡の一本松」など、個体を再生する技術として応用されていることなども紹介したい。

4 まとめをする 〈15分〉

> 生物の体の一部が分かれて新しい個体になるということは体細胞分裂をしているということなのですよ

・グループで対話して出た意見をいくつか取り上げながら、問1と問2の学級全体での意見の共有を図る。
・無性生殖で親の体の一部が分かれて新しい個体である子ができるのは、体細胞分裂をしていることを説明する。

第⑦時

有性生殖・
受粉した花粉の変化

本時のねらい

・植物が受粉した後の花粉の変化を調べ、観察の結果から植物の有性生殖の特徴を捉えることができる。

本時の評価

・花粉管の伸長を観察し、有性生殖の特徴を見いだして理解している。知
・生命の殖え方について、見通しをもって観察、実験を行い、その結果を分析して解釈している。（思）

準備するもの

・花粉
・8％ショ糖水溶液
・ホールスライドガラス
・駒込ピペット・ペトリ皿
・筆・割りばし
・ろ紙・顕微鏡

ワークシート　　付録

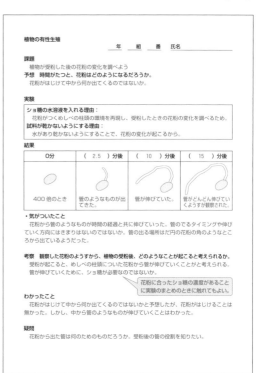

植物の有性生殖

　　　　　　　　　　　　年　　組　　番　氏名

課題
　植物が受粉した後の花粉の変化を調べよう。
予想　時間がたつと、花粉はどのようになるだろうか。
　花粉がはじけて中から何か出てくるのではないか。

実験
　ショ糖の水溶液を入れる理由：
　　花粉がつくめしべの柱頭の環境を再現し、受粉したときの花粉の変化を調べるため。
　試料が乾かないようにする理由：
　　水があり乾かないようにすることで、花粉の変化が起こるから。

結果

0分	（ 2.5 ）分後	（ 10 ）分後	（ 15 ）分後
400倍のとき	管のようなものが出てきた。	管が伸びていた。	管がどんどん伸びていくようすが観察された。

・**気がついたこと**
　花粉から管のようなものが時間の経過と共に伸びていった。管のでるタイミングや伸びていく方向にはきまりはないのではないか。管の出る場所はだ円の花粉の角のようなところから出ているようだった。

考察　観察した花粉のようすから、植物の受粉後、どのようなことが起こると考えられるか。
　受粉が起こると、めしべの柱頭についた花粉から管が伸びていくことが起こると考えられる。管が伸びていくために、ショ糖が必要なのではないか。

> 花粉に合ったショ糖の濃度があることに実験のまとめのときに触れてもよい。

わかったこと
　花粉がはじけて中から何か出てくるのではないかと予想したが、花粉がはじけることは無かった。しかし、中から管のようなものが伸びていくことはわかった。

疑問
　花粉から出た管は何のためのものだろうか。受粉後の管の役割を知りたい。

授業の流れ ▷▷▷

1　1年の学習を復習する　〈5分〉

花で種子ができるときの様子を思い出そう

花粉がめしべの先端につくんだったよね

めしべの先端と胚珠があるめしべの根本との間は離れていますが、どのようなことが起きていると考えますか？

・1年時に学習したことを思い出させる。
・花の内部のつくりや、おしべのやくから出た花粉がめしべの柱頭に付着することを受粉といい、受粉が起きた後に胚珠が種子になることを復習する。
・受粉をした後に花粉にはどのような変化が起きているのかを予想させる。

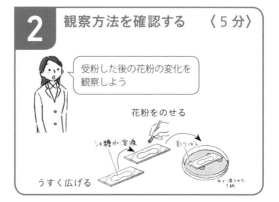

2　観察方法を確認する　〈5分〉

受粉した後の花粉の変化を観察しよう

花粉をのせる

ショ糖水溶液

割りばし

うすく広げる

水に濡らした ろ紙

・観察の手順や方法について説明する。
・砂糖を加えてめしべの柱頭の環境を再現することや、乾燥を防ぐ理由について説明をする。
・ホウセンカやインパチェンス、ムラサキツユクサなどの植物が、比較的短い時間で花粉管が伸長する生物教材としてよく使われる。授業前にどのくらいの時間で花粉管の伸長が始まるのかについての予備実験は必ず行っておく。

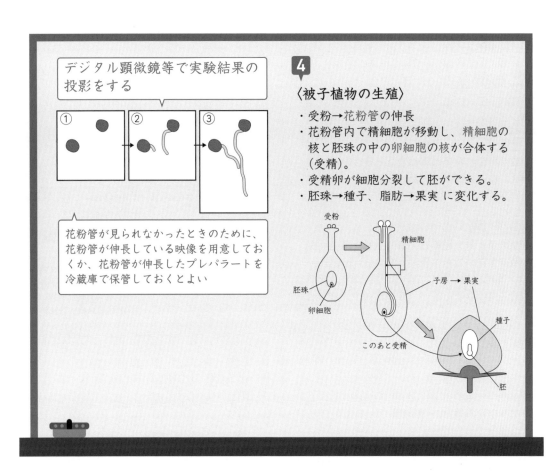

デジタル顕微鏡等で実験結果の投影をする

① ② ③

花粉管が見られなかったときのために、花粉管が伸長している映像を用意しておくか、花粉管が伸長したプレパラートを冷蔵庫で保管しておくとよい

4

〈被子植物の生殖〉

・受粉→花粉管の伸長
・花粉管内で精細胞が移動し、精細胞の核と胚珠の中の卵細胞の核が合体する（受精）。
・受精卵が細胞分裂して胚ができる。
・胚珠→種子、脂肪→果実 に変化する。

受粉　　　　　精細胞

胚珠　　　　　子房→果実
卵細胞

このあと受精　　　　種子

胚

3 観察する 〈25分〉

時間がたつと花粉は変化したかな？

花粉から管が伸びた

観察

・時間がたつと花粉から管（花粉管）が伸長することを生徒に気付かせる。その様子や変化の様子を5分おきに記録させる。
・花粉管の伸長が観察できない生徒がいることも想定されるので、デジタル顕微鏡等で生徒が見られるように投影できるとよい。
・花粉管の伸長の映像資料を用意しておく。

4 まとめをする 〈15分〉

花粉管が伸びた後、どうなるんですか？

花粉管の中を精細胞が移動し、胚珠の中の卵細胞まで移動するんだよ

花粉管

精細胞

・観察結果をまとめ、花粉管が伸びることで実際の受粉後にはどのようなことが起こっているのかを予想させる。
・花粉管が伸びた後、花粉管の中を精細胞が移動し、胚珠の中の卵細胞まで移動することを説明する。
・受粉のときには受精は起きておらず、卵細胞と精細胞の核が合体したときに受精が起こることを説明する。

第⑧時

ウニの発生

本時のねらい

・動物が受精した後の卵の変化と発生について調べ、観察の結果から雌雄が関係している動物の有性生殖の特徴を捉えることができる。

本時の評価

・生物の殖え方を観察し、有性生殖と無性生殖の特徴を見いだして理解している。（知）
・生命の成長と殖え方について、見通しをもって観察、実験などを行い、その結果や資料を分析して解釈している。思

準備するもの

・ウニ、カエルなどの卵、精子
・時計皿やペトリ皿
・ビーカー・スポイト
・海水（ウニの場合）・顕微鏡

ワークシート　　　付録

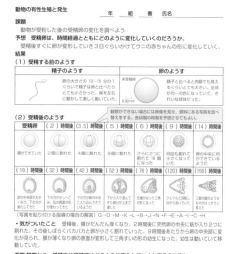

授業の流れ ▷▷▷

1　既習内容を復習する 〈5分〉

動物はどのようにして子を殖やしていくのかな？

小学校4年生のときに、メダカが卵を産んで稚魚が育っていく様子を観察したよ

・動物の有性生殖について、既習内容を思い出させる。小学校ではメダカやヒトの発生について学習をしている。また、中学校の家庭科や保健体育でヒトの受精について学習していることとも関連付けるとよい。
・生殖に雌雄の性が関係していることを生徒の発言から引き出す。

2　実験する 〈10分〉

卵と精子を観察したら混ぜてみるよ

精子の動きが速い

こんな変化が起きるんだ

実験

・ウニやカエルの精子と卵は、教材の提供を行っている大学や、販売しているところから取り寄せるとよい。
・生命を扱う実験であることも実験開始前に触れて学習の意義について確認するとよい。
・まず受精前の卵・精子の様子を観察し、精子と卵の観察が終わったら、卵が入ったペトリ皿に精子を加えて受精の様子を観察する。

3

観察 受精した後の卵の変化

受精卵	(2)時間後	(3.5)時間後	(5)時間後	(6)時間後	(9)時間後	(14)時間後

(19)時間後	(32)時間後	(42)時間後	(52)時間後	(76)時間後	(120)時間後	(150)時間後

気が付いたこと

> 受精すると透明な膜ができ、どんどん厚くなっていった。受精卵は卵の内部が割れて細胞の数がふえていったが、12時間を越したころに形が変形していった。受精後3日後には先端が三角すいの形になってクルクルと回転しながら動いていた。

3 受精卵の変化を観察する 〈10分〉

時間がたったら様子が変わったかな？

卵が2つに割れくいる!!

4 結果を発表し、まとめをする 〈10分〉

卵の細胞が増えた後どうなるのかな

もっと数が増えていくのでは？

・授業が始まる数時間前に時間差で受精させた受精卵を何段階か分用意しておくことで、様々なステージの発生過程を一度に観察することができる。例えば、各発生過程の受精卵を顕微鏡下に置いておき、それぞれの顕微鏡をローテーションをしながら見に行くなどの方法がある。
・実験ができない場合には、映像教材を利用し、何度か繰り返し再生する。

・数名の生徒に観察結果を発表させ、まとめていく。
・卵が割れることを「卵割」ということを説明してもよい。
・受精の後、卵がどうなっていくかについて、次の視点で考えさせる。
　①受精卵の細胞の大きさと数は卵割が進むとどうなるか
　②受精卵の形はどのようになっていくか

第⑨時

動物の有性生殖と発生

本時のねらい

・前時の観察を振り返り、発生の順序を追うことで受精から誕生までを連続的に考えることができる。
・有性生殖の親と子の特徴や子の残し方について考え、理解することができる。

本時の評価

・生物の殖え方についての特徴や規則性を見いだして表現している。（思）
・生命現象が精妙な仕組みに支えられていることに気付き、生命を尊重しようとしている。
態

準備するもの

・発生過程の写真や図、映像などの資料
・有性生殖の親子の写真や映像

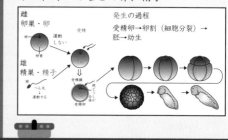

課題

動物の生殖についてまとめ、雌雄がある生殖の特徴について考えよう。

・有性生殖…雌雄がかかわる生殖
・卵と精子の生殖細胞の核が合体して受精が起こる。
・受精卵が分裂をくり返して、親と同じような形へ成長する過程を発生という。
・動物では、自分で食物をとり始めるまでの間の子のことを胚という。

ウニ、カエルなどの卵、精子

授業の流れ ▷▷▷

1 観察の結果を振り返る 〈5分〉

前回の観察で、受精後の受精卵のどのような変化を観察できましたか

受精後、卵が割れる瞬間を観察することができました

受精後何時間も経過した受精卵は、球体ではない形に変化していました

振り返り

・動物に雌雄の性があり、それぞれの体内に卵巣と精巣があり卵と精子をつくることを説明する。
・受精の後に卵割が起こり、卵割が進むごとに細胞の数が増えていくような変化が起きたことに注目させる。
・動物の有性生殖の発生の過程を見て、どのようなことを感じたのかを振り返って考える。生命の神秘さについて目を向けさせたい。

2 映像で振り返りまとめる 〈10分〉

受精後の受精卵の変化を詳しく見てみよう

受精卵はどんどん細胞の数が増えていきます

・動画で、受精後の受精卵の様子を連続的に見せる。
・卵割が進み、細胞の数が増えて多くなると、受精卵の球体の形が変わることを理解させる。
・生物の多様性について理解を深めるために、多様な発生を紹介するとよい。鳥類や魚類、爬虫類の端黄卵、昆虫やクモなどの心黄卵などがあるが、ここでは等黄卵で等割するウニと端黄卵で不等割をするカエルのケースを比較しながら紹介する。

有性生殖の親と子の特徴が分かる写真や映像を用意しておくとよい

2 **3**

問1　有性生殖では親と子の特徴にどのような関係があるのだろうか？

〈自分の考え〉

> 親と子の特徴は同じである。親子がそっくりなのではないか。

〈他の人の意見〉

> 親と子は全く同じ特徴をもつのではないか。

問2　有性生殖とはどのような子の残し方なのだろうか。

〈自分の考え〉

> 植物の有性生殖も動物の有性生殖も雄と雌の性が関係している。雄と雌の出会いが必要である。

〈他の人の意見〉

> 植物が受粉をするために虫や風を利用していたり、鳥の雄は美しく鳴いたりきれいな色をしていたりと受精の確率が上がる工夫のようなものが見られる。

3　発生の過程をまとめる　〈15分〉

受精と発生について分かったかな？

ずいぶん、いろいろな段階があるんだね

・有性生殖、卵、精子、受精、発生、胚などについて説明をする。
・受精後、受精卵の細胞分裂（卵割）が起こり、胚になり、やがて幼生になる。
・受精後、卵割が起こり、二細胞期→四細胞期→八細胞期→十六細胞期→桑実胚→胞胚→原腸胚→神経胚→幼生と変化していくことを説明して、ノートやプリントにまとめる。

4　対話を通して考える　〈20分〉

有性性生殖では、親と子の特徴にどのような関係があるか考えよう

子の残し方にも植物と動物に共通する特徴があるね

　対話的な学び

・第①時で無性生殖について考えている。ここでは植物と動物を合わせて有性生殖全般ではどうなのかを考えさせる（問1）。
・有性生殖では雌と雄の性が関係していることや、親と全く同じ特徴をもつわけではないことに気付かせたい（問2）。
・ネコやイヌの親子の写真など、親子の特徴の違いが分かる写真があると考える材料になる。

第⑩時

染色体の受け継がれ方と減数分裂

本時のねらい

・染色体は生殖のときにどのように受け継がれていくのかについて無性生殖、有性生殖のそれぞれについて考えることができる。

本時の評価

・生物が殖えていくときに親の形質が子に伝わることを見いだして理解している。（知）
・生物の生殖について探究の過程を振り返るなど科学的に探究している。思

課題

染色体は生殖のときにどのように受け継がれていくのか考えよう。

問1　無性生殖では、染色体はどのように次の世代に受け継がれていくのか、模式図で考えよう。

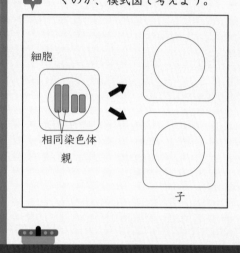

授業の流れ ▷▷▷

1　無性生殖について振り返る 〈5分〉

生物が無性生殖を行うときに、染色体はどのように次の世代に受け継がれていくのだろうか？

図で表すとどうなるかな

振り返り

・無性生殖の染色体の受け継ぎ方を思い出させ、模式図で表す（問1）。

2　問題を見いだす 〈10分〉

有性生殖を行うときに、染色体はどのように次の世代に受け継がれていくのだろうか？

そのままくっつくと、染色体の数が2倍になってしまうんだね

染色体の数は、生物によって決まっていたよね

・有性生殖で精子と卵が合体して受精が行われたとき、染色体の数が2倍にならないのはなぜかという問題を見いださせる。

2 3

問2　有性生殖では、染色体はどのように次の世代に受け継がれていくのか、模式図で考えよう。

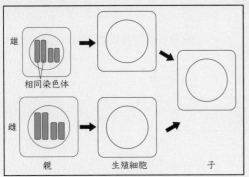

雄　相同染色体　　親　　生殖細胞　　子
雌

問3　無性生殖と有性生殖の特徴や違いについてまとめよう。

> 環境に対する適応の違いについて考えさせてもよい

4

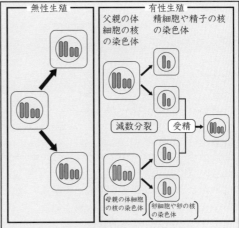

無性生殖

有性生殖
父親の体細胞の核の染色体　精細胞や精子の核の染色体

減数分裂　受精

母親の体細胞の核の染色体　卵細胞や卵の核の染色体

・卵や精子などの生殖細胞は、染色体数がもとの半分の数になる減数分裂によりつくられる。
・受精によって生殖細胞が合体しても、親と子の染色体数は変わらない。

> 無性生殖では子は親の特徴をそのまま受け継ぎ、環境が整えばふえやすい。有性生殖は雌と雄の生殖細胞が合体してでき、子は親とは違う特徴をもつなどのちがいがでる。

　3　対話を通して考える　〈15分〉

> 染色体の数が2倍にならずに親と同じ数になるためには、細胞の中でどんなことが起きていると考えられますか

> 染色体の数が子や孫にもずっと保持されるためにはどういう仕組みがあるのだろう？

　**対話的な学び**

・受精した後の受精卵の染色体の数が2倍にならずに親と同じ数になるためには、細胞の中でどのようなことが起きているのか考えさせる。
・個人での自力解決の時間を設けた後、グループでの議論を進める。

4　まとめをする　〈20分〉

> 減数分裂と受精の関係が分かったかな？

> 半分に減ったものどうしが受精するので、染色体数が同じになります

・減数分裂、生殖細胞、受精と受精卵の染色体数についてまとめる。
・卵や精子のような生殖細胞ができるときには、減数分裂によって、受精してからの染色体数が保持される仕組みを説明する。
・有性生殖は染色体の組み合わせの違いが生まれることを理解する。
・無性生殖と有性生殖の特徴や違いをまとめる。

7 遺伝の規則性と遺伝子 （6時間扱い）

単元の目標

　交配実験の結果などから形質の表れ方の規則性を見いだし、染色体にある遺伝子を介して親から子へ形質が伝わること及び分離の法則について理解させる。

評価規準

知識・技能	思考・判断・表現	主体的に学習に取り組む態度
遺伝の規則性と遺伝子に関する事物・現象の特徴に着目しながら、遺伝の規則性と遺伝子についての基本的な概念や原理・法則などを理解しているとともに、科学的に探究するために必要な観察、実験などに関する基本操作や記録などの基本的な技能を身に付けている。	遺伝の規則性と遺伝子について、観察、実験などを行い、その結果や資料を分析して解釈し、遺伝現象についての特徴や規則性を見いだして表現しているとともに、探究の過程を振り返るなど、科学的に探究している。	遺伝の規則性と遺伝子に関する事物・現象に進んで関わり、見通しをもったり振り返ったりするなど、科学的に探究しようとしている。

既習事項とのつながり

⑴小学校5年：「植物の発芽、成長、結実」では、発芽、成長及び結実の様子に着目して、植物の育ち方について学習している。「動物の誕生」では、魚の卵の中の変化や人の胎児の様子に着目して、動物の発生や成長の様子について学習している。

⑵中学校1年：「植物の体の共通点と相違点」では、胚珠が種子になることについて学習している。

⑶中学校2年：「生物と細胞」では、生物の体は細胞からできていることや、植物と動物の細胞のつくりについて学習している。

指導のポイント

　メンデルの交配のモデル実験を行い、規則性をもたらす仕組みを自ら思考させ気付かせたい。また、生命が受け継がれていく中で生物の多様性が生じる理由を科学的に理解させることは、「多様性と共通性」の認識を深める重要な単元でもある。

⑴本単元で働かせる見方・考え方

　メンデルの交配実験の結果を分析・解釈し、子や孫の形質の表れ方には「規則性」があることに気付かせる。交配のモデル実験ではその規則性をもたらす仕組みを考え理解させる。その際、交配のモデル実験における試行回数と得られる結果との「関係」に気付かせたり、モデル実験の操作や結果が何を意味するかなどの「因果関係」を考えさせたりして、探究の過程を振り返らせる。このような学習を通して分離の法則について理解し、生物は親から遺伝子を受け継ぎ、遺伝子は世代を超えて「連続性」の中で伝えられていくことを理解する。遺伝子は不変ではなく変化することで、生物の「多様性」が生じている。この変化を遺伝子や染色体のレベルの「微視的」な視点と、発現した形質や表現型等の「巨視的」な視点との両面で考えさせたい。

　さらに現在遺伝子やDNAに関する研究が進み、その研究成果が日常生活や社会に関わる様々な分野で利用されている。生命科学の技術の利用についても探究的に学び、技術がもたらす恩恵だけではな

く生命倫理を守る視点を含めて「批判的」かつ「多面的」に考えることで、科学技術の利用の在り方について理解を深めさせたい。

(2)本単元における主体的・対話的で深い学び

　生徒のこれまでの知識や経験などから、身の回りに目を向けさせてどのような遺伝現象があるのかを取り上げることにより、親からの情報が何によってどのように伝えられるのかを主体的に考えさせたい。メンデルの実験を紹介して遺伝現象における形質の伝わり方の規則性について生徒自身が問題を見いだすことで、自ら進んで探究するモデル実験を行わせる。モデル実験の分析にあたっては、活発な議論を促しながら遺伝の規則性を見いださせたい。遺伝子が親から子、孫へと伝達する仕組みを他者に説明する学習活動も有効であると考えられる。

　また、生命科学の技術の利用についても、対話的な学びを積極的に導入し、自らの意見を主張し他者の考えを取り入れたりしながら、科学技術の利用の在り方をより深く思考できる学習活動を充実させたい。物事をより客観的に考え批判的思考力が大きく育つ第3学年の発達段階だからこそ、生徒が自分の考えを主張できる場面をつくり、活発な意見交換を促したい。

指導計画（全6時間）
㋐ 遺伝の規則性と遺伝子（6時間）

時	主な学習活動	評価規準
1	◀ 対話的な学び　比較 身の回りの遺伝現象と遺伝子 遺伝・形質・遺伝子とは何か	（態）
2	◀ 対話的な学び　振り返り 遺伝の規則性① メンデルの実験・顕性（優性）の法則	（知）（思）
3	振り返り　関係付け 遺伝の規則性② メンデルの実験・分離の法則	（知）思
4	関係付け 遺伝の規則性③　実験「メンデルの実験・形質の伝わり方」	知（思）
5	微視的 遺伝子やDNAの研究　実験「遺伝子の本体は何か」	（知）
6	振り返り　比較 遺伝子を扱う技術について考えよう	（思）態

第①時

身の回りの遺伝現象と遺伝子

（本時のねらい）
・身の回りの遺伝現象に関心をもち、主体的に学習をすることができる。
・遺伝、形質、遺伝子などの用語を理解することができる。

（本時の評価）
・生命の連続性に関する事物・現象に進んで関わり、科学的に探究しようとしている。（態）

（準備するもの）
・鏡
・遺伝の事例が分かる写真や図、映像など

課題

身の回りの遺伝現象を
みつけよう。

○ 遺伝現象の例

・耳たぶ（福耳⇔平耳）
　　　　対立形質
・まぶた（二重⇔一重）
・額（富士額⇔平額）
・親指（反る⇔反らない）

他にも……
　舌、虹彩の色、耳あか、
　アルコールが飲めるか など

（授業の流れ） ▷▷▷

1 「遺伝」という言葉から思い浮かべることについて意見を出す〈5分〉

「遺伝」という言葉からどんなことをイメージしますか

親と顔が似ているのが遺伝だと思います

うちは遺伝的にアルコールに強いと聞いたことがあります

・日常で遺伝という言葉からイメージしているものを挙げさせる。
・まわりの発言を聞いて、イメージの幅を広げさせる。
・教科書や資料集の動物や植物の親子の写真などを用いて、遺伝のイメージをもたせるとよい。

2 遺伝現象の例と自らについて考える〈10分〉

写真と自分の耳たぶを比べてみましょう

私は福耳です

（比較）

・遺伝現象の例を1つ挙げ、自分と比較しながら遺伝現象が身近なものであり、自分と深く関わっていることに気が付かせる。また、まわりの生徒と比較させることで、一人一人違う特徴をもつことを確認させ、実感をもたせる。
・写真や図、映像などを使いながら進める。
・鏡を用意しておくと、普段意識しない細かい部分を確認しやすい。

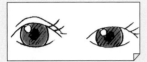

形質……生物のもつ形や性質などの特徴
　　　　（例：耳たぶの形など）

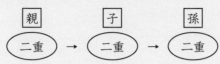

遺伝……親と同じ形質が子や孫の世代に現れること

親		子		孫
二重	→	二重	→	二重

遺伝子…遺伝する形質の情報を伝えるもの

---

3 身の回りの遺伝現象について考える 〈20分〉

他にもどのような遺伝現象があるか探してみましょう

一重の人と二重の人がいるね

▶ **対話的な学び**

・グループで対話を行い、周囲の発言をきいて、身の回りにある遺伝現象について考えさせる。

・グループごとの発表を行うことで他グループの意見を聞き、考えの幅を広げる。

・最初にいくつか例を提示したり、写真を示しておくと、話し合いがスムーズに進む。

・巻き舌や親指の反りなど動きにも遺伝現象が含まれているため、話し合いの途中でヒントを与えてもよい。

4 遺伝現象を形質・遺伝子などの語句を用いて説明する 〈15分〉

遺伝子によって形質が伝わることを遺伝というんだね

・形質・対立形質・遺伝・遺伝子の語句を③で挙げた遺伝現象を例にとりながら説明する。

・身の回りの遺伝現象を、形質などの語句を用いながらグループの生徒同士で説明し合うことで理解を深めさせる。

・「父の技を受け継いだ」など、遺伝現象と間違えやすい例を挙げ、遺伝が遺伝子による現象であることを意識付ける。

第②時

遺伝の規則性①
メンデルの実験

（本時のねらい）
・資料を分析し、遺伝の規則性を考え、子に現れる形質について説明することができる。

（本時の評価）
・交配実験の結果に基づき、親の形質が子に伝わるときの規則性を見いだして理解している。（知）
・交配実験の結果や資料を分析して解釈している。（思）

（準備するもの）
・メンデルの実験に関わる図や交配実験の資料

授業の流れ ▷▷▷

| **1** | メンデルの交配実験から形質の伝わり方を考える 〈15分〉 |

メンデルは形質の伝わり方を調べるためにエンドウを使って実験をしました

振り返り

・前時の学習を振り返り、対立形質があったことを思い出させる。
・遺伝子は両親から受け継いでいるため、対立形質の遺伝子を両親から受け継ぐことがあることに着目させる。
・メンデルがエンドウを使って交配実験を行ったことを説明する。

| **2** | メンデルの交配実験で用いたエンドウの形質について知る 〈5分〉 |

エンドウにも、たくさんの形質があるんだね

・エンドウの7つの対立形質について説明する。
・教科書や資料集の図を参考にしたり、映像資料などを使用する。

メンデルの交配実験の結果から、
遺伝の規則性をみつけよう。

メンデルの実験結果

形質	親の形質	子の形質
種子の形	丸 しわ	すべて丸
子葉の色	黄色 緑色	すべて黄色
種皮の色	有色 白色	すべて有色
さやの形	くびれない くびれる	すべて くびれない
さやの色	緑色 黄色	すべて緑色
花のつき方	えき生 頂生	すべてえき生
茎の高さ	高い 低い	すべて高い

4

顕性（優性）の形質・・・
　　対立形質をもつ純系どうしをかけ合わ
　　せたとき、子に現れる形質

潜性（劣性）の形質・・・
　　対立形質をもつ純系どうしをかけ合わ
　　せたとき、子に現れない形質

3 メンデルの実験結果から顕性（優性）の法則を見いだす〈20分〉

子にはどちらかの形質しか現れていないよ

現れる形質は決まっているみたいだね

4 顕性（優性）の形質・潜性（劣性）の形質についてまとめる　〈10分〉

子に現れている形質を顕性の形質というよ

丸が顕性形質でしわが潜性形質ということだね

▶**対話的な学び**

・メンデルの交配実験の結果を提示し、遺伝の規則性を見いださせる。
・対立形質の遺伝子を両親から受け継いだ場合、どのような形質が現れるかに着目させる。
・対立形質のうち一方だけが発現し、混ざったり中間の形質になったりしないことに目を向けさせる。
・話し合い後に数グループに意見を発表させる。

・顕性（優性）の形質・潜性（劣性）の形質について説明をし、まとめを記入させる。
・顕性（優性）の法則についてもまとめる。
・**3**のエンドウの形質を使い、どちらが顕性形質でどちらが潜性形質なのかを確認させる。

第③時

遺伝の規則性②
分離の法則

(本時のねらい)

・親から子への形質の伝わり方を遺伝子で表して、現れてくる形質を考え、分離の法則について説明することができる。

(本時の評価)

・分離の法則について理解している。(知)
・遺伝現象についての特徴や規則性を見いだして表現している。思

(準備するもの)

付録

・ワークシート

課題

遺伝子の伝わり方から形質の現れ方を考えよう。

メンデルの実験

1

・顕性の形質（丸）の遺伝子→A

・潜性の形質（しわ）の遺伝子→a

(授業の流れ) ▷▷▷

1 形質が遺伝子により伝わっていることを確認する 〈10分〉

メンデルの実験で、丸としわを交配したら、子に丸しか出てこなかったのはなぜだろう

顕性の形質を現す遺伝子を A として考えてみよう

(振り返り)

・形質が遺伝子により伝わることを振り返る。
・顕性の形質を現す遺伝子を A、潜性の形質を現す遺伝子を a などの記号に置き換えて考えていくことを説明する。

2 減数分裂を振り返り、分離の法則を理解する 〈15分〉

生殖細胞ができるときに分かれて、それぞれ別の細胞に入るんだ

AA
↙ ↘
A   A
となるんだね

・親の代の対になっている遺伝子は、生殖細胞ができるときに、それぞれ分かれて別々の生殖細胞に入ることを、図を用いて説明する。これを分離の法則という。

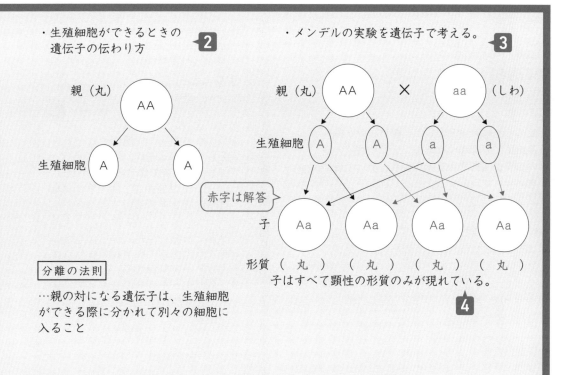

・生殖細胞ができるときの
遺伝子の伝わり方　**2**

・メンデルの実験を遺伝子で考える。　**3**

親（丸）　AA

生殖細胞　A　　A

親（丸）　AA　×　aa　（しわ）

生殖細胞　A　　A　　a　　a

赤字は解答

子　Aa　Aa　Aa　Aa

形質（　丸　）（　丸　）（　丸　）（　丸　）

子はすべて顕性の形質のみが現れている。

4

分離の法則

…親の対になる遺伝子は、生殖細胞
ができる際に分かれて別々の細胞に
入ること

3 メンデルの実験の結果を遺伝子
の伝わり方で考える　〈15分〉

A　a
↘　↙
Aa
となるのか

子はAaとなる
からどちらの遺
伝子ももってい
るんだね

関係付け

・図の空欄を埋めながら考えさせる。
・遺伝子の伝わり方と形質の現れ方を比較しながら
進めさせる。
・図を埋めた後、遺伝子の伝わり方について近くの
生徒と互いに説明し合い、理解を深めさせる。

4 遺伝子の伝わり方と形質の現れ
方の関係をまとめる　〈10分〉

遺伝子をもっ
ていても、形
質に現れない
こともあるん
だね

Aとaどちら
の遺伝子ももつ
場合、顕性形質
（A）の形質が
現れるというこ
とか

・子がA、aの遺伝子を両方もっているにもかかわら
ず、丸の顕性の形質となることに着目させる。中
間の形質にはなっていないことを確認させる。

第④時

遺伝の規則性③
形質の伝わり方

(本時のねらい)
・交配のモデル実験を通して、試行回数と得られる結果との関係性を考え、モデル実験の操作や結果が何を意味するかなど、遺伝の規則性を分析して解釈することができる。

(本時の評価)
・交配実験の結果に基づき、親の形質が子に伝わるときの規則性を見いだして理解している。知
・遺伝現象についての特徴や規則性を見いだして表現している。(思)

(準備するもの)
・プラカップ
・遺伝子のカード
・集計表

付録

課題

> モデル実験を行い、遺伝の規則性をみつけよう。

2

実験方法(2人で実験する)
1、1つのカップに遺伝子カードを入れる。(Aを5枚、aを5枚)これを2セット準備する。
(1セットは卵細胞、もう1セットは精細胞と考える)
2、一人一つカップを持ち、よく振り混ぜた後、それぞれカードを1枚とり出す。それぞれが取り出したカードを記録する。
3、取り出したカードをカップに戻し、2を50回繰り返す。
4、結果から、丸としわの形質がいくつ現れたかを集計する。

(授業の流れ) ▷▷▷

1 孫の代の形質の現れ方を考える 〈5分〉

> 子はすべて丸の形質が現れていたね。孫はどんな形質が現れるかな?

> すべて丸になると思います

> 子と同じになるんじゃないかな

・前時で純系の丸と純系のしわの形質の親を交配したとき、子にはすべて顕性の形質が現れ、丸になっていたことを振り返り、子を自家受粉させた際の孫の形質を考えさせる。

2 モデル実験を行う 〈15分〉

> 僕たちは丸が38回、しわが12回になった

実験

・遺伝子カードやモデル実験の操作が何を表しているか確認してから始める。
・モデル実験の試行回数が多い方が理想値に近付くため、最終的にはグループメンバーの実験値を合計したり、クラスの実験値を合計したりするとよい。

グループ	丸	しわ
1	38	12
2		
3		
4		
5		
6		
7		
8		
9		
10		
合計		

・実験の結果を遺伝子の伝わり方で考えよう。

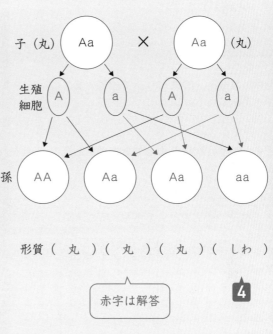

赤字は解答

4

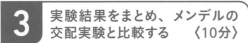

3 実験結果をまとめ、メンデルの
交配実験と比較する　〈10分〉

実験の結果から何が
いえるかな？

僕たちの実験も、メンデル
の実験と同じように顕性：
潜性がだいたい 3 ： 1 に
なっているね

〔関係付け〕

・実験結果から分かることを実験グループで話し合
い考えさせる。

・教科書や資料集のメンデルの実験結果を用いて、
自分たちの実験結果と比較させる。

4 実験結果を規則性をもたらす
仕組みとして捉えてまとめる〈20分〉

AA と Aa はどちらも
丸の形質だよね

遺伝子の伝わり方で考
えた結果も実験結果と
同じになったよ

・空欄を埋めながら、遺伝子の動きを考えさせる。

・遺伝子の伝わり方から考えた結果と実験結果が一
致していることに注目させ、規則性をもたらす仕
組みを見つけさせ、まとめる。

第⑤時

DNA の抽出実験

付録

課題 遺伝子の本体とはどのよ

DNA（デオキシリボ核酸）
二重らせん構造

ワトソンとクリックの写真を掲示する

（授業の流れ）▷▷▷

1 DNA について知っていることを発表する 〈5分〉

DNA について知っていることはあるかな？

DNA 鑑定というのを聞いたことがあります

・遺伝子は染色体にあり、遺伝子の本体は染色体に含まれる DNA（デオキシリボ核酸）であることを説明する。
・DNA 鑑定による犯罪捜査などが挙げられる。

2 DNA の研究の歴史や構造を知る 〈15分〉

DNA の構造が分かったのは思ったよりも後のことなんだね

（微視的）
・DNA の2重らせん構造がワトソンとクリックにより1953年に解明されたことやその背景などを簡単に説明し、構造に興味をもたせる。
・資料集や教科書などの図を参考にしながら、二重らせん構造について簡単に説明する。

うなものだろうか。

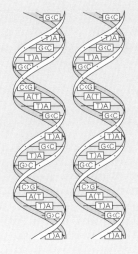

③

【実験方法】
1、ブロッコリーの花芽をミキサーで粉砕する。
2、1に塩化ナトリウム・水・中性洗剤を混ぜた
　ものを加え、そっとかき混ぜた後、3分置く。
3、2をガーゼでろ過する。
4、3に冷やしたエタノールを静かに加える。

---

3 DNA の抽出実験を行う〈25分〉

DNA を実際に見てみよう

白い糸のようなものが見えてきた！

実験
・ブロッコリーの花芽などを用いて DNA 抽出実験を
　行い、DNA を実際に見せる。
・ミキサーを用いて粉砕したものを配付し、食塩や
　界面活性剤を加えるところからスタートすると短
　時間で簡単に行うことができる。

4 感想を記入する 〈5分〉

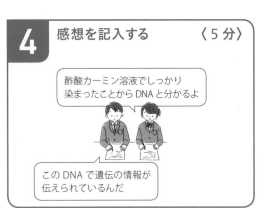

酢酸カーミン溶液でしっかり
染まったことから DNA と分かるよ

この DNA で遺伝の情報が
伝えられているんだ

・DNA によって遺伝情報が伝えられていることを再
　確認させる。

第⑥時

遺伝子を扱う技術

本時のねらい
・遺伝子を扱う技術の利用について主体的に調べ自らの考えをまとめることができる。
・自然環境に与える影響を認識し、生命を尊重する態度を身に付けることができる。

本時の評価
・探究の過程を振り返るなど科学的に探究している。（思）
・生命現象が精妙な仕組みに支えられ多様な生物の種類が生じてきたことに気付き、生命を尊重しようとしている。態

準備するもの
付録
・遺伝子を扱う技術について取り扱っている書籍や資料
・タブレットなど
・発表に用いる機器

課題

遺伝子を扱う技術を知り、その利用について考えよう。

○ 遺伝子を扱う技術
・遺伝子組み換え食品
・医薬品
・工業製品
・環境保全

○ 調べるポイント
・利用例
・メリット
・デメリット

○ 遺伝子を扱う技術の利用について、考えたことをまとめよう
・利用の是非
・技術を利用する際に気を付けるべき点

授業の流れ ▷▷▷

1 グループごとに調べるテーマを選択する　〈5分〉

遺伝子を扱った技術で知っているものはあるかな？

遺伝子組み換え植物というのを聞いたことがあります

2 1で選択したテーマについて調べる　〈25分〉

・生徒から遺伝子を扱った技術について知っているものはあるか問いかける。
・教師がテーマとなるキーワードを黒板などに提示し、生徒が選択できるようにする。
・テーマごとに大きな差が出ないようにグループ数を調整するとよい。

・選択したテーマについて、教科書や資料集・図書室の資料やインターネットなどを用いて調べさせる。
・調べるポイントを提示しておくと、生徒は短時間で調べやすくなる。
・調べた内容について、自分の意見をまとめさせる。注目すべき点についても触れておくとよい。

3

	遺伝子組み換え食品	医薬品	工業製品	環境保全
利用例				
メリット				
デメリット				
意見				

3 ❷で調べた内容について発表する 〈15分〉

遺伝子組み換え植物から作られた食品には納豆や豆腐、油などがありました

〔比較〕

・❷で調べた内容について各グループに発表させる。

・調べた資料の写真などをそのまま提示させてもよい。

・生徒が発表した内容を表にまとめていく。

・生徒が分担し他のグループに説明にいくなどの方法もある。

4 これまでの学習を振り返り、考えたことや感想を記入する 〈5分〉

思っていたよりも、遺伝子組み換え技術は身近なものだったね

家に帰ったら、食品のパッケージをみてみよう

振り返り

・これまでの学習を振り返りながら、考えたことや感想などを記入させる。

・科学技術が自然環境や社会に多大な影響を与えていることに注目させたい。

8 生物の種類の多様性と進化 （7時間扱い）

単元の目標

　現存の生物や化石の比較などを通して、現存の多様な生物は過去の生物が長い時間の経過の中で変化して生じてきたものであることを体のつくりと関連付けて理解させるとともに、生物の間のつながりを時間的に見ることを通して進化の概念を身に付けさせる。

評価規準

知識・技能	思考・判断・表現	主体的に学習に取り組む態度
生物の種類の多様性と進化に関する事物・現象の特徴に着目しながら、生物の種類の多様性と進化についての基本的な概念や原理・法則などを理解しているとともに、科学的に探究するために必要な観察、実験などに関する基本操作や記録などの基本的な技能を身に付けている。	生物の種類の多様性と進化について、観察、実験などを行い、その結果や資料を分析して解釈し、生物の種類の多様性と進化についての特徴や規則性を見いだして表現しているとともに、探究の過程を振り返るなど、科学的に探究している。	生物の種類の多様性と進化に関する事物・現象に進んで関わり、見通しをもったり振り返ったりするなど、科学的に探究しようとしている。

既習事項とのつながり

⑴中学校 1 年：「動物の体の共通点と相違点」で、脊椎動物を五つの仲間に分類できることについて学習している。

　なお、平成29年版学習指導要領では進化の学習が第 3 学年での生殖や遺伝の学習内容の後に移行した。さらに、高等学校「生物基礎」では最初の単元⑴生物と遺伝子㋐で「生物の多様性と共通性」が新規項目として導入され、中学校と高等学校との接続段階での系統性が図られている。

指導のポイント

　地球の長い歴史の中で連続性を保持しながら生命が受け継がれてきた結果、多様な生物が生じたとされている「進化」の概念を理解させたい。「生命」領域の「多様性と共通性」の視点と「地球」領域の「時間的・空間的」の視点を関連付けて総合的に捉えさせられる重要な単元である。

　進化を裏付ける化石標本や骨格標本は、科学系博物館に展示されている場合も多い。長期休業中や校外学習等を活用して実物の標本を観察させ本単元の学習活動に生かすこともできる。また、遺伝子の変化と進化とを関連付けた点が学習指導要領改訂のポイントとなっている。ミクロな視点（遺伝子）とマクロな視点（進化）の両面から生物の変遷を捉えさせ、生命を尊重し生物多様性を保全する重要性についての認識を深めさせたい。

⑴本単元で働かせる見方・考え方

　脊椎動物には、呼吸、体温調節、子の生まれ方などに段階的に「共通性」が見られることや、化石の「比較」についての考察などを通して、現存している生物は過去の生物が「連続性」の中で変化して生じてきたことに気付かせる。進化の証拠とされる事柄の例をあげ、相同器官の存在を生物間で「比較」することにより見いださせ、体のつくりと生息環境との間に「関係性」があることを考察させ

ることにより、生物がその環境で生きるために都合のよい特徴が見られることも気付かせたい。

(2)本単元における主体的・対話的で深い学び

地球カレンダーで生命誕生から現在までの生命の歴史について考える学習を導入として、生物の間のつながりを時間的に見ることを通して進化の概念について主体的に考えさせたい。

また、相同器官を比較から生物の変遷について考える学習については、教示的に指導するのではなく、対話的な学びを活性化させたい。そのためには、化石標本や生きている生物の関連資料、実物の骨格標本の観察等を通して、ある生物が変化して別の生物が生じたことを示す証拠の一つであることに生徒自らが気付けるような学習活動を展開する必要がある。

本単元は実験・観察が少ないことから、時として教え込み型の授業になりがちである。生物の多様性やその歴史の長さを生徒が実感を伴って認識させるためには、主体的な学習活動を促す教材の利用や学習資料の充実を図り、生物の変遷について深く考えられるような学習活動の工夫が必要であると考えられる。

指導計画（全7時間）

㋐ 生物の種類の多様性と進化（7時間）

時	主な学習活動	評価規準
1	◀対話的な学び ꞉時間的꞉ ꞉空間的꞉ 生命誕生から現在までの生命の歴史について、地質年代表から考える。	（思）（態）
2	◀対話的な学び 生物の変遷①植物の変遷	思
3	◀対話的な学び 生物の変遷②動物の変遷	思
4	◀対話的な学び ꞉比較꞉ 進化の証拠①セキツイ動物の骨格の比較と相同器官「脊椎動物の骨格の比較」から相同器官について考える。	知（思）
5	꞉比較꞉ 進化の証拠②化石と現存する生物の骨格の比較 「始祖鳥と現在の鳥の共通点と違い」を知り、生物の進化の証拠について考える。	知（思）
6	꞉関係付け꞉ 生物の体のつくりと環境への適応について考える。	思
7	振り返り ꞉共通性꞉꞉多様性꞉形質の変化と進化との関係について考える。	（知）態

第①時

地質年代表で見る生命の歴史

本時のねらい

・生命誕生から現在までの生命の歴史について考えることで、生命の連続性と進化の関係を探究することができる。

本時の評価

・生物の種類の多様性と進化について、地質時代表を基に分析し、ワークシートに記述している。（思）
・地質年代表を基に生物の種類の多様性と進化について科学的に探究しようとしている。（態）

準備するもの

・地質年代表
・ワークシート
・付せん

ワークシート　　　付録

年　　組　　番　氏名

課題「地球上の生物はどのように誕生したのか考えよう」

長い年月をかけて姿や形が伝わっていく過程で、どのような変化が起きたのだろうか。

	…先カンブリア時代	古生代	中生代	新生代〜
藻類植物	藻類の繁栄（水中）	シダ植物の繁栄	裸子植物の繁栄	被子植物の繁栄
動物	無脊椎動物の繁栄	魚類の繁栄 / 両生類の繁栄	は虫類の繁栄 哺乳類の出現 鳥類の出現	哺乳類の繁栄

1. 上の地質時代表を見て、生物の出現順や形質の変化について気づいたことを書き出そう。
　・無脊椎動物→魚類→両生類→は虫類→鳥類、哺乳類の順でからだのつくりが変化している。
　・コケ植物・シダ植物・裸子植物・被子植物など、仲間のふやし方が変化している。

　　※その他既習事項をもとに、生物の出現とからだのつくりやはたらきを関連させながら自由に意見を挙げさせる。

2. なぜ長い時間をかけて形質が変化していったのか予想し、自分の考えを書いてみよう。
　・仲間を増やす過程で、姿や形が少しずつ変化していったから。
　・世代交代を重ね、受け継がれる遺伝子が少しずつ変化したから。
　・環境に合わせたものが生き残ったから。

※評価欄を統一して入れる
※このワークシートは、既習事項がどのくらい定着しているか、既習事項をもとに、現時点でこの章の学習内容をどのようにとらえているか、個々の状況をみとるために活用するのもよい。

授業の流れ ▷▷▷

1　生命の連続性を地球の誕生から現在までの歴史で捉える〈10分〉

生命誕生から現在まで命が受け継がれる過程で、どんな変化があったのでしょうか？

最初の生命は海で誕生したって聞いたことがあるよ

でも、ヒトは海で生活してないよ？

時間的　空間的

・既習事項の確認をする。（形質、遺伝、地質年代）
・本時のねらいを確認し、親の形質が子や孫など次世代に伝えられる遺伝の規則性を地球の長い歴史で捉えた場合、どのように考えられるのかに着目させる。

2　グループで調べ学習をする〈20分〉

いつ頃、どのように変化があったのか、地質年代表から考えてみましょう

はじめは無脊椎動物ばっかりだね

古生代の終わりには両生類が誕生してるね

両生類のあとは虫類が誕生してる

対話的な学び

・小グループ（3〜4人程度）で地質年代表をもとに、いつ頃、どのような特徴をもつ生物が誕生しているのかを確認する。
・作業用の大きな地質年代表に、気付いたことは付せんで貼って確認する。

課題 | 地球上の生物はどのように誕生したのか考えよう。

長い年月をかけて姿や形が伝わっていく過程で、どのような変化が
起きたのだろうか。 **1**

	…先カンブリア時代	古生代		中生代	新生代～
藻類・植物	藻類の繁栄（水中）	コケ植物・シダ植物の繁栄		裸子植物の繁栄	被子植物の繁栄
動物	無脊椎動物の繁栄	魚類の繁栄	両生類の繁栄	は虫類の繁栄 哺乳類出現 鳥類出現	哺乳類の繁栄

≪気付いたこと≫
・無脊椎動物→魚類→両生類→は虫類→
　鳥類・哺乳類の順にからだのつくりが
　変化している。
・コケ植物・シダ植物→裸子植物→被子
　植物など、仲間のふやし方が変化して
　いる。
→世代交代を重ね、遺伝子が少しずつ変
　化した。

> 生徒の意見を
> 板書する

まとめ

◇進化…長い年月をかけて生物の形質が
　変化すること。「種の起源」で
　ダーウィン（英）が提唱。 **4**

---

3 なぜ生物の姿は変化していった
のか予想する 〈10分〉

> なぜ、長い時間をかけて形質は
> 変化していったのでしょうか？

> 水中から陸上に生息場所が変わっ
> ているから、環境に合わせる必要
> があったんじゃないかな？

> なぜ、はじめのうちは陸上に動
> 物がいなかったんだろうね？

・長い年月をかけて形質が変化していく要因を予想
　する。
・陸上植物の出現と、両生類、は虫類の出現の関連
　については、必要があれば教師が補足する。

4 生物の変遷についてまとめる 〈10分〉

> 長い年月をかけて多くの代を重
> ねる間に生物の形質が変化する
> ことを「進化」といいます。進
> 化の証拠について、植物、動物
> に分けて学習を深めていきま
> しょう

・進化の定義について説明する。
・生物は遺伝子が変化し、形質が変わることで、体
　のつくりや生活が変化して環境に適するように
　なったと考えられることを説明する。
・生物の変遷について、植物・動物のそれぞれにつ
　いて詳しく扱っていくことに触れる。

第②時

生物の変遷①
植物の変遷

（本時のねらい）

・植物の体のつくりの共通点と相違点に着目
　し、長い年月をかけて植物がどのように多様
　化したのかを、進化の視点で探究することが
　できる。

（本時の評価）

・植物の種類の多様性と進化について資料を分
　析し解釈している。思

（準備するもの）

・ワークシート

ワークシート　　　　　付録

　　　　　　　　　　年　　組　　番　氏名 _____

課題「地球上の植物はどのように誕生したのか考えよう」

進化の過程で、植物の体のつくりにどのような変化が起きたのだろうか。

	藻類	コケ植物	シダ植物	裸子植物	被子植物
生活場所	水中	湿った陸上	湿った陸上	陸上	陸上
維管束	なし	なし	あり	あり	あり
ふえ方	胞子	胞子	胞子	胞子	種子

※光合成をする生物として、植物には分類されないが、藻類の紹介もし、進化のつながり
　を補足する。

1. それぞれの植物はどのように進化しているのか書き出そう。
　　・コケ植物→シダ植物と出現していく過程で維管束のつくりができた。
　　・根・茎・葉の区別ができた。
　　・藻類→植物と出現する過程で、水中以外でも生息できるようになった。
　　・シダ植物→裸子植物→被子植物と出現する過程で、湿った場所以外にも広く生
　　　息できるようになった。
　　・仲間の殖え方が、胞子から種子へと進化していった。

2. どのような要因で進化していったのか予想し、話し合ったことを書こう。
　　・水分の少ない環境でも生息できるようにするため。様々な環境で生きられる
　　　ようにするため。
　　・様々な方法（風、生物など）によって種子を運び、仲間をふやすため。

　　評価のポイント
　　1. で挙げられた進化について考えられることを、自分なりに科学的根拠をもっ
　　　て説明しているか。（植物の多様性の要因）

※評価欄を統一して入れる

（授業の流れ）▷▷▷

1 植物の分類について復習する 〈10分〉

植物はどのような特徴をもとに
分類されていたでしょうか？

なかまの殖やし方や、根・茎・
葉のつくりに違いです

観察では、日陰や日な
たなどの生息場所にも
違いがありました

・既習事項の確認をする。
　（なかまの殖やし方、根・茎・葉のつくりの違い、
　維管束の有無など）
・本時のねらいを確認し、これまで学習した植物の
　分類から植物の進化に着目させる。
・植物には分類されないが、植物の祖先として考え
　られている藻類を紹介する。

2 それぞれの植物の進化について
書き出す 〈10分〉

コケ植物、シダ植物、裸子植物
と比較していくと、湿ったとこ
ろ以外での生息できるように
なっているな。つくりで変化し
ているところはどこだろう？

・植物の出現順で体のつくりを比較すると、段階的
　な変化が見られることに気付かせる。
・生活場所や殖え方などを比較して、変化している
　ところや気付いたところに色を付けさせるなど、
　言語化以外の手段で可視化する表現方法の工夫を
　させるとよい。

課題 | 地球上の植物はどのように誕生したのか考えよう。

進化の過程で、植物の体のつくりにどのような変化が
起きたのだろうか。

	藻類	コケ植物	シダ植物	裸子植物	被子植物
生活場所	水中	湿った陸上	湿った陸上	陸上	陸上
維管束	なし	なし	あり	あり	あり
ふえ方	胞子	胞子	胞子	種子	種子

1

≪気付いたこと≫ **2**
・コケ植物、シダ植物と出現していく過
　程で維管束のつくりができた。
→水分の取り入れ方が変化している。
・シダ植物、裸子植物と出現する過程で、
　湿った場所以外にも生息できるように
　なった。
3→様々な環境で植物が広く分布できるよ
　う変化した。

生徒の意見を板書する

※植物に分類されない藻類からコケ植物
　をへて、被子植物まで段階的に進化を
　している。 **4**

---

3 グループで調べ学習をする
〈10分〉

果実をつけること
で種子の運ばれ方
も変化するから…

湿ったとことから乾燥して
いるところでも生息できる
ようになっている

対話的な学び

・どのように進化していったのか予想し、話し合う。
・小グループ（3～4人程度）で植物の分類表から
　気付いたことを基に、どのように進化をしたのか
　を予想する。
・話し合ったことはワークシートに記入していく。

4 本時のまとめをする 〈10分〉

水中にいる藻類の仲間から、陸
上でも生活できる仲間が誕生
し、コケ植物、シダ植物と順に
出現していったのです

進化を重ねて、植物は陸上
のいろいろなところに広
がっていったのね！

・植物は水中から陸上に生息する植物が出現してお
　り、コケ植物、シダ植物、裸子植物、被子植物と
　段階的に変化し、陸上の生活に適したものになっ
　ていることを説明する。

第③時

生物の変遷②
動物の変遷

（本時のねらい）

・脊椎動物の体のつくりの共通点と相違点に着目し、長い年月をかけて脊椎動物がどのように多様化したのかを、進化の視点で探究することができる。

（本時の評価）

・脊椎動物のグループごとの特徴をまとめた資料を分析して解釈している。思

（準備するもの）

・ワークシート

ワークシート　　　　　　　　　付録

年　　組　　番　氏名

課題「脊椎動物はどのような進化をしたのか考えよう」

進化の過程で、脊椎動物の体のつくりにどのような変化が起きたのだろうか。

	魚類	両生類	は虫類	鳥類	哺乳類
呼吸方法	えら	えら・肺	肺	肺	肺
体温の保ち方	変温	変温	変温	恒温	恒温
子の産まれ方	卵生	卵生	卵生	卵生	胎生
体表	うろこ	湿った皮膚	かたいうろこ	羽毛	毛

1．魚類から哺乳類はどのように進化しているのか書き出そう。
・魚類→両生類→は虫類と出現していく過程で、呼吸のしかたが変化している。（エラ→肺）
・変温動物→恒温動物の順に出現している。
・恒温動物は体表が羽毛や毛で覆われるようになった。
・魚類→両生類→は虫類→鳥類と出現する過程で、卵の殻のつくりが変化している。

2．どのような要因で進化していったのか予想し、話し合ったことを書こう。
・生息環境（水中か陸上か、または幼体と成体で生息環境が変化するかなど）に合わせて呼吸方法が進化した。
・産卵場所の環境に合わせて卵の殻のつくりも進化した。
・羽毛や毛で覆われることで、恒温動物は体温を保ちやすくするため進化した。
・生息地域の寒暖に適応できるように進化した。
評価のポイント
1．で挙げられた進化について考えられることを、自分なりに科学的根拠をもって説明しているか。（脊椎動物の多様化の要因）

※評価欄を統一して入れる

（授業の流れ）▷▷▷

1　脊椎動物の分類を思い出し復習する　　〈10分〉

脊椎動物はどのような特徴を基に分類されていたでしょうか？

呼吸の仕方、体温の保ち方、子の産み方などです

・既習事項の確認をする。呼吸方法、体表、子の産み方（1年）、体温の保ち方（2年）など。
・これまで学習した脊椎動物の分類から動物の多様化や進化に目を向けさせ、本時のねらいを確認する。

2　魚類から哺乳類の進化について書き出す　　〈10分〉

魚類、両生類、は虫類と比較していくと呼吸の仕方が変化しているな……
他はどうだろう？

・脊椎動物の出現順に体のつくりを比較すると、段階的な変化が見られることに着目させる。
・呼吸方法や体温の保ち方などを比較して、変化しているところや気付いたところに色を付けさせるなど、言語化以外の手段で可視化するような表現方法を工夫させるとよい。

課題 脊椎動物はどのような進化をしたのか考えよう。

進化の過程で、脊椎動物の体のつくりにどのような変化が起きたのだろうか。

	魚類	両生類	は虫類	鳥類	哺乳類
呼吸方法	えら	えら・肺	肺	肺	肺
体温の保ち方	変温	変温	変温	恒温	恒温
子の産み方	卵生	卵生	卵生	卵生	胎生
体表	うろこ	湿った皮膚	かたいうろこ	羽毛	毛

1

2 ≪気付いたこと≫
・魚類、両生類、は虫類と出現していく過程で呼吸のしかたが変化している。
→生息環境に合わせて変化している。
・は虫類と比較し、鳥類・哺乳類は体表が羽毛や毛で覆われている。
→恒温動物なので体温が保ちやすい。
3→寒い環境でも広く分布できるようになる。

[生徒の意見を板書する]

※魚類から哺乳類まで環境に適応する形で段階的に進化をとげている。
4

---

3 グループで調べ学習をする 〈20分〉

恒温動物は羽毛や毛が生えているね

水中で生活していたものから陸上でも生活できるように呼吸の仕方が変化しているね

恒温動物の方が陸上の寒暖差に耐えられるから変化したのかな

▷ **対話的な学び**

・どのように進化していったのか予想し、話し合う。
・小グループ（3〜4人程度）で動物の分類表から気付いたことを基に、どのように進化したのかを予想する。
・話し合ったことはワークシートに記入していく。

---

4 まとめをして、次時に向けての課題を確認する 〈10分〉

魚類、両生類、は虫類、鳥類、哺乳類と段階的に変化していますね
同じ起源をもつのであれば、その証拠になりそうなものはあるのでしょうか？

何か共通点はあるのかな？何を比べよう？

・魚類から、両生類、は虫類、鳥類、哺乳類と段階的に変化し、水中の生活から陸上の生活に適したものになっていることを説明する。
・脊椎動物が同じ祖先を起源とする証拠を探すために、次回の授業では体のつくりを詳しく比較することに触れる。

第④時

進化の証拠① 脊椎動物の骨格の比較と相同器官

（本時のねらい）

・脊椎動物の骨格を比較し、同じ祖先から進化した証拠を見いだすことができる。

（本時の評価）

・生物にはその生息環境での生活に都合のよい特徴が見られることを理解している。知
・資料から進化の証拠を見いだして表現している。（思）

（準備するもの）

・ワークシート

年　　組　　番　氏名

課題「骨格を比較し、進化証拠を探そう」

脊椎動物の骨格にはどのような共通点・相違点が見られるだろうか。

カエル　カメ　ハト　イヌ　コウモリ　クジラ　ヒト

前あし　前あし　翼　前あし　翼　ひれ　うで

1．脊椎動物の前肢の骨格を比較し、共通点・相違点を探してみよう。
・どの動物も、ヒトの上腕・下腕・手にあたる部分の大きく分けて3つの構造になっている。
・カエル、コウモリ、ヒトは指の骨にあたる部分の数がほぼ同じになっている。
・クジラ、ハトなどは骨の形や本数がヒトと比較すると大きく異なる。

　　評価のポイント　多様化している部分（相違点）と、同じ祖先から進化していったと考えられる根拠（共通点）に気づき、それぞれについて特徴を挙げることができたか。

2．違いが生じた部分の要因を予想し、自分の考えを書こう。
・どの生物も同じような構造をしているため、もとは同じであったと考えられるが、生息する環境（水中、陸上）や用途（泳ぐ、歩く、飛ぶ、走る、つかむなど）に応じて使いやすいように変化していった。

　　評価のポイント
　相同器官の意味を理解し、進化の根拠（共通点）と進化の要因（相違点）を関連付けて説明できているか。

※評価欄を統一して入れる

（授業の流れ）▷▷▷

1 例示した脊椎動物の分類と生活場所を振り返る〈10分〉

ワニ、クジラ、コウモリ、ウマ、ハト、ヒトはどこで生活しているのでしょう？

クジラは海で生活する哺乳類です

コウモリとハトは飛んでいるから空……？

・前時で学習したことを確認する。
　→脊椎動物は魚類から哺乳類へと段階的に進化していっている。
・本時のねらいを確認し、は虫類から哺乳類や鳥類に進化した証拠を探すことを説明する。

2 脊椎動物の前肢を比較し、共通点・相違点を探す〈10分〉

ヒトの腕を基準にして他の生物と比較すると、同じ骨はどこかな？

コウモリとハトの翼は構造が違うんだな……

（比較）

・脊椎動物の前肢を比較し、どこの骨が何本あるか、骨の形はどうかなど、詳しく考えさせる。
・同じ部分だと考えられる部分に色を付けたり、ヒトの肘や手首にあたる部分を基準に線を引いて考えたりさせるとよい。

課題 骨格を比較し、進化の証拠を探そう。

脊椎動物の骨格にはどのような共通点・相違点が見られるだろうか。

カエル　カメ　ハト　イヌ　コウモリ　クジラ　ヒト

前あし　前あし　翼　前あし　翼　ひれ　うで

《気付いたこと》
・上腕・下腕・手にあたる構造になっている。 **2**
・カエル、コウモリ、ヒトは指の骨の数がほぼ同じ。
・クジラ、ハトなどは骨の形が異なる。

生徒の意見を板書する

まとめ

◇相同器官…見かけの形やはたらきは異なっていても、基本的なつくりが同じで、起源は同じであったと考えられる器官。

例）クジラ、コウモリ、ハト、ヒトは泳ぐ・飛ぶ・歩くなどのはたらきは異なるが、骨格の基本構造が同じである。

4

---

3 グループで調べ学習をする 〈20分〉

クジラは泳ぎやすいようにヒレになっている

イヌのあしは走るのに有利な形になったんだね

対話的な学び

・小グループ（3～4人程度）で、骨格のつくりが似ているが、どのように働きが違うのかを考える。
・話し合ったことはワークシートに記入していく。

4 相同器官についてまとめる 〈10分〉

脊椎動物の前肢は見かけの形や働きは変化していても、基本的なつくりが同じになっていて、起源は同じものだったと考えられます

骨格のつくりからも進化の様子って分かるんですね！

・相同器官についての説明をする。
・鳥類の翼と昆虫の翅は同じ"飛ぶ"という働きをもつが、同じ構造ではなく、同一の起源をもたないため相同器官とはいわないことを説明してもよい。

第⑤時

進化の証拠②　化石と現存する生物の骨格の比較

本時のねらい

・化石と現存する脊椎動物とを比較し、進化の過程を見いだすことができる。

本時の評価

・脊椎動物と始祖鳥の化石を比較し、進化の証拠を体のつくりと関連付けて理解している。　知

・進化の証拠とされる事例を資料から見いだして表現している。（思）

準備するもの

・ワークシート
・生物の骨格写真
・始祖鳥の写真

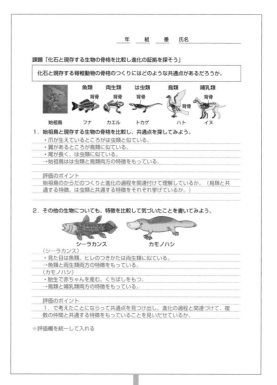

授業の流れ ▷▷▷

1　始祖鳥の写真を見て、現存するどの生物に似ているか考える〈10分〉

始祖鳥は現在生息が確認できる生物のうち、どの生物に似ているでしょうか？

羽毛のようなもので覆われていて鳥類に似ています

・始祖鳥の絵を見て、いつの時代に生息していたかを確認する。
・現存する生物のうち、どんな生物の特徴に似ているか確認する。

2　グループで調べ学習をする〈15分〉

翼は鳥に似ていたよね

口には歯があるから、似ている生物は……

鋭い爪が生えているよ

比較

・小グループ（3～4人程度）で、始祖鳥の化石と生物の骨格の写真を比較しながら共通点を探し、話し合わせる。

課題 化石と現存する生物の骨格を比較し進化の証拠を探そう。

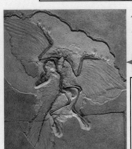

化石と現存する脊椎動物の骨格のつくりにはどのような共通点があるだろうか。 **1**

| 魚類 | 両生類 | は虫類 | 鳥類 | 哺乳類 |
| フナ | カエル | トカゲ | ハト | イヌ |

≪気付いたこと≫ **2**
・爪がはえている。→は虫類に似ている。
・翼がある。→鳥類に似ている。
※始祖鳥は、は虫類と鳥類の両方の特徴
　をもっている。

　生徒の意見を板書する

≪現存する他の生物の例≫ **3**

シーラカンス

カモノハシ

---

3 その他の生物についても考える 〈15分〉

カモノハシはくちばしがあって卵を産むから鳥類と哺乳類の間だね

シーラカンスは魚類に見えるけど、ヒレの付き方は足みたいだ

4 まとめをする 〈10分〉

化石や生きた化石と呼ばれる生物を詳しく調べていくと進化とはどういうことかが見えてきます

魚類、両生類、は虫類、鳥類、哺乳類の特徴に分類しきれない両方の特徴をもっているっておもしろいなぁ

・脊椎動物の分類では中間的な特徴をもつ生物について考えることで、段階的な進化の道筋と体のつくりを関連付ける。
・ヤツメウナギやヌタウナギの紹介をするのもよい。

・第①時で学習したダーウィンの「進化」の考え方に立ち返り、生物が進化し証拠についてまとめる。

第⑥時

生物の多様化と環境への適応

本時のねらい

・骨格を比較し、痕跡的に残る器官があることを見いだし、進化と関連付けて考えることができる。

本時の評価

・生物に痕跡的に残る器官から環境への適応について考え、表現している。思

準備するもの

・ワークシート

ワークシート 付録

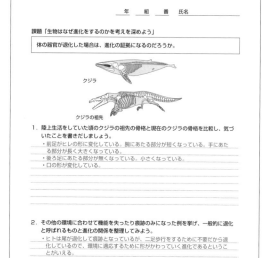

年　組　番　氏名

課題「生物はなぜ進化をするのかを考えを深めよう」

体の器官が退化した場合は、進化の証拠になるのだろうか。

クジラ

クジラの祖先

1. 陸上生活をしていた頃のクジラの祖先の骨格と現在のクジラの骨格を比較し、気づいたことを書きだしましょう。

・前足がヒレの形に変化している。腕にあたる部分が短くなっている。手にあたる部分が長く大きくなっている。
・後ろ足にあたる部分が無くなっている。小さくなっている。
・口の形が変化している。

2. その他の環境に合わせて機能を失ったり痕跡のみになった例を挙げ、一般的に退化と呼ばれるものと進化の関係を整理してみよう。

・ヒトは尾が退化して痕跡となっているが、二足歩行をするために不要だから退化しているので、環境に適応するために形がかわっていく進化であるということがいえる。

評価のポイント
環境に合わせて機能を失ったり、痕跡のみになった例を挙げ、退化した要因と結びつけて、退化も進化であるということが説明できているか。例はヒトの尾に限らなくてよい。

⊕評価欄を統一して入れる

授業の流れ ▷▷▷

1 相同器官で学習したことを復習し、進化とその要因を振り返る〈10分〉

生物はどのような理由で進化をしていきましたか

クジラは泳ぐ、コウモリは飛ぶなど、働きは異なっていても、同じ起源だった器官がありました

・生物は生活する環境に適応してきたことを確認する。
・本時のねらいを確認し、環境に適応して退化したものも進化の証拠になるのかという問いを投げかける。

2 痕跡的に残る器官から進化について考える〈10分〉

クジラは後ろあしがなくなっているのかな？

後ろあしがあったら泳ぐときにどうなるのでしょうね

関係付け

・クジラの骨格とクジラの祖先の骨格を比較し、痕跡が残る器官を探す。
・器官の名残があることからどのようなことが分かるのかを推察する。

課題 生物の体に残る器官からどのようなことがわかるのか、考えを深めよう。

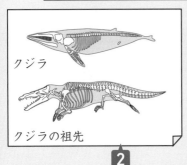
クジラ
クジラの祖先
2

体の器官が退化した場合は、進化の証拠になるのだろうか。

≪気づいたこと≫
・後ろあしにあたる部分がなくなっている。
→泳ぐために不要になった。
・前足の指の部分が長くなっている。
→泳ぐためのヒレになった。

生徒の意見を板書する

まとめ
相同器官の他に、痕跡的に残る器官も、生物が環境に
適応して進化した証拠と言える。
例)クジラの後肢、ヒトの尾など

---

3 グループで調べ学習をする 〈20分〉

ヒトにも他の哺乳類がもつ尾の名残があるんだね

二足歩行になって名残になったのだから、進化といえるのかな？

対話的な学び

・機能を失ったり器官の名残があったりする例から、退化も進化を示す道筋を知る手がかりとなることを見いだす。

---

4 進化と環境の関係をまとめる 〈10分〉

自然にも多様な環境があるということは、それに適応する形で多様な生物が生じることにつながりますね

器官の名残は進化の証拠といえるんだね！

・生物の進化は、生活環境と深いつながりがあり、多様な環境があることで多様な生物の進化につながることを説明する。

第⑦時

形質の変化と進化の関係

本時のねらい

・既習事項を基に形質の変化と進化の関係について整理し、理解することができる。

本時の評価

・形質が変化して進化することが生物の多様性をもたらすことを理解している。（知）
・生命現象が精妙な仕組みに支えられ多様な生物の種類が生じてきたことに気付き、生命を尊重しようとしている。態

準備するもの

・ワークシート

ワークシート

年　組　番　氏名

課題「形質の変化と進化の関係について考えよう」

ガラパゴス諸島周辺にすむフィンチのなかまは、種によってくちばしの形が異なっているのはなぜか。

オオガラパゴスフィンチ
（Ｂ）

ハシブトダーウィンフィンチ
（Ｃ）

ムシクイフィンチ
（Ａ）

1．親から子へ形質が遺伝することと進化がどのように結びつくか話し合ったことを書こう。
・有性生殖によって形質が遺伝していく過程で、環境に適応しやすい種が生じ進化につながった。
・親から子へと遺伝子が受け継がれる過程で、遺伝子が変化してそれが代を重ねることによって進化につながった。
・主に住みかとする環境やエサを変えることによって他の生物と住み分けをするため環境やエサに合わせて適応しやすい種がそれぞれに世代交代をしたので多様に進化した。

2．単元全体を振り返り、様々な特徴を持つ生物が出現し、多様化した現存する生物について自分が感じたことを書こう。

評価のポイント
長い年月を重ねて世代交代を重ねていくことによって少しずつ変化し環境に適応しながら様々な種が誕生したこと、生物が多様化するにはとてつもない年月が必要で、豊かな環境が必要であることについて生徒の考えが分かる内容になっているか。

※評価欄を統一して入れる

授業の流れ ▷▷▷

1 この単元で学習したことを踏まえて遺伝について振り返る 〈10分〉

有性生殖・無性生殖ではどのように親から子へ形質が受け継がれたでしょうか？

有性生殖の場合、親のもつ遺伝子をそれぞれ受け継ぐので、親とは違う形質の子が生まれました

無性生殖はクローンでした

振り返り

・遺伝についての既習事項を確認する。
・生物にとって有性生殖をする利点にはどのようなことが挙げられたかを思い出させる。

2 形質の変化と進化の関係を考える 〈15分〉

それぞれの親から形質を受け継ぐということは、より環境に適応できる子が誕生する？

その逆もありそうだけどね

そうしたら生き残れないんじゃない？

共通性　多様性

・小グループ（3〜4人程度）で、親から子に遺伝子が受け継がれる過程で異なる形質が生じ、それが多様な生物の進化につながることについて考えさせる。
・話し合ったことはワークシートに記入する。

課題 形質の変化と進化の関係について考えよう。

ガラパゴス諸島周辺にすむフィンチのなかまは、種によってくちばしの形が異なっているのはなぜか。

3

オオガラパゴスフィンチ
（ B ）

ハシブトダーウィンフィンチ
（ C ）

ムシクイフィンチ
（ A ）

≪主な食べ物≫
A小型の昆虫・花
　の蜜
B大きく硬い種子
C木の芽

生徒の意見を板書する

まとめ 4

・遺伝子に変化が起きて形質が変化することがある。
・受け継がれた形質が多くの代を重ねる間に変化して、食べるものを変え、すみ分けして、多様な環境に適応した進化が生じた
・形質が遺伝する過程で，環境に適応した種が生じ、生物の多様性をもたらした。

---

3 くちばしを比較し、生きるために有利な形質を考える 〈10分〉

エサを食べるのに有利な形質は何でしょう？

木の中にいる昆虫を食べるなら、くちばしは細い方がいいなぁ

4 単元全体のまとめをする 〈15分〉

これまで学習したことをふまえて、様々な特徴をもつ生物が出現したことについて分かったことや感じたことをまとめましょう

遺伝の中で形質が少しずつ変化して……進化して多様な生物が生まれるのって時間がかかるんだなぁ

・ダーウィンの見つけた進化の証拠を基に、環境に適した形質の違いがあることを見いだして考える。
・地面の草を食べるドーム型の甲羅のカメと、高いところにあるサボテンを食べるクラ型の甲羅のカメの2つの比較で考えさせてもよい。
・フィンチの名前を隠し、何を食べるフィンチがいるかを提示し、どのくちばしの形だとエサを食べやすいかを考えて選択させる。

・自然選択について説明し、遺伝子レベルの多様化がその後環境に適応していくことで種の多様化・進化につながることを解説する。遺伝子に変化が起きて形質が変化することがあることに触れる。
・単元全体を振り返り、学習したことから遺伝や進化がもたらす生物の多様性について考えたことを書かせる。

地球と宇宙

　本単元では、広大な宇宙の広がりや太陽や恒星の見かけの動き、月や惑星の満ち欠けなどの現象に対して、時間的・空間的な見方や、多くの現象を関連付ける考え方などを働かせて、思考力・判断力・表現力を育成することがねらいである。

　月や惑星の運動を３次元的に捉えることは、中学校３年生にはハードルが高い。まずは、実際に観測を行わせることで興味・関心を高めて、課題の発見・仮説の設定を行い、モデル実験などで解決していく流れを丁寧に行うことが、指導する上で大切である。

（ア）　天体の動きと地球の自転・公転　全９時間
㋐日周運動と自転　５時間

次	時	主な学習活動	学習過程、見方・考え方、評価など
	0	継続観察「星座や天体の観察」	
1	1	観察「透明半球を用いた太陽の動き」	空間的　記録 態
	2	太陽の日周運動の観察結果をまとめる	記録 思
	3	実験「太陽の日周運動のモデル実験」	時間的　空間的　記録 思
2	4	観察「星座や恒星の日周運動」	記録 思
	5	実験「星座や恒星の日周運動のモデル実験」	規則性　記録 思

⑦年周運動と公転　4時間

次	時	主な学習活動	学習過程、見方・考え方、評価など
1	6	星座や恒星の年周運動をまとめる	記録 知
	7	実験 「地球の公転のモデル実験」	時間的　空間的　記録 思
2	8	観察 「太陽の高度と温度の関係」	記録 知
	9	実験 「地球の公転と地軸の傾き」	記録 思

（イ）　太陽系と恒星　全11時間

⑦太陽の様子　2時間

次	時	主な学習活動	学習過程、見方・考え方、評価など
1	1	観察 「太陽の表面の様子を調べる」	記録 知
	2	太陽の特徴をまとめる	関係付け　記録 知

⑦惑星と恒星　4時間

次	時	主な学習活動	学習過程、見方・考え方、評価など
1	3	太陽系の惑星の特徴をまとめる	比較　記録 知
	4	太陽系の小天体の特徴をまとめる	
	5	太陽系のモデルを作成する	空間的　記録 思
2	6	恒星と銀河の特徴をまとめる	空間的

⑦月や金星の運動と見え方　5時間

次	時	主な学習活動	学習過程、見方・考え方、評価など
	0	継続観察 「月や金星の継続観察」	記録 態
1	7	月の位置と満ち欠けの決まりを考える	仮説の設定
	8	実験 「月の見え方のモデル実験」	時間的　空間的　記録 思
	9	月食や日食がおこる仕組みを考える	記録 知
2	10	金星の見え方の決まりを考える	仮説の設定
	11	実験 「金星の見え方のモデル実験」	時間的　空間的　記録 思

9 天体の動きと地球の自転・公転　9時間扱い

単元の目標

　太陽や星座の日周運動の観察を行い、天体の日周運動が地球の自転による相対運動であることを理解させる。また、季節ごとの星座の位置の変化や太陽の南中高度の変化を調べ、それらの観察記録を、地球が公転していることや地軸が傾いていることと関連付けて理解させるとともに、天体の動きを観察する技能を身に付けさせる。

評価規準

知識・技能	思考・判断・表現	主体的に学習に取り組む態度
身近な天体とその運動に関する特徴に着目しながら、日周運動と自転、年周運動と公転についての基本的な概念や原理・法則などを理解しているとともに、科学的に探究するために必要な観察、実験などに関する基本操作や記録などの基本的な技能を身に付けている。	天体の動きと地球の自転・公転について、天体の観察、実験などを行い、その結果や資料を分析して解釈し、天体の動きと地球の自転・公転についての特徴や規則性を見いだして表現しているとともに、探究の過程を振り返るなど、科学的に探究している。	天体の動きと地球の自転・公転に関する事物・現象に進んで関わり、見通しをもったり振り返ったりするなど、科学的に探究しようとしている。

既習事項とのつながり

⑴小学校3年：「太陽と地面の様子」では、日陰の位置が太陽の位置によって変わることを学習している。

⑵小学校4年：「月と星」では、月や星が時刻の経過に伴って位置を変えることを学習している。

⑶小学校6年：「月と太陽」では、月の位置や形と太陽の位置との関係について、地球上に視点を置いて学習している。

指導のポイント

　本単元では、地球の自転と公転に関する基本的な概念や原理・法則についての理解を深める。そのために、科学的な探究に必要な太陽や星座の日周運動の観察についての技能を身に付けさせる。また、季節ごとの星座の位置の変化や太陽の南中高度の変化についての継続的な観察に必要な技能も身に付けさせる。これらの観察結果を基に、太陽や星座の日周運動や年周運動を地球の自転や公転と関係付けて、探究的に理解を深めさせる。また、上記の学習活動を通して、地球（観察者）からの視点と宇宙から俯瞰した視点を移動させて捉えることができるようにすることが重要である。

⑴**本単元で働かせる見方・考え方**

　身近な天体の観察、実験などを、見通しをもって行い、その観察記録や資料などを基に、視点の移動などにおいて「時間的」「空間的」な見方や、互いに「関係付け」る考え方を働かせ、太陽の日周運動や星座の年周運動を地球の自転や公転と関連付けて理解させる。

⑵**本単元における主体的・対話的で深い学び**

　観察結果から課題を見いだす場面や仮説を設定し、その仮説を実証するためのモデル実験を計画する場面において、意図的に設定することができる。また、モデル実験を振り返り、その改善点を話し合ったり、モデル実験の結果を用いて観察された結果を説明させたりする授業においても設定することができる。

指導計画（全 9 時間）

⑦ **日周運動と自転（5 時間）**

時	主な学習活動	評価規準
0	継続観察 「星座や天体の観察」	（態）
1	空間的 観察 「透明半球を用いた太陽の動き」	（知）態
2	太陽の日周運動の観察結果をまとめる	（知）思
3	時間的 空間的 実験 「太陽の日周運動のモデル実験」	思
4	観察 「星座や恒星の日周運動」	思
5	規則性 実験 「星座や恒星の日周運動のモデル実験」	思（思）

⑦ **年周運動と公転（4 時間）**

時	主な学習活動	評価規準
6	星座や恒星の年周運動をまとめる	知
7	時間的 空間的 実験 「地球の公転のモデル実験」	思（思）
8	観察 「太陽の高度と温度の関係」	知（思）
9	実験 「地球の公転と地軸の傾き」	（知）思

第 ⓪ 時

星座や天体の観察

本時のねらい

・星座の観察や太陽の運動に興味をもち、継続して観察を行うことができる。

本時の評価

・天体の動きについて、進んで観察や記録を行い、他者と関わりながら科学的に探究しようとしている。(態)

準備するもの

・天体観察用のアプリがインストールされたスマートフォン、タブレットなど

ワークシート　　　　付録

保護者の皆さまへ

中3理科担当

星空の観察、ご協力のお願い

　平素、本校の教育活動にご理解・ご協力いただきありがとうございます。中学3年生では、天体分野の学習を行います。その中で、星座や惑星の観察などを行うこともあります。早朝や夜間の観察に関する宿題が出されることもありますので、ご理解、ご協力いただければ幸いです。宿題として星空の観察を行う場合は、別途ご連絡差し上げます。
　以下には、今年観察できる天体現象や観察に適したスマートフォンアプリを紹介いたします。

★今年度観察できる天体現象一覧★
流星群　　　月　　　日

★観察に適したスマートフォンアプリ★
※アプリ内で広告が表示されることもありますので、無理にダウンロードする必要はありません。
Android：
iPhone：

授業の流れ ▷▷▷

1 天体の見え方の変化について、意識する

太陽の高度や星座の見え方は、どのように変化していくかな？

季節によって、夜に見える星座は違いました

・太陽の高度や星座の見え方だけでなく、惑星がいつ頃どの方角に見えるかといった情報や、日食・月食などの情報があれば、触れるとよい。国際宇宙ステーションの位置を教えてくれるアプリを紹介するなどして、生徒の宇宙への興味・関心を高めることが大切である。

2 高度の簡単な測定方法を知る

水平面から拳が9個分で天頂だから、拳一つで10度くらいだ

・簡単な測定方法を知っておくと、気付いたときに観測ができる。このほかにも、指を使って角度をはかる方法などもある。状況に応じて使い分け、その場で練習させてもよい。
・教師側から、「今日は●時くらいに、〇〇の方角、〇〇度くらいの高さに金星が見えるよ」といった声かけをすると、観察への動機付けとなる。

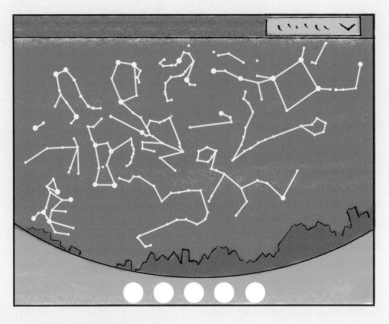

昼間の星座観察会（昼休み or 放課後）
スマートフォンのアプリを使って空にかざしてみよう。
もし星が見えたらどんな星座が見えるか記録しよう。

3 観測がしやすくなるアプリやサイトを実際に使ってみる

これならどの星座が
どこにあるか分かるね

4 観察できる天体現象の一覧を把握する

今晩は満月だよ

継続観察

・スマホなどのアプリには、カメラを向けることで、その方角に見える星座や恒星を表示してくれるものや、太陽の軌跡を示してくれるものもある。説明が煩雑な場合もあるので、授業などで、実演しておくと、生徒が操作する際のハードルが下がる。

・単元が始まる前に、その年度に観察できる天体現象の一覧を日時付きで紹介しておく。可能であれば、保護者向けプリントなどを配付して保護者にも働きかけると観測が継続しやすい。

・見える日だけでなく、時間や方位、高度なども伝えておくとよい。観測の情報は天文雑誌などにまとめられている。

第①時

透明半球を用いた太陽の動き

課題

太陽の1日の動きを記録しよう。

どうやって太陽の動きを記録するか？
→透明半球を使用すれば、
　1日の動きを記録できる。

予想　東から西へ太陽が動く。
　　　南で最も太陽の位置が高くなる。

（授業の流れ）▷▷▷

1 太陽の動きについて知っていることを発表する 〈5分〉

太陽の動く速さはどうですか？
まっすぐ動きますか？

太陽は東から西へ動きます

・小学校で太陽は東から西へ動くことを学んでいる
　が、太陽の速さが一定であることは学んでいない。

・太陽の軌跡はタブレットの AR アプリで予想させて
　もよい。

・透明半球は生徒から出てこないので、こちらから
　提示する。

2 透明半球の考え方を説明する 〈20分〉

これが太陽です

（空間的）

・タブレットのインカメラ部分に透明半球をのせる。

・ミニライトが太陽、カメラの部分に観測者がいる
　ことを説明する。

・カメラの中央が天頂にあたることを説明する。

・太陽の軌跡を予想し、ライトを動かしながら班員
　に予想を説明する。

透明半球を使った観測

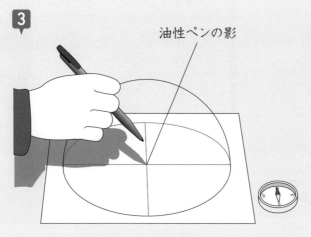

3

油性ペンの影

中心に観測者がいると考える。
→ペンの影を中心に合わせる。

4

観察計画
観察する場所：校庭
観察する日：●月●日
分担
・朝の会の前
・１時間目後の休み時間
・２時間目後の休み時間
・３時間目後の休み時間
・昼休み
・５時間目後の休み時間
・放課後

---

3 透明半球を使った記録方法について練習する 〈20分〉

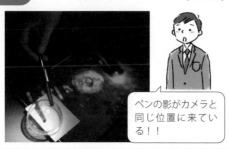

ペンの影がカメラと同じ位置に来ている！！

・インカメラに映るライトの位置に、ペンを当ててみる。
・紙に穴あけパンチで穴を空けて、インカメラに乗せると、ペンの影がカメラと一致することが分かる。
・タブレットで練習した後、十字を引いた紙の上で練習させる。

4 観察計画を立てる 〈5分〉

観測する場所は１日中日が当たる場所がいいね

私は朝練があるから、早い時間に観測できるよ

観察

・アプリの中には太陽の軌跡を予測できるものもあるので、適宜使用させる。方位磁針と学校の地図を用意し、なるべく長い時間太陽が見えそうな場所を探すことも、太陽の動きを予想する学習につながる。
・雨天時の予備日も指定しておく。
・観測の実施に関しては、他の先生の了承を必ず取っておく。

第②時

太陽の日周運動の観察の まとめ

本時のねらい

・透明半球の観測結果に基づいて、太陽の1日の動きの特徴を理解し、適切な用語を使って説明することができる。

本時の評価

・太陽の日周運動の観察記録をまとめて、観察結果の振り返りを行っている。（知）
・太陽の観察結果を分析し、太陽の運動と見え方についての特徴や規則性を見いだして表現している。思

準備するもの

・透明半球（記録済みのもの）

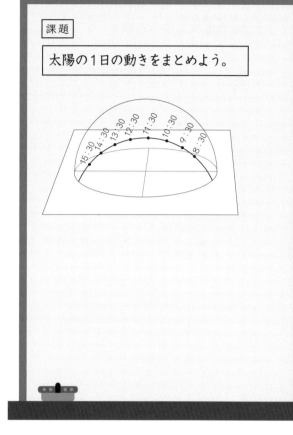

課題

太陽の1日の動きをまとめよう。

授業の流れ ▷▷▷

1	観察結果を班で共有し、 記録の整理を行う 〈15分〉

私の透明半球は太陽の軌跡がずれてしまったよ

観測したときに、床が水平じゃなかったかもしれない

・観察ができなかったときのために、正しく観測できた場合の透明半球も用意しておく。
・透明半球の観察結果を整理させる。測定忘れなどでデータの欠損などがある場合や、時刻の記載漏れなどを修正させる。
・生徒によって観測結果がばらつくこともあるので、ばらつきの原因について考察させる。

2	観察結果からの気付きを まとめる 〈10分〉

等間隔に観測点が並んでいるから、太陽は同じ速さで空を移動しているね

円を描いているみたいだ

・太陽の移動速度や、軌跡が弧を描いていることなどは、こちらから聞いてもよい。
・結果をまとめて、文章や図などで表現する。
・NHKの番組などを利用して太陽の動きを確認し、今回の観察結果と実際の現象の対応を見いださせる。

太陽の1日の動き

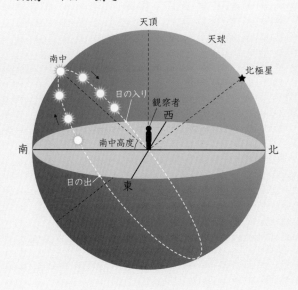

2

観察結果
・正午ごろ、南で太陽の高度
　がもっとも高くなった。
・太陽の移動する速さは1日
　の間でほとんど変わらな
　かった。

4

予想
→太陽の動きは、地球の自転
で説明できるのではないか？

---

3 観察の記録を基にして、太陽の
軌跡の延長を書かせる〈15分〉

太陽の軌跡の延長と、
画用紙の交わる点は、
どの方位になるかな？

太陽は東から
のぼってくるよ

4 観察結果について考察する
〈10分〉

太陽の日周運動はなぜ
起こるのかな？

太陽が動くのではなく、
自転が関係していると
聞いたことがあります

・透明半球を重ねて、太陽の軌跡をさらに延長する
　とどのような軌道になるのかを予想させてもよい。
・タブレットのアプリには、太陽の軌跡を表示でき
　るものもあるので、それらのアプリを使用して、
　延長を予測させてもよい。
・他にも、太陽が沈んだ後の軌跡や動く速さの変化
　などを考察させることも考えられる。

・自転という言葉を生徒は聞いたことがあるかもし
　れないが、自転と太陽の動きを結び付けて説明す
　ることは学習していない。
・今回の予想を基にして、次回の授業に進む。

第③時

太陽の日周運動のモデル実験

本時のねらい
・観測者（地球）からの視点を移動させて、太陽の日周運動と地球の自転を関連付けて捉えることができる。

本時の評価
・太陽の日周運動の観察の結果を分析して解釈し、太陽の日周運動を地球の自転と関係付けて表現している。思

準備するもの
・宇宙から観測した地球の画像
・光源
・ピン
・発泡スチロール球（ボール、地球儀でも可）
・小型の透明半球
・竹ひご
・画用紙

ワークシート　　　付録

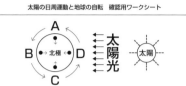

年　組　番　氏名

太陽の日周運動と地球の自転　確認用ワークシート

A　B　北極　D　C　太陽光　太陽

【確認1】
上の図のA〜Dで、北はどの方向か、矢印を書き込もう。

【確認2】
上の図で、朝、昼、夕方、夜になっている地点はA〜Dの地点に観測者が立った時の太陽の見える方位とおおよその時刻を以下からそれぞれ選びなさい。
太陽が見える方位：①北　②東　③西　④南　⑤見えない
おおよその時刻：①明け方　②昼　③夕方　④夜

	A地点	B地点	C地点	D地点
太陽が見える方位	3	5	2	4
おおよその時刻	3	4	1	2

【確認3】
上の図のように地球が見えているとき、地球はどちらの方向に自転するか。図に書き込もう。

授業の流れ ▷▷▷

1 教室での方位と宇宙から地球を見たときの方位を関係付けて捉える〈10分〉

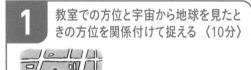

北はどの向きかな？

・宇宙から見た地球の画像は、PC版のGoogle mapで表示できる。
・教室で方位を確認し、地図上で方位を確認した後、徐々にズームアウトしていくと、普段の生活と方位が結び付きやすい。

2 宇宙から見た地球の写真を観察し、時刻との関係を見いだす〈10分〉

太陽の光が当たって明るいところは昼だ

昼と夜の境目は明け方？夕方？

・地球を様々な方向から見た写真を見せて、昼→夜→明け方→夕方になっている地域の順に確認する。それぞれの地域でも方位を確認する。
・Google mapで様々な方向の地球を観察できる。

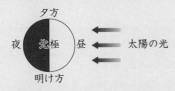

課題

太陽の日周運動を地球の自転と関係づけよう。

○北極側から地球を見たとき

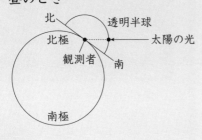

○透明半球の観測結果と関係づけよう
　昼のとき

○地球の自転と太陽の見え方の変化 **3**

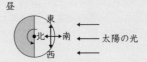

東の空に太陽が見える。

南の空に太陽が見える。

西の空に太陽が見える。

---

3 自転の向きを予想し、検証する 〈10分〉

どちらの向きに自転すると、日本が
明け方→昼→夕方となるかな？

実験 （ 時間的 ） （ 空間的 ）

・光源が太陽、発泡スチロールが地球モデル、竹ひ
ごが自転軸、方位を書いた画用紙が地平線、ピン
が日本にいる観測者だと説明する。

・地球モデルを回転させながら、明け方、昼、夕方、
夜のときに太陽が見える方位を確認する。

・時間的・空間的な見方を働かせるように促す。

---

4 透明半球での観察と関連付ける 〈20分〉

透明半球を地球儀に置いて
見ると、太陽の見える方位
が記録と一致するね

お昼頃の太陽は高度が高
かったから、このモデル
でも再現してみよう！！

（ 規則性 ）

・地球モデルを昼の状態にして、生徒が観測した透
明半球の置き方や観測結果とモデルの関係を話し
合い、記録させる。

・余った透明半球があれば、透明半球を地球モデル
に固定し、教室を暗くして実際にプロットする。
地軸の傾きに注意する。NHK for school の動画も
利用できる。

・確認用ワークシートに記入させる。

第④時

星座や恒星の日周運動

付録

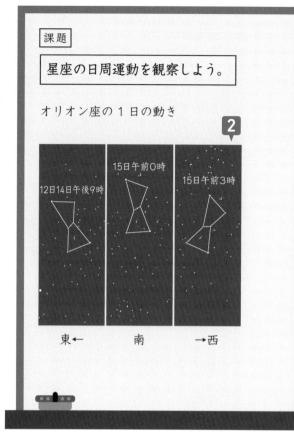

課題

星座の日周運動を観察しよう。

オリオン座の1日の動き

2

12日14日午後9時

15日午前0時

15日午前3時

東← 　南　 →西

(授業の流れ) ▷▷▷

1 タブレットを使って、昼間の星空を観察する 〈10分〉

オリオン座はどの位置にあるだろう

観察

・昼間の星座や、地平線の下にある星座もアプリを使うことで観察することができる。
・昼間は太陽が明るいだけで、空に星があることを説明しておく。
・教師側で、夜空で見られる星座を把握し、探すように指示するとよい。

2 オリオン座の観察をして、特徴をまとめる 〈10分〉

オリオン座の傾きも変わるんだね

・授業を実施する季節により、対象となる星座は変える。
・その場で星空を観察することは難しいので、NHK for School などの動画を参照させながら、特徴をつかませる。

カシオペア座の1日の動き（北の空）

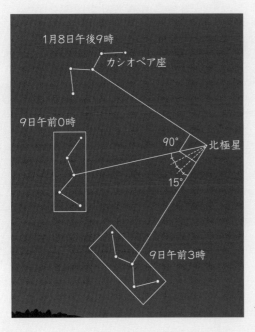

観察結果
北の空：北極星を中心として反時計
　　　　方向に回転する。
南の空：東から西へ移動する。
東の空：南の空へのぼっていく。
西の空：南の空から沈んでくる。

→空全体で同じ方向へ回転している。

---

3 傘で南の空の星座の動きを
　　再現する　　　　　　〈10分〉

机が地平線と同じだね

4 北天に関しても同様に
　　動きを観測する　　　〈20分〉

・机を地平線に見立てるなどして、星座が東の空か
　ら登って西へ沈む様子を再現する。南の空を見て
　いることが分かるように、黒板に方角を書いても
　よい。
・傘を用いて、南の空では回転の中心が地平線より
　も下にあることを意識させる。

・北極星が回転の中心となっていることに気付かせ
　る。
・北天と南天の傘をつなぎ合わせて回転させ、天球
　が全体として同じ方向に回転していることを理解
　させる。

第⑤時

星座や恒星の日周運動の
モデル実験

本時のねらい

・モデル実験を通して、星座の日周運動と地球の自転を関連付けて理解することができる。

本時の評価

・星座の観察結果や資料を分析して解釈し、天体の運動と見え方についての特徴や規則性を見いだし、自転との関係についてノートやプリントに文章や絵などで表現している。思
・ここまでの探究の過程を振り返っている。
(思)

準備するもの

・地球儀・電球
・オリオン座を印刷したプリント
・タブレット

付録

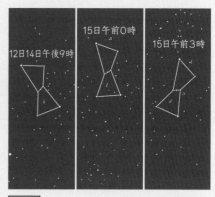

課題

星座の日周運動を説明しよう。

オリオン座の動き
　東から登って南の空を通り、
　西に沈んだ

12日14日午後9時　15日午前0時　15日午前3時

予想　太陽の日周運動と同じ動き方なので、自転が関係しているのではないか？

1

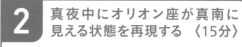

授業の流れ ▷▷▷

1 太陽の日周運動を参考にして、星座の日周運動の原因を予想する　〈10分〉

太陽の日周運動は、地球の自転が原因だったから、星座の動きも自転が関係していそうです

2 真夜中にオリオン座が真南に見える状態を再現する　〈15分〉

地球を挟んで太陽と星座が反対側にあるね

・太陽の自転について思い出せるように、実験の時に使ったモデルをもう一度提示してもよい。
・前時に行った傘による天球の動きをもう一度見せ、天球全体で同じ方向に回転していることを確認するとよい。

・教室後方に電球、地球儀、黒板にオリオン座をセットする。
・方位については再度確認する。混乱しやすい。
・太陽の日周運動で使用した地球儀や、方位のモデルをここでも使用する。
・タブレットをインカメラモードにして、地球儀に載せながら動かし、太陽やオリオン座の動きを観察することも考えられる。

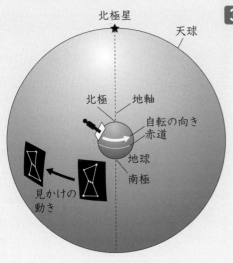

3 太陽の日周運動
→地球が自転することにより、太陽が見かけ上東から西へ動くように見える。

オリオン座の日周運動
→地球が自転することにより、オリオン座が見かけ上、東から西へ動くように見える。

4 天体は地球の自転にともない、日周運動をする。

---

3 星座の動きについて、地球の自転を再現しながら確かめる 〈10分〉

自分が回っているのに、星座が動いているように見える！！

（実験）
・地球儀上の人形と生徒が向く方向を揃え、地球上でどちらの方向を向いているかイメージさせながら自転を再現させる。
・時間があれば、天井にカシオペア座と北極星を印刷したプリントを貼り付け、北天の動きに関しても取り扱う。
・タブレットなどを使って動きを録画させ、動きを把握してもよい。

4 太陽や星座の日周運動の規則性を表現する 〈15分〉

地球の自転が太陽や星座の日周運動の原因になっています

（規則性）
・モデル実験を用いながら、太陽と星座の日周運動を文章や図などで表現させる。観察記録と関係付けるように促す。
・北天の動きに関しても、時間があれば取り扱う。北極星を中心に回転していることに注目させる。

第 ⑥ 時

星座や恒星の年周運動

（本時のねらい）
・星座や恒星の観察から、星座や恒星は年周運動をしていることに気付くことができる。

（本時の評価）
・星座や恒星の観察を行い、その結果や資料を分析して解釈し、星座や恒星の年周運動と関連付けて理解している。知

（準備するもの）
・天体シミュレーションソフトやサイト
・タブレット

課題

星座の見え方は季節によってどのように変わるだろうか。

冬に見える星座や星 **2**
・オリオン座
・カシオペア座
・北極星
・北斗七星

最初は南天に見える星座（ここではオリオン座）を取り扱った方が分かりやすい

（授業の流れ）▷▷▷

1 星座や星の画像を観察し、知っている星座をリストアップする〈15分〉

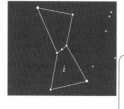

オリオン座を小学生のときに観察しました

・様々なサイトやアプリで星空を再現できる。特別なソフトのダウンロードが不要なものもある。
・アプリを用意できない場合は、NHK などの動画を利用することも考えられる。

2 リストアップした星座が見える季節を分類する〈10分〉

自分の知っている星座はどの季節に観察できるかな？

オリオン座は冬にしか見えなかったです

・季節によって観察できる星座が異なることを生活体験などから見いだす。
・昼休みにタブレットを使った観察を継続しているなら、そこで得られた観察結果を使ってもよい。

オリオン座の年周運動

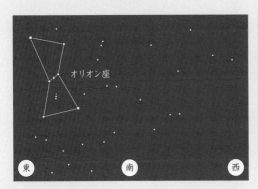 

観察結果

・同じ時刻で比べると、オリオン座は東から西へ動く。
・1年経つと同じ位置に見える。

---

3 星座の月ごとの移動を、資料などを使って観察する 〈10分〉

同じ時刻で比べると、星座は東から西へ位置が変化しているね

・定点観測ができない場合もあるので、その場合は天体シミュレーションソフトなどを利用する。
・対象とする星座は、その季節に代表的な星座を選ぶとよい。生徒が観察する動機付けになる。

4 星座の動きの規則性についてまとめる 〈15分〉

星座の角度も変わっていて、日周運動のように回転しているように見えるね

1年後の同じ時刻には、同じ位置で観察できるから、1か月で約30度回転しているね

・星座や恒星の日周運動とも関連付けさせるとよい。
・星座の移動は回転運動であることを実感させるためには、日周運動のときに使用した傘のモデルを利用してもう一度見せてもよい。
・時間があれば、北天についても取り扱う。

第⑦時

地球の公転のモデル実験

(本時のねらい)

・星座の年周運動の原因を、モデル実験により
　気付くことができる。

(本時の評価)

・天体のモデル実験などを行い、その結果や資
　料を分析して解釈し、天体の運動と見え方に
　ついての特徴や規則性を見いだして表現して
　いる。思

・天体のモデル実験の結果と自分の予想の違い
　を振り返っている。（思）

(準備するもの)

・12星座のコピー
　（A3用紙）
・電球
・地球儀

付録

課題

> 星座の年周運動の原因を理解
> しよう。

自分の誕生日の深夜12時、自分の
星座はどちらの方角に見えるか？

予想　**1**

・真南に見える。
・東の空に見える。
・見えない。

2

結果

・自分の星座は、誕生日の夜中12時
　には見えず、誕生日から約半年たっ
　た夜中12時、真南に見える。

(授業の流れ) ▷▷▷

1 自分の星座を確認し、星座が見える季節を予想する 〈5分〉

自分の星座は、どの季節に
観察できると思いますか？

自分が生まれた月には、
自分の星座が見られると
思います

2 自分の星座が深夜12時、真南に見える日を探す 〈20分〉

自分の誕生日には、自分
の星座が見えません

星座早見

・自分の星座という身近なところから課題を発見さ
　せる。自分の星座が分からない人は、知っている
　星座でもよい。自分の星座を実際に見たことのな
　い生徒も多いので、星座を見せてクイズ形式の導
　入を行って興味を引き付けるとよい。

・星座早見表はタブレットのアプリにもある。タブ
　レットでも実物でもどちらでもよい。

・星座早見表の読み取り方は複雑なので、実際の画
　像を見せながら説明する。

・はじめに自分の星座が真南になるように回転板を
　操作し、その後日時の読み取りを指導する。

星座が見えない理由 ③

→地球は太陽のまわりを公転しており、
誕生日のとき、自分の星座は太陽と
重なっている。

星座が1か月で動く角度 ④

→12か月で1回り（360°）するから、
　360° ÷ 12 ＝ 30°

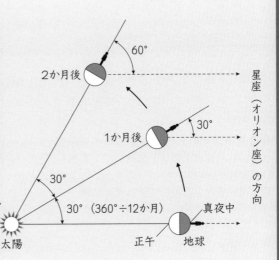

2か月後　60°

1か月後　30°

30°

30°（360°÷12か月）

真夜中

太陽　　　　正午　地球

星座（オリオン座）の方向

---

③ 地球儀を持って移動しながら、見える星座を確認する 〈15分〉

実験 〔時間的〕〔空間的〕

・生徒に、自分の星座を持って立たせる。自分の星座が見える月を覚えておく。
・地球儀を持つ生徒は、星座が夜中の12時、南に見える位置にきたら、およそ何月かを確認する。

④ 観測結果と関係付ける 〈10分〉

前回の観測結果は、今回のモデル実験だとどうやって説明できるかな？

見える方角がだんだんと変化していたことと関係していそうです

・前回の観察結果は、教員側で提示してもよい。
・星座が東から西へ見える位置が変化していく理由は、③の実験をしながら確認するとよい。
・同じ時刻で比べたときに星座が何度分移動しているのかは、把握するのが難しいので、板書するなどして丁寧に教えるようにする。

第⑧時

太陽の高度と温度の関係

本時のねらい

・南中高度と温度の関係を、実験を通して理解することができる。

本時の評価

・太陽の南中高度の変化と温度の関係を観察し、その観察記録を季節と関連付けて理解している。知
・太陽の南中高度と温度の関係に関するモデル実験などを行い、その結果や資料を分析して解釈し、南中高度と季節の関係を見いだして表現している。（思）

準備するもの

付録

・放射温度計・段ボールなどの台紙・タブレット
・LED ミニライト同じ地点での南中高度の季節による違いを表す写真

課題

太陽の高度と気温の関係を調べよう。

季節による南中高度の違い

| 夏至 | 秋分 | 冬至 |

掲示する

予想　南中高度が高いと、気温が高くなる。　**1**

授業の流れ ▷▷▷

1 資料を見て気付いたことをまとめる 〈10分〉

資料から分かることを発表しよう

夏の方が南中高度は高いよ

1日の中でも太陽の高度が変わるけど、関係あるのかな？

・南中高度（太陽高度）について理解が進んでいないようなら、南中高度の意味を適宜説明してから資料を見せる。透明半球などを使い、太陽の南中高度についてもう一度立体的に示すことも考えられる。
・季節ごとの太陽の日周運動を継続的に透明半球で記録していた場合は、ここで利用するとよい。

2 観察の見通しを立てる 〈10分〉

寝転がって上空を見ていると思ってください。タブレットに映るカメラの映像の中央が天頂になります

・タブレットのインカメラと LED ミニライトを使って、実験の概要を理解させる。
・人が寝転がって上空を見ていると考えた場合、タブレットが地表面になる。LED ミニライトを固定して、タブレット（地表面）の傾きで太陽の光度が変化することを実感させる。

結果 南中高度が高い方が、地表面の温度が高くなる。

南中高度と受光面が受け取る光の量の違い

ア　南中高度が
高いとき

受光面

イ　南中高度が
低いとき

受光面

4

3　観察し、記録を整理する　〈15分〉

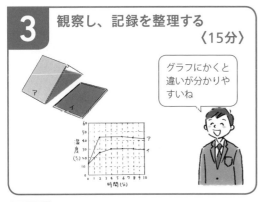

グラフにかくと
違いが分かりや
すいね

観察

・天気によっては実施できないこともあるので、そ
の場合は NHK for school を使用したり、太陽光の
代わりに白熱電球を使用することも考えられる。
・ED 電球は放射熱が少ないので、白熱電球の方がこ
の実験には適していることに注意する。

4　実験の振り返りをする　〈10分〉

夕方よりも昼の方が気
温が高くなることとも
関係ありそうだね

太陽の当たる角度が
違うと、光が当たる
量に違いがあるよ

・太陽高度の違いが、日射量の違いと対応すること
に気付かせる。生徒に図で表現させることなども
考えられる。
・水温がある温度で一定になるのは、太陽の日射に
よる熱の移動と、黒い板からの赤外放射がつり合
うためである。気付く生徒がいたら、放射冷却と
結び付けさせるとよい。

第⑨時

地球の公転と地軸の傾き

（本時のねらい）
・太陽の南中高度の変化を、宇宙から俯瞰した視点で理解することができる。

（本時の評価）
・太陽の南中高度の変化に関する観察記録を、地球の公転や地軸の傾きと関連付けて理解している。（知）
・太陽の南中高度のモデル実験などを行い、その結果や資料を分析して解釈し、天体の運動と見え方についての特徴や規則性を見いだして表現している。思

（準備するもの）
付録
・大きめのボール
・タブレット
・LED ミニライト
・発泡スチロール球
・ピン

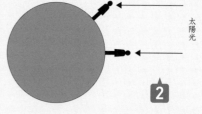

課題

南中高度が変化する原因を考えよう。

2

地球の緯度により、太陽の南中高度が変化する。
→季節によって、太陽の南中高度が変わるのはなぜだろう？

3

予想　地球の公転が関係しているのではないだろうか？

（授業の流れ）▷▷▷

1 緯度による太陽の南中高度の変化の原因を予想する〈5分〉

冬至の日の南中高度の違い

東京（北緯35°）　31.6°
沖縄（北緯26°）　42.6°

どうして太陽の南中高度は緯度で変化するのかな？

・緯度による南中高度の違いは、板書してもよい。南中高度を示す地点は、緯度も示すようにすると、緯度と南中高度の定量的な関係に気付く生徒も出るかもしれない。定量的な関係は難しいので、取り扱いたい場合は**4**の実験をした後に行うとよい。

2 タブレットを球の上に置いて、太陽の高度の変化を見る〈15分〉

ボール
タブレット

地球が球だから、緯度が変わると南中高度が変わるね

・タブレットを球の上に置き、インカメラを利用して太陽に見立てながら、LED ライトの位置が変化する様子を観察させる。
・人が立っている様子がイメージしにくい場合は、発泡スチロールを地球、ピンを人、小型ライトを太陽に見立てるモデルを提示すると、イメージさせやすい。

季節と太陽

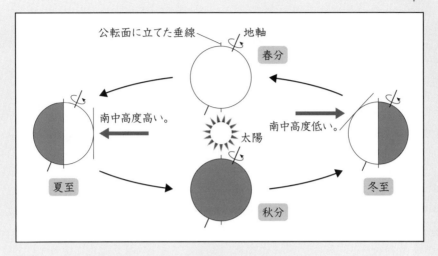

結果 自転軸が傾きながら公転することによって、
南中高度が季節により変わる。

3 季節による太陽の南中高度の
変化の原因を予想する 〈10分〉

どうして太陽の南中高度は
季節で変化するのかな？

前回習った公転が関係して
いると思います

・自転軸が傾かず、公転するだけだと、南中高度が
　変化しないことを教師が示すとよい。タブレット
　を使って太陽の南中高度の変化を示すと、より分
　かりやすい。
・タブレットを使用する場合は、タブレットの画面
　の中心が天頂であることを確認する。

4 自転軸の傾きと公転を再現する
〈20分〉

自転軸が同じ方向に傾
きながら公転すること
が原因だね

実験

・自転軸の傾きが変わらないことに注意させる。
・タブレットで録画しながら、南中高度の変化を記
　録させると、変化が分かりやすい。
・季節による太陽の南中高度の変化を、イラストや
　文章で表現する。

10 太陽系と恒星　（11時間扱い）

単元の目標

　太陽の観察を行い、その観察記録や資料から、太陽の形や大きさ、表面の様子などの特徴を見いだして理解させるとともに、観測資料などから、惑星と恒星の特徴や太陽系の構造を理解させる。また、月の動きや見え方の観察を行い、月の観察記録などや金星の観測資料から、見え方を月や金星の公転と関連付けて理解させるとともに、太陽の表面、月の動きや形を観察したり記録したりする技能を身に付けさせる。

評価規準

知識・技能	思考・判断・表現	主体的に学習に取り組む態度
身近な天体とその運動に関する特徴に着目しながら、太陽の様子、惑星と恒星、月や金星の運動と見え方についての基本的な概念や原理・法則などを理解しているとともに、科学的に探究するために必要な観察、実験などに関する基本操作や記録などの基本的な技能を身に付けている。	太陽系と恒星について、天体の観察、実験などを行い、その結果や資料を分析して解釈し、太陽系と恒星についての特徴や規則性を見いだして表現しているとともに、探究の過程を振り返るなど、科学的に探究している。	太陽系と恒星に関する事物・現象に進んで関わり、見通しをもったり振り返ったりするなど、科学的に探究しようとしている。

既習事項とのつながり

⑴小学校 3 年：「太陽と地面の様子」では、太陽によって地面が暖められることを学習している。

⑵小学校 4 年：「月と星」では、明るさや色の違う星があることや、星座を構成する星の並び方は変わらないことを学習している。

⑶小学校 6 年：「月と太陽」では、月の形の見え方が太陽と月の位置関係によって変わることについて学習している。

指導のポイント

　本単元では、恒星としての太陽の特徴と太陽系の構造、月や金星の運動と見え方に関する基本的な概念や原理・法則についての理解を深めるように指導する。そのために、太陽や月、金星についての継続的な観察に必要な技能を身に付けさせる。これらの観察の結果や観測資料をもとに、探究的に理解を深めさせる。また、上記の学習活動を通して、地球（観察者）からの視点と宇宙から俯瞰した視点を移動させて捉えることができるようにすることが重要である。

⑴**本単元で働かせる見方・考え方**

　身近な天体の観察、実験などを、見通しをもって行い、その観察記録や観測資料などをもとに、視点の移動を行うことで「時間的」、「空間的」な見方を働かせたり、複数の現象を互いに「関係付ける」考え方を働かせたりして、太陽や惑星、その見え方の変化について理解させる。

⑵**本単元における主体的・対話的で深い学び**

　観察結果から課題を見いだす場面や仮説の設定、その仮説を実証するためのモデル実験を計画する

場面において、意図的に設定することができる。また、モデル実験を振り返り、その改善点を話し合ったり、モデル実験の結果を用いて観察された結果を説明させたりする場面においても設定することができ、探究の過程を身に付けることができる。

　時間があれば、太陽が日常生活に与える影響や生命の存在との関わりについても話し合わせるとよい。結果はオープンエンドでも、他者の多様な意見によって興味・関心が高まり、主体的な学びにつながる。

指導計画（全11時間）

㋐ 太陽の様子（2時間）

時	主な学習活動	評価規準
1	観察 「太陽の表面の様子を調べる」	知（態）
2	関係付け 太陽の特徴をまとめる	知

㋑ 惑星と恒星（4時間）

時	主な学習活動	評価規準
3	比較 太陽系の惑星の特徴をまとめる	知
4	太陽系の小天体の特徴をまとめる	（知）
5	空間的 太陽系のモデルを作成する	（知）思
6	空間的 恒星と銀河の特徴をまとめる	（知）

㋒ 月や金星の運動と見え方（5時間）

時	主な学習活動	評価規準
0	継続観察 「月や金星の継続観察」	態
7	仮説の設定 月の位置と満ち欠けのきまりを考える	（思）
8	時間的 空間的 実験 「月の見え方のモデル実験」	（知）思
9	月食や日食が起こる仕組みを考える	知（態）
10	仮説の設定 金星の見え方のきまりを考える	（思）
11	時間的 空間的 実験 「金星の見え方のモデル実験」	（知）思

第①時

太陽の表面の様子を調べる

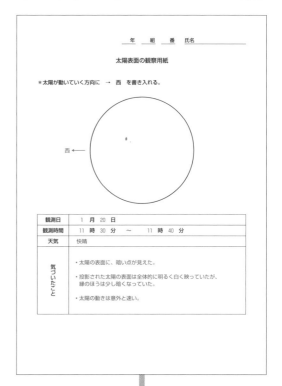

本時のねらい

・太陽の観察に関する基本的な技能を身に付けるとともに、観察の結果から太陽の特徴を見いだすことができる。

本時の評価

・太陽の観察に関する基本的な技能を身に付けているとともに、観察の結果から太陽の特徴を見いだしている。知
・太陽の観察に進んで関わり、粘り強く他者と関わりながら科学的に探究しようとしている。（態）

準備するもの

・望遠鏡（太陽投影板）またはソーラースコープ
・タブレット端末
・記録用紙

授業の流れ ▷▷▷

1　太陽の表面の様子を予想する　〈10分〉

太陽の表面を観察すると、何が見えるかな？

炎じゃないかな？

爆発してるんじゃないかな

・太陽のエネルギー源は、中心部で起こっている水素の核融合反応であるが、太陽は何かが燃焼しているとの素朴な概念をもっている生徒が多い。この内容に中学で触れる必要はないが、生徒の興味・関心を高めるのに適している。
・黒点は出現していない時期もあるので、観察を行う前に「宇宙天気予報センター」の web サイトなどで、出現状況を確認しておく必要がある。

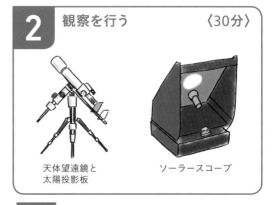

2　観察を行う　〈30分〉

天体望遠鏡と太陽投影板　　　ソーラースコープ

観察

・太陽の強い熱や光によって、失明ややけどなどの危険性がある。安全に配慮した指導を心掛ける。
・投影されている太陽の像が移動していく方向が西となる。このことは、太陽の自転の方向を知ることにつながる。
・操作や設置が簡単な「ソーラースコープ」が市販されている。そのときは、タブレット端末などで画像や動画で記録しておくとよい。

課題

太陽の表面を観察しよう。

2

・注意事項
　直接、太陽を見てはいけません。
　望遠鏡のレンズをのぞき込んではいけません。
　→太陽からの強い光や熱で、失明する危険があります！

・太陽の東西の決め方
　太陽投影板上で、太陽が動いていく方向が西

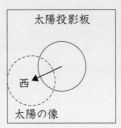

太陽投影板

西

太陽の像

3

・観察してわかったこと
　太陽は明るい円として見えるが、端のほうは少し暗い
　太陽の表面には、黒いシミのような模様がある。

3 観察した結果をまとめる 〈5分〉

黒いシミみたいなのが
あったね

なんで黒く見える
のかな

・観察から分かったことを、少人数のグループで話し合わせながら、ワークシートに記入する。
・黒点がなぜ暗く見えるのか予想させると、次の授業につなげることができる。

4 継続観察を促す 〈5分〉

明日や明後日に、もう一度観察してみたら、どんな変化が見られるでしょうか

黒いシミは、きっと増えてるよ

そのままじゃないかな

・できれば、同じ観測器具を用いて継続観測を行うのが望ましい。
・望遠鏡を毎回設置するのが難しいときには、ソーラースコープを使って、写真を撮っておくことなどが考えられる。
・太陽表面の様子をアップロードしている「宇宙天気予報センター」のwebサイトを毎日確認させてもよい。

第 ② 時

太陽の特徴をまとめる

付録

課題

太陽の特徴をまとめよう。

1

観測結果から分かった特徴

・太陽は球形で、明るく輝いている。
→光球　　表面温度は約6000度
　　　太陽の半径は、地球の約109倍

・太陽の表面には、暗い部分がある。
→黒点　周囲より温度が低いため
暗く見える。

・黒点は東から西に移動する。
→太陽は自転している。

授業の流れ ▷▷▷

1 前時に行った太陽の観察の結果をまとめる 〈10分〉

明るく輝く太陽の表面に、黒い斑点が見えました

その黒い部分は、黒点といいます

・観察した太陽の特徴を発表させる。
・生徒が気付いた特徴を基に、太陽の特徴を説明する。
・太陽の大きさから、観察できた黒点の実際の大きさは地球よりも大きいことに気付かせる。
・黒点は、周囲よりも温度が低く暗いため、黒く見えることを説明する。

2 観察結果から分かることを考察する 〈20分〉

黒点を毎日観察すると、移動していきました

太陽は自転しているのかな？

関係付け

・黒点の継続観察の結果から、黒点の位置が東から西へ移動していることに気付かせる。
・観察結果以外の資料も提示して、黒点の移動と太陽の自転を関係付けるように促す。
・黒点が周縁部に近付くと東西方向につぶれて見えることと、太陽が球形であることを関係付ける。
・このとき、シールを貼ったボールを使ってモデル実験を行うとよい。

そのほかの特徴 3

・プロミネンス（紅炎）
　　太陽表面から噴き出した炎のような形のガス
・コロナ
　　太陽を取りまく淡いガスの層

太陽は、主に水素とヘリウムからなる。
→太陽のように自ら光を放射している天体が恒星

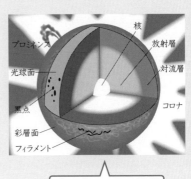

プロジェクタで投影

3 資料を使って太陽の特徴を
まとめる　　　　　　　　　〈10分〉

光球の数倍に広がる
コロナは…

コロナって、投影板では
見えなかったけれど…

4 太陽による地球への影響に
ついて考える　　　　　　　〈10分〉

生き物が生きていく
のに絶対に必要だね

太陽の光って
あったかいよね

光合成とかね

・太陽の外観や内部構造を示す図を提示したり、タ
ブレット端末で調べさせて、観察結果からだけで
は分からない太陽の特徴を説明する。外観を説明
するときは、特殊なフィルタを通して撮影した画
像などを用いる。
・光球が明るすぎるため通常は見ることができない
プロミネンスやコロナなどは、皆既日食のときに
見ることができることに触れる。

・太陽から放射される多量の光や熱のエネルギーは、
地球にどのような影響を与えているか、話し合わ
せる。
・このとき、地球の位置が現在よりも太陽に近い場
合や遠い場合などを想定して考察させるのもよい。
・ワークシートなどを使って、太陽の特徴をまとめ
る。

第③時

太陽系の惑星の特徴を
まとめる

本時のねらい

・観測資料などを基に、太陽系の惑星の特徴を
　見いだして理解することができる。

本時の評価

・観測資料などを基に、太陽系の惑星の特徴を
　見いだして理解している。知

準備するもの

・資料
・タブレット端末

ワークシート　　　　付録

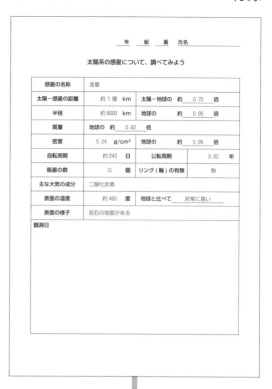

年　　組　　番　氏名 _____

太陽系の惑星について、調べてみよう

惑星の名称	金星			
太陽－惑星の距離	約1億 km	太陽－地球の 約	0.72	倍
半径	約6000 km	地球の 約	0.95	倍
質量	地球の 約 0.82 倍			
密度	5.24 g/cm³	地球の 約	0.95	倍
自転周期	約243 日	公転周期	0.62	年
衛星の数	0 個	リング（輪）の有無	無	
主な大気の成分	二酸化炭素			
表面の温度	約460 度	地球と比べて 非常に高い		
表面の様子	岩石の地面がある			
観測日				

授業の流れ ▷▷▷

1　惑星の特徴を調べる　〈20分〉

それぞれの惑星の特徴を調べてみましょう

私は土星！

私は金星について調べてみるよ

2　惑星の大きさを身近なものやボールで示す　〈15分〉

地球を1円玉の大きさとしたら、ほかの惑星はどれくらいの大きさになりますか？

火星はパチンコ玉くらいか。小さいね

木星はサッカーボールくらいあるよ

・ワークシートを用いて、少人数のグループで協働
　して惑星の特徴をまとめる。
・このとき外観の特徴だけでなく、地球と比較する
　などして、惑星の諸量にも興味をもって取り組め
　るように促すことが大切である。

・惑星の大きさを身近なボールなどで示すことで、
　大きさの違いを実感させる。

惑星	地球を1円玉の大きさにした時の直径（cm）	
水星	鉛筆の太さ	0.8
金星	1円玉	1.9
地球	1円玉	2.0
火星	パチンコ玉	1.1
木星	サッカーボール	22.3
土星	ハンドボール	18.9
天王星	ソフトボール	8.0
海王星	ソフトボール	7.7

課題

太陽系の惑星の特徴をまとめてみよう。

❸

（地球まで
1.0としたとき）

太陽系の惑星の調査用紙

年　組　番　氏名

惑星名	太陽−惑星の距離（地球=1）	半径（地球=1）	質量（地球=1）	密度（g/cm³）	自転周期（日）	公転周期（年）	衛星の数	リングの有無	主な大気の成分	表面の温度（度）	表面の様子
水星	0.39	0.38	0.06	5.43	58.65	0.24	0	無	ない	260	岩石の地面
金星	0.72	0.95	0.82	5.24	243.02	0.62	0	無	二酸化炭素	460	岩石の地面
地球	1	1	1	5.51	1	1	1	無	窒素酸素	15	岩石の地面
火星	1.52	0.53	0.11	3.93	1.03	1.88	2	無	二酸化炭素	−23	岩石の地面
木星	5.20	11.21	317.8	1.33	0.41	11.86	79	有	水素ヘリウム	−150	ガスの表面
土星	9.55	9.45	95.2	0.69	0.44	29.46	65	有	水素ヘリウム	−180	ガスの表面
天王星	19.22	4.01	14.5	1.27	0.72	83.02	27	有	水素ヘリウム	−210	ガスの表面
	30.11	3.88	13.9	1.64	0.67	164.77	14	有	水素ヘリウム	−220	ガスの表面

（タブレットの画面を投影する）

地球型惑星　半径と質量は比較的小さく、表面は岩石質で、
　　　　　　衛星の数は0か少なく、リングはない。

木星型惑星　半径と質量は比較的大きく、表面は気体で、
　　　　　　衛星の数は多くリングをもつ。

---

3 調べた惑星の特徴を一つの
表にまとめる　〈5分〉

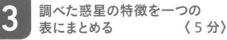

太陽系の惑星の特徴を一覧表にしてみましょう

大きく2つのグループに分けられそうだね

〔比較〕

・一覧表にすることで、惑星同士の比較を行いやすい。

・表を作成するときには、タブレット端末に直接入力させてもよい。

・比較を行うことで、半径や質量、表面の様子などによって、2つのグループに分けられることに気付かせる。

4 地球にだけ生命が確認されている
理由について考える　〈10分〉

太陽系の惑星のなかで、地球だけに生命が存在する理由について考えてみましょう

生命には水が必要だよね

なんで火星には液体の水がなくなったのかな？

・地球のとなりの金星と火星について、生命にとって不可欠な液体の水が存在しない理由を表面の温度と惑星の質量（引力）と関係付け、ハビタブルゾーンについて考えさせる。

・このとき、地球の水は地球が誕生したときの小天体によってもたらされたことに触れると、次時の授業につながる。

第④時

太陽系の小天体の特徴を
まとめる

本時のねらい
・観測資料などを基に、太陽系の小天体の特徴
　を見いだして理解することができる。

本時の評価
・観測資料などを基に、太陽系の小天体の特徴
　を見いだして理解している。(知)

準備するもの
・資料
・タブレット端末
・PC
・プロジェクター

課題

太陽系には太陽と惑星以外に
どのような天体があるだろうか。

1
太陽系の天体

　恒星：太陽

　惑星：水星 金星 地球 火星

　　　　木星 土星 天王星

　　　　海王星

授業の流れ ▷▷▷

1 太陽系には惑星以外の小天体が
存在することに気付く　　〈5分〉

「はやぶさ」という映画は
観たことありますか？

イトカワへ
行った話で
すね

・「はやぶさ2」が探査した小惑星「リュウグウ」、
　「はやぶさ」が探査した小惑星「イトカワ」を扱っ
　たJAXAの資料や、授業時に話題になっている映
　画やニュースなどを提示し、生徒の興味・関心を
　高める。

2 太陽系の小天体について調べる
〈20分〉

太陽系の小天体について、
調べてみましょう

はやぶさ2の小
惑星探査って
かっこいいよね

流れ星っ
て？

・太陽系には、恒星（太陽）と惑星以外にどのよう
　な小天体があるか、班で協働して調べさせる。
・小惑星探査の意義やジャイアントインパクトによ
　る月の形成などのエピソードに触れ、生徒の興
　味・関心を高める。流星の目撃経験などの実体験
　を問うのもよい。

4

衛星：惑星のまわりを公転している小天体

小惑星：直径数百kmより小さい天体

　　　　主に火星と木星のあいだの軌道を公転している。

すい星：主に氷でできていて、細長いだ円形の軌道を公転している。

　　　　太陽に近づくと、尾をのばす。

・小天体が地球の大気圏に落下してくると、燃えて光って見える（流星）。

　→地表にまで落ちてくることもある（隕石）。

---

3 調べた太陽系の小天体について発表する 〈15分〉

4 太陽系の小天体についてまとめる 〈10分〉

・調べたことを分かりやすくまとめて発表するように促す。

・他の班の発表に対して質問を促し、新たな疑問を発見して探究的な活動につながるように指導するとよい。

・生徒が発表した内容に即して、習得すべき知識を整理してまとめを行う。

・流星群やすい星など今後予想されている天文現象を紹介して、生徒の興味・関心を高める。

第⑤時

太陽系のモデルの作成

本時のねらい

- 惑星の半径や太陽からの距離についての資料などをもとに、太陽系の広がりについて理解することができる。
- 太陽系の広がりについての特徴や規則性を見いだして表現することができる。

本時の評価

- 惑星の半径や太陽からの距離についての資料などをもとに、太陽系の広がりについて理解している。（知）
- 太陽系の広がりについてのモデルを作成して、その特徴や規則性を見いだして表現している。思

準備するもの

- 資料
- ワークシート

ワークシート　　　　　　　　付録

年　　組　　番　氏名

太陽系の広がりを実感してみよう

教室に10億分の1にした太陽（直径140cmの球）をおいたとき、それぞれの惑星は室内、校内のどの辺りに位置することになるか。地図上で確かめてみよう。

【方法】
① 太陽から惑星までの距離を10億分の1にしたときの数値を表に書き込む。

惑星	実際の距離（km）	10億分の1（m）	地図上の長さ（mm）
太陽	0km	m	mm
水星	5800万km	58 m	2.0 mm
金星	1億800万km	108 m	3.7 mm
地球	1億5000万km	150 m	5.1 mm
火星	2億3000万km	230 m	7.8 mm
木星	7億7800万km	778 m	26.5 mm
土星	14億2900万km	1429 m	48.6 mm
天王星	28億7500万km	2875 m	97.8 mm
海王星	45億400万km	4504 m	153.1 mm

② 地図上の「早稲田中学校」を示す地図記号の「○文」の位置に太陽があると仮定し、赤ペンで●を付け、「太陽」と脇に記す。
③ ①で求めた各惑星までの距離を定規で測り、各惑星の位置を地図の直線上に、赤ペンで○を付け、「惑星名」を脇に記す。
※裏面の地図の縮尺は500mを17mmで示している。

【結果】
（1） 太陽から離れるにしたがって、惑星同士の間隔はどのように変化しているといえるか。

・太陽から離れるほど、惑星同士の間隔は広くなっている。

（2） 地球型惑星と木星型惑星では、太陽からの距離にどのような違いがあるか。

・地球型惑星は太陽に近いところに集まっていて、木星型惑星は太陽から離れたところにまばらに広がっている。

授業の流れ ▷▷▷

1 ワークシートの説明を聞く〈10分〉

ワークシートを使って、太陽系の広がりについて調べてみましょう

火星って、どれくらい遠いのかな

太陽の直径を1mとすると・・・

- 第1時で使用したワークシートを見ながら振り返りを行う。
- 太陽のモデルとして直径1mのビーチボールを提示し、このときの地球や木星の大きさについて考えさせる。

2 班で協働しながらワークシートに取り組む〈30分〉

僕は金星について計算してみるよ

私は土星！

- ワークシートのデータを基に、班で分担しながら協働して作業を進める。
- 一つの惑星について2人の班員が取り組ませるとよい。

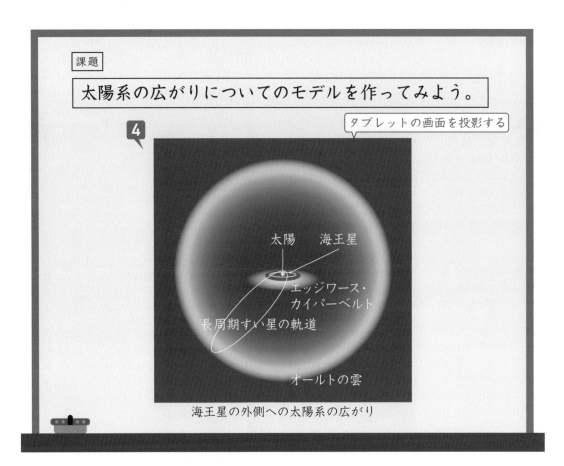

課題

太陽系の広がりについてのモデルを作ってみよう。

4

> タブレットの画面を投影する

太陽　海王星

エッジワース・
カイパーベルト

長周期すい星の軌道

オールトの雲

海王星の外側への太陽系の広がり

---

3 作成した太陽系のモデルを
発表する　〈5分〉

> 太陽が学校の校庭に
> あるとすると……

> 木星あたりから、ぐっと
> 遠くなるね

(空間的)

・学校周辺の地図を使うことで、太陽系の広がりを
　実感できる。

---

4 太陽系の広がりについて
まとめる　〈10分〉

> 彗星って遠くから
> 来ているのね

> だから次に見られるのが100年
> 以上かかったりするんだ

・太陽系は海王星の外側にも広く広がっていること
　を説明する。そのときに、前時に学習したすい星
　の軌道について触れるとよい。
・ボイジャー1号・2号の探査についても触れると
　生徒の興味・関心が高まり、次時の恒星と銀河の
　学習につながる。

第⑥時

恒星と銀河の特徴をまとめる

本時のねらい

・観測資料などをもとに、太陽以外の恒星や銀河の特徴を見いだして理解することができる。
・ここで学んだことをもとに、進んで天文現象に関わろうとする態度を身に付けることができる。

本時の評価

・観測資料などをもとに、太陽以外の恒星や銀河の特徴を見いだして理解している。(知)

準備するもの

・資料
・タブレット端末

課題

宇宙はどのように広がっているのだろうか。

2

地球の公転軌道
天の川
6月
9月　　12月　　3月

授業の流れ ▷▷▷

1　太陽に最も近い恒星までの距離を予想する　〈15分〉

太陽に最も近い恒星は、ケンタウルス座のα星という恒星です

太陽系の広がりから考えると…

東京と横浜くらいの距離かな？

・恒星や銀河までの距離の単位は、光年を用いることを説明する。光年は、光の速度で1年間進んだときの距離で、約9兆4600億kmである。
・直径が約4cmのピンポン玉を直径が約140万kmの太陽とすると（縮尺は約1/350億）、太陽に最も近い恒星であるケンタウルス座α星までは約4.3光年（約41兆km）なので、約1200km（青森－山口の直線距離くらい）となる。

2　太陽系が銀河系の中に位置すると分かる理由について考える　〈10分〉

銀河系の外から見ることができないよ

天の川って星の集まりだね

空間的

・銀河系の外から見ることができないのに、太陽系が銀河の中にあることにどうやって気付けるかと生徒に問いかける。
・天の川は星が帯状に分布したものであることと1年中夜空に見えることから、太陽系が板状に分布する恒星の集まりに囲まれていることに気付かせる。

3 タブレットの画面を投影する

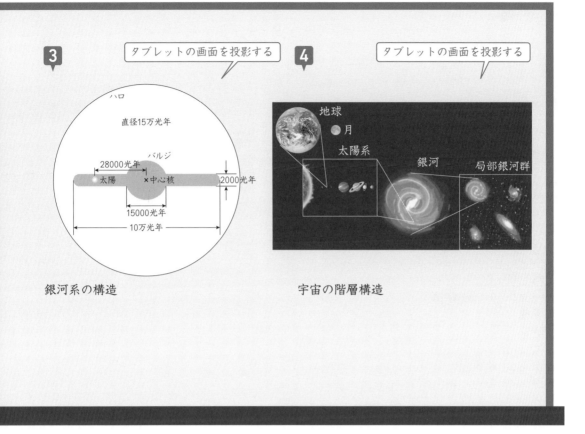

銀河系の構造

宇宙の階層構造

3 天の川銀河について知る　〈15分〉

太陽系は銀河系の円盤の中に位置します

いつも見ている星は銀河系の星なんだ！

4 宇宙の広がりについて考える　〈10分〉

太陽系も広いなと思ったけど、宇宙は果てしないな

宇宙はどうやってできたのかなぁ？

・銀河系は恒星が約2000億個集まって形成されていることから、銀河系に対するスケール感を生徒にもたせたい。
・夜空に見えている恒星や星団、星雲のほとんどが銀河系の天体であることに触れる。
・アンドロメダ銀河などの画像を提示して、銀河系の外にほかの銀河があることに気付かせる。

・恒星が集まって銀河を形成し、その銀河が集まって銀河群を、銀河群が集まって銀河団、銀河団が集まって超銀河群というように、宇宙には階層構造があることに触れる。
・宇宙が膨張していることにも触れ、時間を戻すと宇宙は1点から始まったとするビッグバンにも触れると、生徒の興味・関心が高まる。

第⓪時

月と金星の継続観察

本時のねらい

・月や金星の位置の変化や満ち欠けの変化を、同じ時刻に同じ場所で継続して観察し、記録することができる。

本時の評価

・月や金星についての継続観察に進んで関わり、その運動や見え方の変化に興味・関心をもち、科学的に探究しようとしている。態

準備するもの

・ワークシート（記録用紙）
・双眼鏡
・望遠鏡
・ＰＣ
・タブレット端末
・天体シミュレーションソフト

ワークシート 付録

年　組　番　氏名 ＿＿＿＿＿＿＿

月の位置や形の変化を観測しよう

【目的】
① 同じ時刻（20 時）に観察すると、月が見える位置はどのように変化するのか調べる。
② 月の満ち欠けの様子を調べる。

【方法】
① 観測は●月●日（新月から3日後）～●月●日（満月から2日後）くらいまで行う。
② 2日おきくらいで、同じ時刻（なるべく20時前後）に観測し、月の見える位置を観測用紙に記録する。
　→天候などで見られないときには、記入しなくてよい。
③ 月の位置の観測とともに、観測期間中に4回、月のスケッチを行う。
　→このとき、月の表面の暗い部分と明るい部分に注目してスケッチをする。

【結果】
① 月の位置の変化について

・毎日少しずつ西から東へ移動した。
・見える高度は、最初は低かったけど、南に行くと高くなり、また東に向かって低くなった。

② 月の満ち欠けについて

・最初は欠けてたけど（三日月）、だんだん明るい部分が広くなって、満月になった。それから、また欠けていった。

感想

授業の流れ ▷▷▷

1　太陽や恒星の年周運動の観察の仕方を振り返る　〈10分〉

同じ場所で観測を行えるようにするには、事前にどのような準備が必要ですか

高度を測るには、握り拳を使うと便利だったね

・年度の早い時期に、この授業を行う。
・太陽や恒星の年周運動の説明とあわせて行ってもよい。
・教師は、事前に月の暦や金星の見え方を、国立天文台の web サイトや天体シミュレーションソフトを使って、調べておく必要がある。

2　ワークシートの説明を聞く　〈10分〉

事前に、観察場所の周囲の風景をシルエットで記入しておきましょう

あそこの公園なら、観察できるかな

月の形もスケッチしておきましょう

・月の運動や見え方の観察は、小学校でも行っているが、改めて観察を行うことで新しい気付きにつながるなど、興味・関心を高めることができる。
・安全に十分注意することを強調する。

月や金星の動きや見え方の変化を記録しよう。

2

観測のしかた

①観察場所を決める。
　見晴らしがよく、安全な場所を選ぼう。
②ワークシート（記録用紙）に、地平線付近の目立つ建物や樹木をかき入れる。
③方位や高度をはかり、ワークシートに記録する。
④月の満ち欠けのようすも記録する。

---

3 月の観察計画を立てる 〈15分〉

明日が満月で、これから月の出がどんどん遅くなっていくね

来月の1日が三日月だから、そこから観察しようよ

写真を撮ってみようかな

継続観察

・国立天文台の web サイトや天体シミュレーションソフトを利用して、月は三日月から満月過ぎまでを観察できる時期を選ぶとよい。
・デジタルカメラやスマートフォンのカメラでも、月の写真を撮ることは可能である。クレーターのスケッチとともに、撮影にも取り組ませるとよい。

4 金星の観察計画を立てる 〈15分〉

部活動が終わったときに明るい星が見えるけど、あれが金星か！

夕方に学校で観察できるように先生に頼んでみようよ

あれ、金星は夜中には見えないのかな

継続観察

・金星は、夕方西の空に見える時期を選ぶとよい。
・肉眼での観察では、金星が満ち欠けをしていることは分からない。可能であれば、宵の明星のときに、学校で望遠鏡を使った観察を行うと、生徒の興味を高めることができる。

第⑦時

月の位置と満ち欠けの
きまりを考える

本時のねらい

・観測結果や資料から、月の位置や満ち欠けの
きまりを見いだして、その理由についての仮
説を設定することができる。
・仮説を検証するためのモデル実験の計画を立
てることができる。

本時の評価

・月についての継続観察を行い、その結果を分
析して、月の位置や満ち欠けについて解釈し
ている。（思）
・月の位置や満ち欠けのきまりを説明する仮説
を立て、それを証明するためのモデル実験を
計画している。（思）

準備するもの

・観察記録

課題

月の位置と満ち欠けのきまりは、
どのように説明できるだろうか

 1
月の観察の結果から気付いたこと
　　○同じ時刻に観察したときの位置
　　　の変化
　　・毎日、西から東へ移動している。
　　○月の見え方
　　・月は満ち欠けをしている。

2
月の位置と満ち欠けのきまり
　・太陽に近いときは、月は大きく
　　かけている。
　・太陽の方向から離れていくと次第
　　に満ちていく。
　・満月以降は、太陽の方向に近づい
　　ていく。
　・太陽に近づくと、再び欠けていく。

授業の流れ ▷▷▷

1 観察結果から気付いたことを
発表する　　　　　　〈10分〉

三日月は夕方西の
空に見えていたね

同じ時刻に観察している
と、だんだん南の空に見
えるようになったよ

・小学校では、月の位置の変化や満ち欠けについて、
太陽と月の位置関係によって変わることを、地球
（観察者）からの視点で理解できるように授業が行
われている。

2 太陽と月の位置と満ち欠けに
ついて話し合う　　　〈15分〉

月の位置は、太陽から
離れていったよ

でも、満月以降は
太陽に近付いてい
るんじゃないかな

・「〜が変化すると、月の〜が変化する」といった表
現になるように、独立変数と従属変数を意識させ
て決まりを話し合わせると、仮説の設定につなが
りやすい。

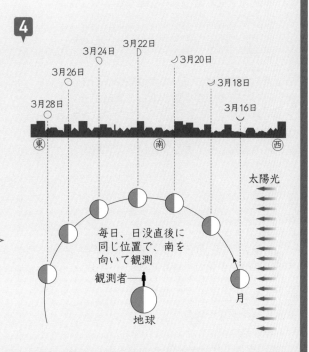

3

前提

・月は地球のまわりを公転している。

予想

月の位置と満ち欠けの決まりは、
　月が地球のまわりを公転すると、
　太陽の光の当たり方が変化する
　から起きる。

生徒が予想したモデル実験の
結果を投影する

4

3月28日　3月26日　3月24日　3月22日　3月20日　3月18日　3月16日

東　　　　　　　　　　南　　　　　　　　　西

太陽光

毎日、日没直後に
同じ位置で、南を
向いて観測

観測者

地球

月

---

3 どのようにして満ち欠けが起こる
か仮説を設定する　〈10分〉

月は地球を公転している
から、太陽と反対側に見
えることがあるんだね

光の当たり方が
変わるよ

仮説の設定

・月が衛星で地球の周りを公転していることを、太
　陽と月の位置と満ち欠けのきまりと関連付けるよ
　うに促す。

4 月の位置と満ち欠けの決まりについ
てのモデル実験を計画する〈15分〉

月にはポリスチレンの
ボールを使おうよ

光源は何を使った
らいいかな

地球のところにカメラ
を置いてみたら、どう
かな

・モデル実験でどのような結果が予想されるか話し
　合うことで、見通しをもってモデル実験を行うこ
　とができる。

・月の位置の変化や満ち欠けのモデル実験は、web
　で検索すると多くの提案があり、それをもとに工
　夫をしてもよいし、生徒の考えに近いものであれ
　ば市販の教材を提案してもよい。

第 ⑧ 時

月の見え方のモデル実験

ワークシート　　　　　付録

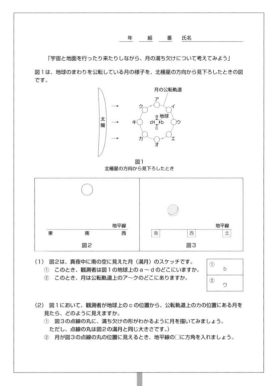

本時のねらい

・月の位置と満ち欠けについての特徴や規則性を見いだして、モデル実験によって表現することができる。

・月の観察を行い、その観察記録や資料に基づいて、月の公転と見え方を関連付けて理解することができる。

本時の評価

・月の公転と見え方を関連付けて理解している。(知)

・モデル実験を行い、月の位置と満ち欠けについての規則性を表現している。思

準備するもの

・モデル実験に必要な器具

・タブレット端末

授業の流れ ▷▷▷

1 モデル実験の方法を確認する 〈10分〉

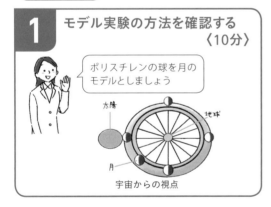

宇宙からの視点

・前時に計画した実験を行えるように、ポリスチレンの球などを用意しておく。

・市販されているモデル実験器具を使用してもよい。また、簡易なモデルであれば、事前に作成しておくとよい。

2 モデル実験を行う 〈20分〉

宇宙からの視点と観察者からの視点の転換

宇宙からの視点からだと、こうなるのか

実験

・太陽と月の位置関係の変化に注意するように促す。

・宇宙からの視点で作成したモデルを使って、地球からの視点と関連付けるように促す。

・地球からの視点での見え方を、タブレット端末のカメラなどで撮影して記録させる。

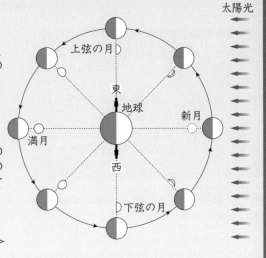

課題

月の位置や満ち欠けのきまりを説明してみよう。

4

○月の位置の変化
　月が地球のまわりを公転することで、地球（観測者）から見た月と太陽の位置関係が変化することで起きている。

○月の満ち欠け
　地球（観測者）から見た太陽と月の位置関係が変化することで、太陽の光の当たり方が変化するから起きている。

教科書の図を投影する

太陽光
上弦の月
東
地球
新月
満月
西
下弦の月

---

3 モデル実験の考察を行う 〈10分〉

観察者

三日月の傾き方が、観察した結果と同じだね

このモデルで説明できそうだ

時間的　空間的

・モデル実験で記録した月の見え方を、実際の観察結果と比較して考察させる。この考察によって、宇宙からの視点と地球（観測者）からの視点の転換を促すことができる。

・ワークシートに課題を用意し、生徒の理解度を確認する。

---

4 月の位置と満ち欠けについてのまとめを行う 〈10分〉

「菜の花や月は東に日は西に」って俳句があったけど、宇宙から見ると、太陽と月と地球は一直線なんですね

そしたら、月は地球の影にならないかな

・教科書などに掲載されている宇宙からの視点で月の位置や満ち欠けについての図を投影して、まとめを行う。

・モデル実験の画像を取り込んで使うと、生徒の関心が高まり、理解が進みやすい。

・生徒の考察の結果をまとめに利用するのもよい。

第 ⑨ 時

月食や日食が起こる仕組みを考える

本時のねらい

・月食や日食が起こる仕組みについて、月の公転と関連付けて理解することができる。

本時の評価

・月食や日食が起こる仕組みについて、月の公転と関連付けて理解している。知
・月の位置や満ち欠けの決まりについて学んだことを、月食や日食の理解に生かそうとしている。（態）

準備するもの

・月食や日食の資料

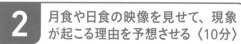

授業の流れ ▷▷▷

1 前時の学習を振り返る〈5分〉

毎日同じ時刻に観察すると、月の位置にはどのような変化が起こりますか

毎日西から東に見える位置が変化します

月が公転しているからです

・月食や日食が起こる仕組みを、前時に学習した月の位置や満ち欠けのきまりと関連付けて考えさせるために、まとめで用いた図を提示するなど振り返りを丁寧に行う。

2 月食や日食の映像を見せて、現象が起こる理由を予想させる〈10分〉

月食は地球の影が関係しているのかな

・ここでは、日本で起きた現象や最近起きた現象の映像を扱って、生徒の関心を高めるとよい。連続した画像や動画も使いたい。
・月食には皆既月食と部分月食があることを提示する。
・日食には、皆既日食、金環日食、部分日食があることを提示する。

課題

月食や日食はどのような仕組みで起きるのだろうか。

4

○月食
月食がおこるときは、必ず満月
→ 太陽－地球－月の順に並んでいる。
→ 月が地球の影の入り込んで起こる。

○日食
日食が起こるときは、必ず新月
→ 太陽－月－地球の順に並んでいる。
→ 月の影が地球にうつる。
→ 影のうつった場所から見ると、
　太陽は月にかくされている。

○地球と月の公転軌道面は
少しずれている。
→ 満月や新月のたびに月食、
　日食が起こるわけではない。

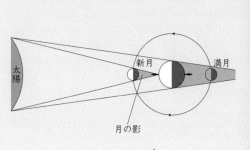
太陽　新月　満月　月の影

教科書の図を投影する

3 ワークシートに取り組む 〈15分〉

月食は必ず満月の
ときに起こるんだね

この写真だと地球の影に
入っていくみたいだよ

でも、満月だからっ
て必ず月食が起こる
わけではないよ

4 月食や日食が起こる仕組みに
ついてまとめる 〈10分〉

月食のほうが、見ることの
できるチャンスが多いのね

皆既日食って、
見てみたいな

・資料を使って、月食は満月、日食が新月のときに
　起こっていることに気付かせる。
・月食や日食のときの地球と太陽、月の位置関係の
　図から、太陽の光による影ができていることを理
　解させる。
・光源とボールを使ったモデル実験を行ってもよい。
・同じ日の太陽と月の南中高度を調べ、地球と月の
　公転軌道面にずれがあることに気付かせる。

・国立天文台の web サイトなどに月食の仕組みを説
　明した動画がある。
・現象の理解だけでなく、次回の現象のときに観察し
　たいと思えるように、生徒の興味・関心を高めたい。
・日食や月食を観察するときには、安全に注意する
　ように指導する。特に日食の観察は、直接太陽を
　見ないことや日食グラスや投影板を使うようにさ
　せる。

第⑩時

金星の見え方のきまりを考える

本時のねらい

- 観測結果や資料から、金星の見かけの形と大きさが変化することを見いだして、その理由についての仮説を設定することができる。
- 仮説を検証するためのモデル実験の計画を立てることができる。

本時の評価

- 金星についての継続観察を行い、その結果を分析して、金星の見え方の変化について解釈している。（思）
- 金星の見え方の変化を説明する仮説を立て、それを証明するためのモデル実験を計画している。（思）

準備するもの

- 金星の観測資料
- 月の満ち欠けのモデル

課題

金星の運動と見え方にはどんな特徴があるだろう。

観測結果

1

西☆

☆東

観察結果や資料を投影する

授業の流れ ▷▷▷

1 観測資料から金星の運動や見え方の変化の特徴を見いだす 〈10分〉

金星って、太陽の近くから離れないんだね

金星の形には、変化がありますか？

- 観測結果や資料から、まず個人で思いつくことを挙げる。
- 次に、少数のグループの生徒と気付いたことを話し合いながら、意見をまとめる。
- 「位置の変化」「形の変化」「大きさの変化」のように視点を示すことで、特徴を見いだしやすくなる。

2 見いだした特徴を発表する 〈10分〉

月と同じように満ち欠けしています

宵の明星のときの大きさの変化は…

- グループで出た意見を発表する。
- 同じ内容の意見をまとめていくことで、見いだした特徴を整理する。
- 見いだした特徴を、月の満ち欠けと比較して共通点と相違点をまとめる。

観測結果から気づいたこと

○同じ時刻に観測したときの金星の位置
2
・朝と夕方にしか見えない。
・太陽からだんだん離れていくけど、また近づいていく。

○形の変化
・月と同じように満ち欠けしている。
・太陽に近い側が光っている。

○大きさの変化
・宵の明星のときは、小さかった金星がだんだん大きくなってきた。
・明けの明星のときは、大きかった金星がだんだん小さくなっていった。

3

仮説
「金星は、地球よりも内側の軌道を公転していることで、観測したような運動や見え方をする」

4

どうやって証明するか？
・月と同じようにモデル実験をする。
・月は、地球のまわりを公転するモデル
・金星は、太陽のまわりを公転させるモデル

| 3 | 仮説を立てる 〈10分〉 |

太陽から離れないのは、金星が内惑星だからだよ

公転すると、太陽と地球、金星の角度が変わるからね

仮説の設定

・見いだした金星の運動や見え方の変化に、「時間的」「空間的」な見方を働かせて、金星の公転運動と関連付ける。
・仮説の根拠となる事柄を挙げて話し合う。
・立てた仮説が、見いだした特徴のすべてと関連するか、どのように関連するか、一つ一つ確認する。

| 4 | モデル実験を考える 〈20分〉 |

大きさの変化を見やすくするには…

月と同じように球と電球を使えばいいのかな？

・月のモデル実験を参考に、金星のモデルを考える。
・準備する器具についても考える。
・モデル実験を考えるときには、何が何を表しているのか、はっきりさせる。
・見いだした特徴がはっきり分かるようにする工夫についても考える。

第⑪時

金星の見え方のモデル実験

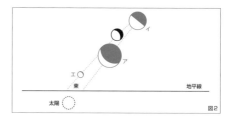

本時のねらい

- 金星の満ち欠けや大きさについての特徴や規則性を見いだして、モデル実験によって表現することができる。
- 金星の観察を行い、その観察記録や資料にもとづいて、金星の公転と見え方を関連付けて理解することができる。

本時の評価

- 金星の公転と見え方を関連付けて理解している。(知)
- モデル実験を行い、金星の満ち欠けや大きさについての規則性を表現している。思

準備するもの

- モデル実験に必要な器具
- タブレット端末

授業の流れ ▷▷▷

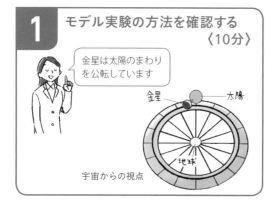

1 モデル実験の方法を確認する 〈10分〉

金星は太陽のまわりを公転しています

宇宙からの視点

- 前時に計画した実験を行えるように、モデル実験に必要な器具を用意しておく。
- 市販されているモデル実験器具を使用してもよい。また、簡易なモデルであれば、事前に作成しておくとよい。

2 モデル実験を行う 〈20分〉

宇宙からの視点と観察者からの視点の転換

なるほど、月と同じように満ち欠けするね

実験

- 太陽と金星の位置関係の変化に注意するように促す。
- 宇宙からの視点で作成したモデルを使って、地球からの視点と関連付けるように促す。
- 地球からの視点での見え方を、タブレット端末のカメラなどで撮影して記録させる。

課題

金星の満ち欠けや大きさのきまりを説明してみよう。

4

○金星の位置の変化
　太陽の周りを金星が公転している。
→地球から見て、太陽の西側にあるときは
　　　　　　　　　明けの明星
　　　　　　　　太陽の東側にあるときは
　　　　　　　　　宵の明星

○金星の満ち欠け
　地球（観測者）から見た太陽と金星の位置関係が公転によって変化することで、太陽の光の当たり方が変化するから起きている。

○金星の大きさの変化
　金星が太陽のまわりを公転している。
→地球から金星までの距離が変化するため

遠い

太陽

金星

近い

夕方　朝方

教科書の図を投影する

3 モデル実験の考察を行う〈10分〉

観察者

西

金星の大きさも変化しているよ

南西　西

〔時間的〕〔空間的〕

・モデル実験で記録した金星の見え方を、実際の観察結果と比較して考察させる。この考察によって、宇宙からの視点と地球（観測者）からの視点の転換を促すことができる。

・ワークシートに課題を設けて、生徒の理解度を確認する。

4 金星の満ち欠けや大きさについてのまとめを行う　〈10分〉

一番星って、きっと金星ね

そうだね、宵の明星だよ

・教科書などに掲載されている宇宙からの視点で金星の満ち欠けや大きさについての図を投影して、まとめを行う。

・モデル実験の画像を取り込んで使うと、生徒の関心が高まり、理解が進みやすい。

・生徒の考察の結果をまとめに利用するのもよい。

第1・2分野⑺ 科学技術と人間／自然と人間

ものづくりを通して原理を深める

身近な自然環境を調べる

科学的な概念を使って説明する

　本単元では、第1分野と第2分野の学習を生かし、科学技術の発展と人間生活との関わり方、自然と人間の関わり方について多面的、総合的に捉えさせ、自然環境の保全と科学技術の利用の在り方について科学的に考察させ、持続可能な社会をつくっていくことが重要であることを認識させることがねらいである。

　なお、本単元では、このねらいを達成するため、中学校最後の学習として、科学的な根拠に基づいて意思決定させる場面を設ける。

1分野（ア）エネルギーと物質　全9時間
㋐エネルギーとエネルギー資源　4時間

次	時	主な学習活動	学習過程、見方・考え方、評価など
1	1	いろいろなエネルギー	◀ 対話的な学び
	2	実験 「エネルギーの移り変わり」	
	3	エネルギーの保存と効率	◀ 対話的な学び
	4	実験 「放射線の性質と利用」	記録 思

㋑様々な物質とその利用　4時間

次	時	主な学習活動	学習過程、見方・考え方、評価など
2	5	実験 「プラスチックの性質とその利用」	
	6	「科学技術の発展」課題の設定	
	7	調べ学習「科学技術の発展」資料の作成	◀ 対話的な学び 記録 態
	8	発表会 発表とまとめ、「科学技術の発展の在り方」	記録 知

㋒科学技術の発展　1時間

次	時	主な学習活動	学習過程、見方・考え方、評価など
3	9	くらしを支える科学技術	振り返り

2分野（ア）　生物と環境　全12時間
㋐自然界のつり合い　4時間

次	時	主な学習活動	学習過程、見方・考え方、評価など
1	1	生物どうしの食べる・食べられるの関係	◀対話的な学び　（関係的）　記録 知
	2	個体数の変動とつり合い　時間的	◀対話的な学び　（時間的）（関係付け）
	3	微生物の働き①	（条件制御）
		観察 「土壌生物の観察」　実験 「微生物のはたらき」	◀対話的な学び
	4	微生物の働き②	（関係付け）　記録 思

㋑自然環境の調査と環境保全　4時間

次	時	主な学習活動	学習過程、見方・考え方、評価など
2	5	物質の循環と自然環境	◀対話的な学び
	6	自然環境の調査①	◀対話的な学び
	7	自然環境の調査②	◀対話的な学び　（関係付け）
	8	自然環境の調査と環境保全	◀対話的な学び　（時間的）　記録 態

㋒地域の自然災害　4時間

次	時	主な学習活動	学習過程、見方・考え方、評価など
3	9	地域の自然災害について・課題の設定	
	10・11	調べ学習「自然の恵みと災害」資料の作成	◀対話的な学び
	12	発表会 発表とまとめ、自然と人間の関わり方	記録 態

1・2分野共通（イ）　自然環境の保全と科学技術の利用　4時間
㋐自然環境の調査と環境保全　4時間

次	時	主な学習活動	学習過程、見方・考え方、評価など
1	1	課題の設定	◀対話的な学び
	2	調べ学習「資料の作成」	記録 思
	3	ディベート「プラスチックを使わない社会」	◀対話的な学び　記録 思
	4	まとめと自己評価、科学技術の光と影	振り返り　記録 態

11 エネルギーと物質 （9 時間扱い）

単元の目標

　生活の中では様々なエネルギーを変換して利用しており、エネルギーの変換の前後でエネルギーの総量は保存されること、変換の際に一部のエネルギーは利用目的以外のエネルギーに変換されること、エネルギー資源の安定な確保と有効利用が重要であることを認識させるとともに天然の物質や人工的につくられた物質が幅広く利用されていることを理解させ、それらの有効な利用が大切であることを日常生活や社会と関連付けて認識させる。また、具体的な事例を通して科学技術の発展の過程や現代における状況を理解させるとともに、様々な科学技術の利用によって人間の生活が豊かで便利になってきたことを認識させる。

　また、第 1 分野と第 2 分野の学習を生かし、科学技術の発展と人間生活との関わり方、自然と人間の関わり方について多面的、総合的に捉えさせ、自然環境の保全と科学技術の利用の在り方について科学的に考察させ、持続可能な社会をつくっていくことが重要であることを認識させることがねらいである。

　このねらいを達成するため、中学校最後の学習として、第 2 分野（7）のアの（イ）の㋐と併せて扱い、科学的な根拠に基づいて意思決定させる場面を設けることが大切である。

評価規準

知識・技能	思考・判断・表現	主体的に学習に取り組む態度
日常生活や社会と関連付けながら、エネルギーとエネルギー資源、様々な物質とその利用、科学技術の発展についての基本的な概念や原理・法則などを理解しているとともに、科学的に探究するために必要な観察、実験などに関する基本操作や記録などの基本的な技能を身に付けている。	日常生活や社会で使われているエネルギーや物質について、見通しをもって観察、実験などを行い、その結果を分析して解釈しているなど、科学的に探究している。	エネルギーと物質に関する事物・現象に進んで関わり、見通しをもったり振り返ったりするなど、科学的に探究しようとしている。

既習事項とのつながり

⑴小学校 5 年：「振り子の運動」運動の規則性についての考えをもつよう学習している。

⑵小学校 6 年：「電気の利用」電気はつくり出したり蓄えたりできることや、電気を光、音、熱などに変えることができることを学習している。

⑶中学校 3 年：「運動とエネルギー」「化学変化とイオン」運動エネルギーと一位エネルギーが相互に移り変わることや、化学エネルギーが電気エネルギーに変化されることは学習している。

指導のポイント

　7 年間の理科のまとめとしての最終単元であり、既習事項を関連付けて学習を進める。教科書や資料集等の書籍から得られる情報だけでなく、ネットの情報も利用したり、施設等を見学したりして、情報を集め整理してまとめさせたり、発表させたりすることが大切である。

(1)**本単元で働かせる見方・考え方**

　エネルギー資源や物質の有効利用が重要であることについて、観察、実験だけでなく、日常生活や社会と関連付け、さらに、科学技術の発展の過程や科学技術が人間生活に貢献していること等まで、幅広く視点を拡げ、多面的に認識を深めさせる。

(2)**本単元における主体的・対話的で深い学び**

　話合いやレポートの作成、発表を適宜行わることを通して、自然環境の保全と科学技術の利用の在り方について多面的、総合的に捉え、科学的に考察して判断させるようにする。

指導計画（全 9 時間）

㋐ エネルギーとエネルギー資源（4 時間）

時	主な学習活動	評価規準
1	対話的な学び　いろいろなエネルギー	（態）
2	実験　エネルギーの移り変わり	（思）
3	対話的な学び　エネルギーの保存と効率	（知）
4	実験　「放射線の性質と利用」	思

㋑ 様々な物質とその利用（4 時間）

時	主な学習活動	評価規準
5	実験　「プラスチックの性質とその利用」	（知）
6	「科学技術の発展」、課題の設定	（態）
7	対話的な学び　調べ学習「科学技術の発展」資料の作成	態
8	発表会　発表とまとめ、「科学技術の発展の在り方」	知

㋒ 科学技術の発展（1 時間）

時	主な学習活動	評価規準
9	振り返り　くらしを支える科学技術	（知）

第①時

いろいろなエネルギー

(本時のねらい)
・外部に対して仕事ができるものはエネルギーをもっていることを復習し、私たちの身の回りには、いろいろなエネルギーがあることを理解することができる。
・いろいろな種類のエネルギーを利用して生活を送っていることに気付くことができる。

(本時の評価)
・日常生活の中からエネルギーを見いだし、それらがどのエネルギーに分類されるか主体的に考えようとしている。(態)

(準備するもの)
・教科書や資料集等
・家の中、学校、街の中などの画像

課題 日常生活の中にはどのような

・電気エネルギー
・光エネルギー
・熱エネルギー
・音エネルギー
・弾性エネルギー
・運動エネルギー
・位置エネルギー
・化学エネルギー

4

◎電気エネルギーはいろいろなエネルギーに変換しやすく、いろいろな場面で活用されている。

(授業の流れ) ▷▷▷

1 エネルギーの復習をする〈10分〉

ほかの物体を動かしたり変形させたりすることができる物体はエネルギーをもっているといえます

以前学習した「エネルギー」について説明してください

仕事をすることができるとエネルギーをもっているといえるね

・エネルギーの定義(仕事をすることができるものはエネルギーをもっている)を言語化し、再認識する。この際、生徒の発言を認め、「似ているが、別の表現ができる人」など、生徒が発言しやすいように声かけする。

2 身の回りにあるエネルギーを挙げる〈20分〉

私たちの身の回りにはいろいろなエネルギーがありますね。家や学校、街の中でどんなエネルギーが使われているかを用紙のイラストに書き込んでみましょう

・家庭や街など身近な場面の画像を用意する。また、まず個人でエネルギーを見いだし、用紙にまとめるようにする。このときはなるべく相談しないようにし、まずは個人で考えさせるようにする。

エネルギーがあるだろうか。

3 班ごとに、各自が挙げた
エネルギーを分類する 〈10分〉

> 同じようなエネルギー
> をまとめてみましょう

> 熱エネルギー

> 光エネルギー

> 熱エネルギーだけど
> 光も出しているよ

◆対話的な学び

・班をつくり、同じカテゴリーのエネルギーをまと
めさせる。主に熱エネルギーとして利用している
ものも同時に光エネルギーを出しているようなも
のもある。生徒の質問や発言からこのような気付
きが出る場合が多く、その発言を見逃さず認めて
いきたい。

4 分類結果を発表し、エネルギーが
多用されていることを確認する 〈10分〉

・各自で発表を聞いて自分の考えの変わったところ、
理解したことを用紙に記入する。
・現代社会では他のエネルギーに変換しやすい電気
エネルギーが多用されていることに気付かせ、ま
とめとして板書する。

第②時

エネルギーの移り変わり

本時のねらい

・エネルギーが相互に移り変わること、目的とするエネルギー以外のエネルギーにも移り変わってしまうことを実験から見いだすことができる。

本時の評価

・実験からエネルギーがどのように移り変わっているかを見いだし、表現している。（思）

準備するもの

・手回し発電機（2）
・放射温度計

課題 エネルギーはどのように移

〔実験1〕
手回し発電機で豆電球をつけ、どのような

手回し発電機
運動エネルギー → 電気エネルギー
→ 熱・音エネルギー

〔実験2〕
手回し発電機を2つ接続し、片方を10回
またその結果になる理由を発表する。

（まとめ）
・エネルギーを変換すると、目的とした
・目的のものの割合を多くし、目的以外

授業の流れ ▷▷▷

1 手回し発電機を回し、豆電球をつける 〈5分〉

手を動かしているから
はじめは運動エネルギーかな

・放射温度計があれば、手回し発電機の回す前と直後の温度を測ると上昇していることがわかる。
・生徒実験では回しすぎて豆電球を切ることが多い。事前に教師が「最大でもこのくらい」と演示しておくとよい。
・どのようにエネルギーが移り変わっているか考え、発表する。
・生徒の発言を生かしてまとめる。

2 手回し発電機を2つ接続し、実験する 〈15分〉

10回回るんじゃないかな

一部は熱エネルギーや音エネルギーになっているから、10回は回らないよ

実験

・片方を10回回したとき、もう片方は何回回るか予想する。
・予想では、ただ回数を書くだけでなく、その理由も必ず書くようにする。
・手回し発電機は必ず同じタイプのものを用意する。
・接続する部分の電気抵抗が大きいとかなり少なくなってしまうので、さびなどを事前に除いておくようにする。

1

エネルギーに変換しているか考える。

豆電球
↗光エネルギー
↘熱エネルギー

2

回すと、もう片方は何回回るか予想し、実験する。

4

エネルギー以外のものに一部変わってしまうことがある。（エネルギーの変換効率）
のものの割合を少なくする事が大切。

---

3 もう片方が10回より少なくなった
理由を考え、発表する 〈10分〉

4 目的以外のエネルギーにも変換
されることを確認する 〈10分〉

白熱電球 約10%

電球型蛍光灯 約20%

LED電球 約30〜50%

・はじめに個人で考えさせ、次に班で発表し、班で
の意見交換の後に、考えが深まったところや、新
しく気付いたことなどを記述する時間をとる。
・班での話し合いでは、間違っている発言でも笑っ
たり馬鹿にしたりしないなどの、発表しやすい受
容的なルールをつくっておく。

・家電や発電所の変換効率や、技術革新により変換
効率が上がってきている様子を紹介する。
・上の図のような、技術革新による電球の変換効率
の向上や、火力発電所の変換効率の向上の例がサ
イトなどで調べやすい、できれば同じ明るさの白
熱球と LED、電流計・電圧計を用意し、教師の演
示として実際に比較してみると生徒の理解がより
深まる効果が期待できる。

エネルギーの保存と効率

本時のねらい

・エネルギーが移り変わるとき、目的とするエネルギーにどのくらいの効率で移り変わっているかを実験から導き出し、効率よく変換できる器具が省エネルギーにつながることを理解することができる。

・目的以外の熱エネルギーなども含めるとエネルギーが保存されることを理解することができる。

本時の評価

・エネルギーの変換効率を実験から計算によって導き出し、変換前後の総エネルギーは保存されることを理解している。（知）

準備するもの

・プーリーつき発電機・豆電球
・電流計・電圧計・おもり
・スタンド・導線・電卓

課題 | エネルギーが移り変わる

実験 （水力）発電の変換効率
○変換前のエネルギー
高い位置にある水が持つ位置エネルギー

○変換後のエネルギー
電気エネルギー

○今回の変換効率

$$\frac{電気エネルギー}{位置エネルギー} \times 100$$

授業の流れ ▷▷▷

1 位置エネルギーから電気エネルギーへの発電効率を予想する 〈10分〉

位置エネルギー(J)＝おもりに働く重力(N)×高さ(m)

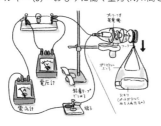

・おもりを1mの高さから落とす前の位置エネルギーを計算し、電気エネルギーに変換したときの発電効率が何％になるか予想する。

・変換前のエネルギーが位置エネルギー、変換後のエネルギーが電気エネルギーであること、前後の変換効率を計算することがねらいであることをしっかり説明し理解させる。

2 2回実験し、発電された電気エネルギーを計算する 〈25分〉

	電流	電圧	時間	電気エネルギー
1回目				
2回目				
平均				

発電した電気エネルギー(J)＝
電流(A)×電圧(V)×落下時間(s)

・位置エネルギーの計算は発展になる。教師が説明する。

・電流計・電圧計の値は一定しない。最大値で計算してよい。

とき、目的とするエネルギーにどれくらいの効率で移り変わっているのだろうか。

2

	変換前の位置 エネルギー(J)	変換後の電気 エネルギー(J)	変換効率(%) 予想	変換効率(%) 実際
1班				
2班				
…				
…				
…				
…				

4

◎エネルギー保存の法則
　(熱や音のエネルギーをふくめれば)変換の前後でエネルギー全体の量は
　一定に保たれている。

---

3 発電の変換効率を上げる方法を考え、発表する　〈10分〉

$$発電の変換効率(\%) = \frac{発電した電気エネルギー(J)}{重力がした仕事(N)} \times 100$$

送電で失われるエネルギーについても説明し、どうすればエネルギーの損失を少なくできるか考えさせる。

発電所を近くに作って電線を短くしたらどうかな

◁ 対話的な学び

・話し合いを支援するために、関連する教科書のコラムや資料集の参考ページを紹介してもよい。
・発電やエネルギー利用については多様な意見がある。それぞれを尊重する。

4 エネルギー保存の法則について知る　〈5分〉

変換後、電気エネルギー以外に発生したエネルギーは何エネルギーかな？

・変換前のエネルギー＞変換後のエネルギーではなく、電気エネルギー以外の音エネルギーや熱エネルギーも含めると、変換の前後で総和は変わらないことを説明する。

第 ④ 時

放射線の性質と利用

（本時のねらい）

・放射線の性質や利用、人体への影響についての理解を深めることができる。

・生活の中での利用や、遮蔽方法・その効果について実験や調べ学習を通して理解することができる。

（本時の評価）

・実験から、空気中にも宇宙からや、身近にあるものから放出された放射線が飛んでいること、透過性があるが鉛などの有効な遮蔽物や距離により減らせることを見いだしている。思

（準備するもの）

・霧箱

・放射線測定器セット（日本科学技術振興財団等で貸し出ししている）

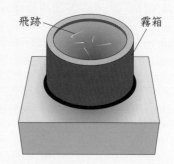

課題

放射線にはどのような性質があるだろうか。

〔実験1〕

1. 霧箱を利用して放射線を観察する。

飛跡　　　霧箱

2. 気づいたこと

・肉眼では見られないけれど、空気中に放射線が飛んでいることがわかった。

・予想より飛んでいる放射線が多かった。

（授業の流れ）▷▷▷

| 1 | 放射線とはどのようなものか説明を聞く　　　〈5分〉 |

2年生で学習したX線とはどのようなものでしたか？

放射線の一種で、たくさん浴びると危なかったのではなかったかな

| 2 | 霧箱を利用して、放射線が飛んでいることを実感する　〈10分〉 |

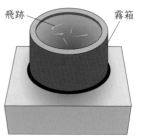

飛跡　　　霧箱

実験

・2年「静電気と電流」の単元で学習したX線、3年「化学変化とイオン」の単元で学習した原子のつくりを復習し、他にα線・β線・γ線・中性子線があることを説明する。

・カリ肥料等の身近にあるものを線源にするとよい。

・宇宙からの放射線は簡易なものでは観察しにくい。ネット上の動画を見せる方法もある。

〔実験2〕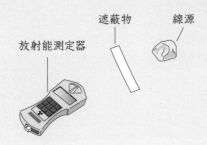

3．放射線測定器セットを利用して、放射線の性質を調べる。

遮蔽物　　線源

放射能測定器

4．気づいたこと

・線源から距離が離れるほど放射線の数が減った。

・鉛などを置くと放射線の数が減った。

3 放射線測定器セット等を使い、放射線の性質を調べる〈25分〉

たくさん飛んでいるんだね

自然にあるんだね

実験

・花崗岩やカリ肥料などからも放射線が出ていることを見いだす。

・線源から距離が離れたり、適した遮蔽物を置くことで放射線は少なくなる。

・日本科学技術振興財団等のサイトで貸し出しを申し込める。

4 医療などの放射線を利用している例を知る 〈10分〉

放射線はどのようなところで利用されているでしょう

病気を治すのに使っていると思います

・医療やジャガイモの発芽抑制などで、放射線が有効に活用されている例を説明する。

・自然界にも放射線が存在し、微量に浴びていることを説明する。

第 ⑤ 時

プラスチックの性質と
その利用

本時のねらい

- ペットボトルに使用されている数種類のプラスチックの性質の違いを、密度や燃え方などから理解することができる。
- 日常生活や社会では様々な物質が幅広く利用されていることを理解することができる。

本時の評価

- 科学技術の発展の過程を知るとともに、科学技術が人間の生活を豊かで便利にしていることを認識している。（知）

準備するもの

- 身近なプラスチック（ペットボトルとそのラベル）
- ビーカー・水・ガスバーナー
- マッチ・ピンセット・銅線
- 冷却板・保護眼鏡
- ワークシート

授業の流れ ▷▷▷

1 課題を把握する 〈5分〉

ペットボトルは水に浮くでしょうか

浮くに決まっている。おぼれた人の救助に使っているもの

実は沈む

キャップとか、ラベルだけなら浮く

- 代表的なプラスチックには次のようなものがある。
  ① PE（ポリエチレン）
  ② PP（ポリプロピレン）
  ③ PS（ポリスチレン）
  ④ PVC（ポリ塩化ビニル）
  ⑤ PET（ポリエチレンテレフタレート）

ワークシート 付録

> 年　組　番　氏名 _____
>
> **プラスチックの性質・密度でプラスチックを区別する**
>
> ○実験のねらい
> > プラスチックを水に沈めたときの沈み方を比較して、種類によってプラスチックの性質の違いを調べる。
>
> ○予想
> > ペットボトルは浮くか、沈むか [浮く]
> > そう考える理由
> > いかだの材料や水難救助にペットボトルが使われているから。
>
> ○実験の結果
>
> | | 手触りや色 | 水に浮くか、沈むか | 気付いたこと |
> |---|---|---|---|
> | 本体 | 硬い | 沈む | ゆっくり沈む |
> | ラベル | 柔らかい | 浮く | 予想通り |
> | キャップ | 柔らかい | 浮く | 予想通り |
>
> 【注意すること】
> ・水に浮くか沈むか調べるときには、表面についた気泡をとるため、いったん水中に沈めてしまう。
>
> ○わかったこと
> > ペットボトルを素材に分けて別々に実験をすると、ラベルやキャップは浮くが、本体は水に沈むことがわかった。浮いたり沈んだりは、どれもギリギリそうなる感じで、密度は1に近いと思う。
>
> ○感想
> > ペットボトルを素材に分けて調べると、浮いたり沈んだりする。いかだの材料や水難救助にペットボトルが使われているが、それはキャップをつけた状態で、中に空気が入っているからで、それがなければ、むしろペットボトルは沈むと言った方がよい。

2 水に浮くか、沈むか、実験をする 〈20分〉

水に対する浮き沈みの実験をして調べてみよう

レジ袋ならどうかな

ペットボトルだけなら沈むんですね

実験

- ペットボトル本体は PET なので沈む。
- キャップやラベルは PP や PS なので浮く。

1 実験 ペットボトルは水に浮くか、調べよう。

1 身のまわりにある、物質名のわかるプラスチック製品を5mm角程度の大きさの四角形に切る。

注意！ 手を切らないように注意する。

2 **1**のプラスチック片を水に入れ、浮くかどうか調べる。

3 燃焼さじを使って、プラスチック片を加熱する。

アルミニウムはくを巻く。

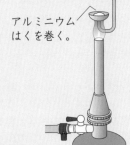

プラスチックの性質のちがいを調べる実験

電子黒板で表示するか、ポスターにして貼っておく

注意！ ●換気をよくし、保護めがねをかけて実験を行う。
●熱したプラスチックが手などにたれないように注意する。

---

3 プラスチックを燃やす演示実験を見る 〈10分〉

二酸化炭素が出ているんですね

ということは、有機物だな

・ペットボトルの本体の部分はPET（ポリエチレンテレフタレート）は溶けてろうのようにしたたり落ちる。ラベルの部分PE（ポリエチレン）は黒いススが出る。キャップの部分PP（ポリプロピレン）は燃えて灯油のようなにおいがする。
・換気に注意する。

4 プラスチックの利用の歴史を知る 〈15分〉

プラスチックとは形を自由に変えられるものという意味です

身の回りのいろいろなところで使われています

軽くて丈夫なので、容器や袋に適しているね

・天然の物質をそのまま用いていた時代から、これらに加え、人工的に作られたプラスチックを利用する時代に変わってきたことを説明する。
・物質の変遷を取り上げ、使用目的や用途に応じた機能を備えた素材が開発され、日常生活や社会に役立ってきたことを理解させる。

第⑥時

科学技術の発展
・課題の設定

(本時のねらい)
・人間の生活を豊かで便利にしている科学技術の発展の過程について調べるテーマを選ぶことができる。

(本時の評価)
・物質やエネルギーに関する事物・現象に進んで関わり、粘り強く他者と関わりながら科学的に探究しようとしている。(態)

(準備するもの)
・科学技術の発展に関する資料
・視聴覚教材
・ワークシート

1 4 調べるための

1 教科書
　理科に関するいろいろなこと、基本的なことが網羅的に載っています。いきなり難しい専門書を調べるより、まずは、教科書であたりをつけよう。

2 詳しい人にたずねる
　理科の先生に聞くのは一つの方法です。何を調べたらわかるかという調べる手がかりをいっしょに考えます。他の教科例えば社会科の先生に聞くという手もあります。
　聞く相手は学校の中だけとは限りません。交渉次第ですが、大学や研究所の方等の専門家にお会いして、知りたい情報が得られることがあります。

(授業の流れ) ▷▷▷

1 学習のねらいを確認する 〈5分〉

 科学技術の発展について、調べ学習をします

2 課題について把握する 〈10分〉

 科学技術で便利だな、すごいなと感じることがありますか？

スマホはすごい

石けんが合成洗剤

・3年間の理科の授業のまとめである。自然を多面的、総合的に捉えるよう留意する。
・科学技術がテーマであるが、2分野の「生物と環境」とも多面的・総合的に考察を深め、持続可能な社会をつくっていくことが重要であると認識させるようにする。

・主に中学校理科の1分野の学習を振り返りをさせる。1・2年で物質とエネルギーについて様々な学習してきている。
・切り口は科学技術の発展だが、科学技術の負の側面にも触れながら、それらの解決を図る上で科学技術の発展が重要であることにも気付かせることに留意する。

7つの要点に気をつけよう。

なお、学校の外の人に聞くときは学校からお願いをすることができます。先生と相談してください。

3　図書室一の本
教科書・資料集には載っていない細かいことを調べるには学校の図書室や五反田図書館等の図書館の本を利用しましょう。より専門的なことが調べられます。

4　図書室の司書さん
事前に依頼しておくと、調べたいテーマの本をそろえてくれます。

5　インターネット
検索すると多すぎてとまどうほど様々な情報が得られます。

6　科学館、博物館等の社会教育機関
調べに行ったり、質問に行ったりすることができます。学校の中や本などで調べてもわからないことが解決できることがあります。

7　観察、実験
理科で観察、実験をするのは、調べるために基本的なことです。理科室には、必要な器具や薬品がそろっています。申し出てください。観察、実験は、やりっ放しにならないように計画を立て、予想をし、記録（ノート、デジカメ写真等）をきちんと残すようにしましょう。

> ワークシートを示す

---

3 自分なりに調べたいテーマを決める　〈10分〉

- 教師からテーマを与えてもよい。
- 資源やエネルギー資源の有効利用、防災、医療、農林水産業、工業、交通及び通信などに科学技術が役立っている平易な例やナノテクノロジー、人工知能、ロボット、宇宙開発、深海探査など最新の科学技術を調べさせたりすることが考えられる。

4 テーマを選ぶ　〈25分〉

- 科学技術の発展を振り返りながら、科学技術の有用性と活用の在り方について考えさせる。
- これからの科学技術の発展の方向性について、具体的な例を挙げ、科学的な根拠を基に検討させる。

第⑦時

科学技術の発展
・資料の作成

本時のねらい

・図書館、博物館、科学館をはじめ、情報通信ネットワークを通して得られる多様な情報を活用したりして、資源やエネルギー資源の有効利用、防災、医療、農林水産業、工業、交通及び通信などに科学技術が役立っている平易な例について調べることができる。

本時の評価

・物質やエネルギーに関する事物・現象に進んで関わり、粘り強く他者と関わりながら科学的に探究しようとしている。態

準備するもの

・ワークシート

付録

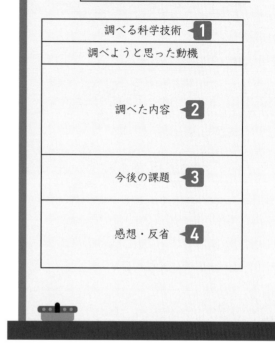

| 課題 | 科学技術のうち、1つを選図書館の書籍、インターネ |

| 調べる科学技術 ◀1 |
| 調べようと思った動機 |
| 調べた内容 ◀2 |
| 今後の課題 ◀3 |
| 感想・反省 ◀4 |

授業の流れ ▷▷▷

1　テーマを決めて調べ学習を進める　〈5分〉

この本はどうかな

ここに載っている

2　課題について調べる　〈20分〉

ネットで検索すると、こんな情報もあったよ

科学館の資料をもらってきた

・まとめのワークシートを配付する。
・グループ内で情報交換することを前もって指示しておく。
・1グループの人数は多くても4名にする。
・ここでの机間指導の効果は大きい。無理なく調べ学習が進められるよう、個別にアドバイスをする。

・教科書だけでなく、自然の恵みや災害に関する資料集や書籍を調べさせる。
・教室や理科室だけでなく、学校図書室や情報通信ネットワークの活用も考えると学習の幅が広がる。さらに、家庭学習として、地域の図書館や科学館利用も考えると、さらに学習の幅が広がる。

び、その発展の歴史と今後の課題について、教科書、資料集、
ット上の情報などを活用して、まとめてみよう。

金属はどのように利用されているのだろうか

金属はそれだけでも有用だが、合金にするとさらに役立つといわれている

金属は、硬く光沢があり熱や電気を伝えやすい性質があることは1年で学んだ。天然にある金属元素は90種類以上もあり、さらに、合金の形でステンレス食器や硬貨等、様々な日常場面で使われている。
スマホやパソコン等の電子機器の心臓部に使われている半導体や形状記憶合金など、新しい使い道が開発されている。

オリンピックの金銀銅のメダルは、スマホを回収して作られると聞いた。それだけでなく、アルミ缶回収など資源の有効利用を進めるべきである。

科学技術は私たちの暮らしを便利にしてくれている。それがない時代の暮らしは考えられないぐらいだ。不便だったかもしれないが、しかし、その時代はその時代の人々がその時代にあるものを工夫して使ってきたのだろう。同じように工夫して生活していくことが大切だと思った。

ワークシートを示す

---

3 アドバイスを受ける 〈10分〉

この資料のここは使えるよ

ぼくが書きます

ここに貼るグラフをまとめておくね

・役割を分担して、まとめの作業の効率が上がるように促す。
・あきらめがちな生徒には、具体的な資料を提供したり、粘り強く励ます。
・調べてまとめ発表するという学習には様々な段階がある。その工程を分担するようにさせる。

4 分かりやすくまとめる 〈20分〉

自然災害は、人間社会にとってマイナスの面が大きいはずです

それを書いてもいいんですか？

それをどう解決しようとしているか、方向性も書いてください

▷ 対話的な学び

・自然災害は天災であり運命的に避けられないという考え方と、災害があることを予想し、その被害を最小限にする予防措置的な考え方があることを紹介する。
・自然災害にも触れながら、それらの解決の糸口も調べることを確認しておく。

第⑧時

科学技術の発展
・発表とまとめ

本時のねらい

・多面的、総合的に捉えさせる観点から、学習の成果について発表会を行い、専門家などの意見を基に考えを深めることができる。

本時の評価

・自然環境を保全することの重要性を認識している。知

準備するもの

・拡大投影機
・スクリーン
・ワークシート
・司会原稿

ワークシート　　　付録

```
                               年    組    番  氏名

発表評価表 テーマ　　　　　　　　　発表者
1  声の大きさ、速さに注意して発表できていましたか    Ⓐ B C D
2  発表内容が分かりやすくできていましたか          A Ⓑ C D
3  発表方法に工夫ができていましたか              A Ⓑ C D
4 （あなた自身は）最後まで発表を聞いていましたか     Ⓐ B C D
発表を聞いた感想
　金属は面白いと思った。天然にある金属元素は 90 種類以上というが、人工の金属元
素にはどんな性質があるのか、2 種類以上の金属を合わせてつくる合金にはどんな性
質があるのか、調べて見るともっと面白いと思った。
発表を聞いて、疑問に思ったこと、もっと質問したいこと
　そもそも、金属はどうして光沢があるのか、どうして合金になれるのか、知りたい。

                     発表を聞いた感想
発表を聞いて、疑問に思ったこと、もっと質問したいこと▼発表を聞いて、不思議だと思
うことが増えました。自分でも調べてみたいと思います。
「発表会を成功させよう」（司会原稿）
1  授業の最初に言っておくこと。
   ・「（自分の名前を言って）司会をやりますが、ご協力お願いします」
   ・「発表を聞いて感じたことは、評価表に記入してください」
   ・「ふざけて、相手を傷つけるようなことは書かないでください」
   ・「著作権への配慮し、使った資料の出典の説明をしてください」
   ・「自己評価表は、発表が終わったグループが書いてください」
2  発表者ごとに言うこと。
 （1）発表が始まるときに、
   ・「次の発表は、○○さんです。発表のテーマは△△△△です」
   ・「評価表に発表者の名前とタイトルを記入してください」
   ・「では、○○さん、お願いします」
 （2）発表が終わったら、
   ・「ありがとうございました。今の発表で、質問がある人は手を挙げてください」
   ・「なければ終わります。○○さんに、拍手をお願いします」
     「評価表を記入してください」
3  発表の終わりに言うこと。
   ・「ご協力ありがとうございました」
     みんなにあいさつをしておしまい。
```

授業の流れ ▷▷▷

1 発表会の進行方法を知る　〈5分〉

時間内でしっかり発表
してください

2 発表を聞く側も理解を深める　〈5分〉

1グループの時間5分です

著作権へ配慮し、
使った資料の出典の
説明をしてください

教師の役割
・生徒に役割を振り、発表会が自主的に進行できるようにする。
・発表ごとに短く評価をする。
　（基本的に発表のよいところを取り上げ、肯定的に評価する。）
・授業時間の枠の中で終えるように進行管理をする。
・発表を聞く側にも、質問を考えたり、評価表を記入したりするように指導する。

司会の役割
・発表者や調査したテーマを読み上げ、発表会の進行管理をする。
・質問者を指名し、必要であれば発表者に応えさせる。
・教師に発表の評価をしてもらう。
・発表が終わったグループへの慰労の拍手を促し、認め合う雰囲気をつくる。

発表者の役割
・要点をわかりやすく発表する。
・声の大きさや話す速さ、発表とスライドとの整合性に気を付ける。
・質問が出たら、正対した回答をする。その場でできないときは、後で調べる。
・与えられた時間を守る。

1 2 「発表会を成功させよう」(司会原稿)

電子黒板で表示するか、ポスターにして貼っておく

1　授業の最初にいっておくこと。
・「(自分の名前をいって) 司会をやりますが、ご協力お願いします」
・「発表を聞いて感じたことは、評価表に記入してください」
・「ふざけて、相手を傷つけるようなことは書かないでください」
・「著作権への配慮し、使った資料の出典の説明してください」
・「自己評価表は、発表が終わったグループが書いてください」

2　発表者ごとにいうこと。
(1) 発表が始まるときに、
・「次の発表は、○○さんです。発表テーマは△△△△です」

・「評価表に発表者の名前とタイトルを記入してください」
・「では、○○さん、お願いします」
(2)　発表が終わったら、
・「ありがとうございました。今の発表で、質問がある人は手をあげてください」
・「なければ終わります。○○さんに、拍手をお願いします」
　「評価表を記入してください」

3　発表の終わりにいうこと。
・「ご協力ありがとうございました」
みんなにあいさつをしておしまい。

---

3 グループ内で一人ずつ発表する　〈20分〉

これは東京の1月の平均気温です。50年間で確かに上昇していることが分かります

4 相互評価を通して、知識の定着を図る　〈20分〉

お互いに評価をして、成果を確かめ合いましょう

発表会

・発表会の形式では、発表時間を守らせることに留意したい。
・発表方法は、いくつか形式がある。レポートを作成させて展示を行ったり、ポスターを作成させてポスターセッションにしたりすることもできる。コンピュータでプレゼンテーションを作成させてもよい。

・相互評価表だけでなく自己評価表も用意しておく。内容は相互評価表に準じたものでよい。
・まず、相互評価を実施し、回収した相互評価表は、授業者が目を通した後、生徒本人に返す。
・相互評価表を自己評価の参考にさせる。何がどうよかったのか、具体的にイメージできるようになると、学習への意欲が急速に高まる。

持続可能なくらしを支える科学技術

本時のねらい

・科学技術が人間の生活を豊かで便利にしていることを認識することができる。

本時の評価

・科学技術の発展の過程を知るとともに、科学技術が人間の生活を豊かで便利にしていることを認識している。（知）
・自然環境の保全と科学技術の利用の在り方について科学的に考察することを通して、持続可能な社会をつくることが重要であることを認識している。（知）

準備するもの

・ワークシート

ワークシート　　付録

年　　組　　番　氏名

【課題】「科学技術をクリティカルにとらえなおしてみよう」

私たちのくらしを豊かにしてくれている科学技術に負の側面はないのか。
先日の台風のとき、停電しました。食事もゲームも何もすることができない、ということがわかりました。便利になようでいざというときにこれでは困ります。

・それを克服するためには、どんなことをすればよいのか。
停電になってもよいように準備をしておく。災害用の水・食糧の備蓄。

・友達の考え
小型家庭用発電機も用意できる。スマホの充電ぐらいはできる。

・自分の考え
停電になってもよいように考えて、できる準備をふだんからしておくことが大切だとわかりました。

授業の流れ ▷▷▷

1 動画を視聴する 〈5分〉

・デジタル教科書や NHK for school 等にあるオンデマンドの動画は使いやすい。

2 課題を把握する 〈10分〉

・生徒からクリティカルな意見が出ない場合は、教師がフォローする。

2 課題 科学技術をクリティカルにとらえなおしてみよう。

・私たちのくらしを豊かにしてくれている科学技術に負の側面はないのか。

再生可能エネルギーを利用した発電の例

電子黒板で表示するか、ポスターにして貼っておく

地熱発電
（大分県九重町）

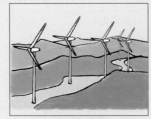
風力発電
（静岡県南伊豆町）

太陽光発電
（千葉県市原市）

3 解決策を話し合う 〈20分〉

どんなことにも負の側面があります。それを克服するためには、どんなことをすればよいのか、話し合ってみよう

・教師は机間指導をして、グループの話し合いの進行を助ける。
・解決困難な課題でも、自然環境の保全をしたり、持続可能な社会をつくろうとすることで、解決の方向性が見えるようにアドバイスをする。

4 単元のまとめをする 〈15分〉

この単元の振り返りをしてみよう

振り返り

・「エネルギーと物質」の単元を振り返るだけでもいいが、テーマによっては、1年や2年の単元までさかのぼってもよい。
・科学技術が発展することが発生するマイナス面も、科学技術のさらなる発展で補っていけることを示唆する。

12 生物と環境／自然環境の保全と科学技術の利用 （16時間扱い）

単元の目標

　生物が非生物的環境とともに自然界を構成しており、その中でつり合いが保たれていることと、人間の活動などが自然界のつり合いに影響を与えていることを理解させ、自然環境を保全することの重要性を認識させる。また、地域の自然災害を調べることで大地の変化の特徴を理解させ、自然を多面的、総合的に捉えさせる。その上で、自然と人間との関わり方について、科学的に考察して判断する能力や態度を身に付けさせる。

評価規準

知識・技能	思考・判断・表現	主体的に学習に取り組む態度
日常生活や社会と関連付けながら、自然界のつり合い、自然環境の調査と環境保全、地域の自然災害、及び自然環境の保全と科学技術の利用についての基本的な概念や原理・法則などを理解しているとともに、科学的に探究するために必要な観察、実験などに関する基本操作や記録などの基本的な技能を身に付けている。	生物と環境について、身近な自然環境や地域の自然災害などを調べる観察、実験などを行うとともに、自然環境の保全と科学技術の利用について、観察、実験などを行い、自然環境の保全と科学技術の利用の在り方について、科学的に考察して判断しているなど、科学的に探究している。	生物と環境、及び自然環境の保全と科学技術の利用に関する事物・現象に進んで関わり、見通しをもったり振り返ったりするなど、科学的に探究しようとしている。

既習事項とのつながり

(1)小学校 3 年：「身の回りの生物」では、生物とその周辺の環境との関係について学習をしている。

(2)小学校 5 年：「流れる水の働きと土地の変化」では、流れる水の働きと土地の変化の関係についての考えをもつように学習をしている。

(3)小学校 6 年：「生物と環境」では、生物と環境のかかわりについての考えをもつこと、また「土地のつくりと変化」では、土地のつくりと変化についての考えをもつように学習をしている。

(4)中学校 1 年：「生物の観察と分類の仕方」では、いろいろな生物が様々な場所で生活していること、また「火山と地震」では、火山やその噴出物、地震の伝わり方や地震に伴う土地の変化の様子、さらに「地層の重なりと過去の様子」では、地層のでき方や、地層とその中の化石を手がかりとして過去の環境と地質年代を推定できることを学習している。

(5)中学校 2 年：「日本の気象」では、日本の天気の特徴を気団と関連付けて理解するとともに、日本の気象を日本付近の大気の動きや海洋の影響に関連付けて学習している。

指導のポイント

　7 年間の理科のまとめとしての最終単元であり、既習事項を関連付けて学習を進める。また、インターネットの情報も利用したり、施設等を見学したりして、情報を集め整理してまとめることが大切である。

(1)本単元で働かせる見方・考え方

　自然環境を調べる観察、実験などだけでなく、自然界における生物相互の関係や自然界のつり合いや自然と人間との関わり方等まで、幅広く視点を拡げ、多面的に認識を深めさせる。

(2)本単元における主体的・対話的で深い学び

　話合いやレポートの作成、発表を適宜行わることを通して、自然環境の保全と科学技術の利用の在り方について多面的、総合的に捉え、科学的に考察して判断させるようにする。

指導計画（全16時間）

㋐㋐ 自然界のつり合い（4時間）

時	主な学習活動	評価規準
1	◀対話的な学び〔関係的〕生物どうしの食べる・食べられるの関係	知（知）
2	◀対話的な学び〔時間的〕〔関係付け〕個体数の変動とつり合い	（思）
3	微生物の働き① 観察「土壌生物の観察」 ◀対話的な学び〔条件制御〕実験	（思）
4	〔関係付け〕微生物の働き②	思

㋐㋑ 自然環境の調査と環境保全（4時間）

時	主な学習活動	評価規準
5	◀対話的な学び 物質の循環と自然環境	（知）
6	◀対話的な学び 自然環境の調査①	（態）
7	◀対話的な学び〔関係付け〕自然環境の調査②	（思）
8	◀対話的な学び〔時間的〕自然環境の調査と環境保全	態（態）

㋐㋒ 地域の自然災害（4時間）

時	主な学習活動	評価規準
9	地域の自然災害について、課題の設定	（思）
10・11	◀対話的な学び 調べ学習「自然の恵みと災害」資料の作成（2時間扱い）	（知）
12	発表会 発表とまとめ、自然と人間の関わり方	態

㋑㋐ 自然環境の保全と科学技術の利用（4時間）

時	主な学習活動	評価規準
1	◀対話的な学び 課題の設定をする。	（態）
2	調べ学習「資料の作成」	思
3	◀対話的な学び ディベート：「プラスチックを使わない社会が世界を生かす」	思
4	振り返り まとめと自己評価、科学技術の光と影	（知）態

第①時

生物どうしの食べる・食べられるの関係

・生物の中には「食べる・食べられるの関係（食物連鎖）」があることを理解することができる。
・食物連鎖の始まりは光合成を行う植物であることを見いだすことができる。
・食べる生物よりも食べられる生物の方が多いという数量的関係を説明することができる。

（本時の評価）
・食べる生物と食べられる生物の関係を矢印で表している。知

（準備するもの）
・10種類の生物の写真
・ワークシート

付録

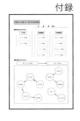

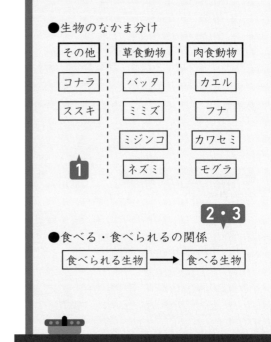

（授業の流れ）▷▷▷

1 様々な生物の写真を見る 〈10分〉

ここに10種類の生物の写真があります。異なる生物どうしにはどのような関係があると思いますか

食べる・食べられるの関係があると思います

・10種類の写真を提示し教師側が生物の特徴を説明する。動物は「食べているもの」で草食動物、肉食動物に分類できることに触れると、生徒は関係性を考えやすくなる。また、植物は自身でエネルギーを作り出すことができる唯一の生物であることに気付かせる。

2 食べられる生物から食べる生物へ矢印を付ける 〈10分〉

ススキとバッタの関係を➡で示した例を参考に、食べられる生物から食べる生物へ矢印をつけてみよう

バッタ　ネズミ　コナラ
カエル　ススキ　カワセミ
ミミズ　モグラ　フナ　ミジンコ

（関係的）
・10種類の生物を植物・草食動物・肉食動物に分類した結果を確認する。（クラス全体）「食べられる生物」と「食べる生物」の関係は矢印で表せることをススキとバッタの関係を用いて説明する。

生物どうしのつながり

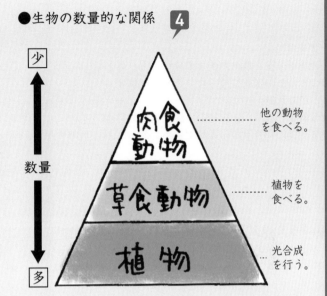

| 生態系 |
ある地域の生物と環境（水や空気、光、土など）をまとまりとしてとらえたもの

| 食物連鎖 |
生物どうしの食べる・食べられるという鎖のようにつながった関係

| 食物網 |
生態系全体の食物連鎖が網の目のようにつながっている関係

●生物の数量的な関係　4

少　↑
数量
多　↓

肉食動物 …… 他の動物を食べる。

草食動物 …… 植物を食べる。

植物 …… 光合成を行う。

---

3 食べる・食べられるの関係を確認する　〈15分〉

植物は、二酸化炭素と水を用いて光合成を行うから他の生物を食べる必要はないんだね

これを見ると、動物は必ず何かしらの生物を食べているよね

対話的な学び

・最初に個人で関係性を考え、個人の考えを班で発表し、他者との相違点等を確認し合う。動物は必ず他の生物を食べ、植物は他の生物を食べないことを話し合いを通して確認し合う。

---

4 生物の数量的な関係を考える　〈15分〉

話し合いを通して何か分かったことはありますか

植物に向かってくる矢印はないことが分かりました

それぞれの個体数にはどのような関係があるのか気になりました

・1つの生態系に注目させ、食べる生物より食べられる生物が多いことに気付かせる。また、この関係は陸上の生物だけでなく、湖沼・海洋などあらゆる生態系においても成立することを説明する。

第②時

個体数の変動とつり合い

本時のねらい

・生物をとりまく環境が大きく変わると、もとのつり合いの状態に戻らないことを理解することができる。

・既習事項を活用し、生物の個体数の変動について主体的に考えることができる。

本時の評価

・外来種をテーマに自然界のつり合いに影響を与えている原因について考察している。（思）
付録

準備するもの

・ブラックバスの写真

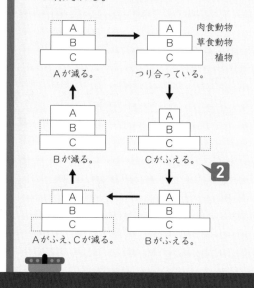

課題　生物どうしのつり合いについて考えよう。

●生物の個体数のつり合い
　生態系の生物の個体数は一時的に増減するが、長期的に見るとほぼ一定に保たれる。

```
┌─┐              ┌─┐
│A│          →   │A│   肉食動物
├─┤              ├─┤
│B│              │B│   草食動物
├─┤              ├─┤
│C│              │C│   植物
└─┘              └─┘
Aが減る。        つり合っている。

┌─┐              ┌─┐
│A│              │A│
├─┤              ├─┤
│B│              │B│
├─┤              ├─┤
│C│              │C│
└─┘              └─┘
Bが減る。        Cがふえる。

┌─┐              ┌─┐
│A│          ←   │A│
├─┤              ├─┤
│B│              │B│
├─┤              ├─┤
│C│              │C│
└─┘              └─┘
Aがふえ、Cが減る。  Bがふえる。
```

授業の流れ ▷▷▷

1 生産者と消費者の個体数の関係を復習する　〈5分〉

「食べられる生物」と「食べる生物」の間にはどのような関係があるでしょうか？

「食べられる生物」は「食べる生物」よりも数が多く、ピラミッドでは下に位置しています

肉食動物
草食動物
植物

・食物連鎖には、「食べる生物」よりも「食べられる生物」の数が多い関係があることを確認する。生産者である植物は常にピラミッドの一番下で数が多く、大型の消費者になるほど、数が少なくなること確認する。

2 何らかの原因で植物が増えると、その後どのようなことが起こるか考える　〈10分〉

植物が増えると‥それを食べる草食動物が増える　草食動物がふえれば、植物は‥

・デジタル教科書等を活用し、生物の個体数の変動を説明すると分かりやすい。生物の個体数は、季節や年によって変動するが、一時的な増減はあっても、長期的に見れば、ほぼ一定に保たれつり合っていることを理解させる。

● 自然界のつり合いに影響を与えている原因について考える。

● ブラックバスの基本情報
① 肉食性の外来魚でフナや小エビをよく食べる。
② 天敵の生物がいない。
③ 日本の風土に合い、よく繁殖する。

● ブラックバスが放流されると、フナ・小エビ・動物プランクトンの個体数はどう変化するだろうか。

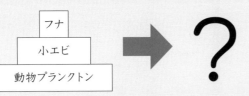

3・4

この生態系をもとのバランスのとれた生態系に戻すためには、外来種であるブラックバスを駆除する必要があります。どのような方法が考えられますか。

＜自分の考え＞　　生徒の発言例
① ブラックバスを放流・輸入しない。
② 釣り大会の開催。
③ 定置網を仕掛ける。

＜他の人の考え＞　　生徒の発言例
① ため池の干し上げ。
② 電気ショッカー船を用意する。

＜対話したあとの自分の考え＞
生徒の発言例

雄のフェロモンを塗った餌をまき、メスをおびき出し、定置網で捕獲する。

---

3 外来種の影響を考える 〈10分〉

ブラックバスに捕食されフナ・小エビの個体数が減少することが予想されます　フナが減少するのはエサである小エビが少なくなることも原因の１つだと思います

動物プランクトンはフナ・小エビが減少したことで一時的には増加しますが、やがてエサがなくなり減少します　そしてこの生態系はもとには戻らなくなります

時間的　関係付け

・外来種のブラックバスが放流されると生態系が崩れ、つり合いがとれなくなる。既習事項を踏まえ、この生態系を構成する生物の個体数がどう変動するか考える。変動を考えやすくするため、フナ・小エビ・動物プランクトンに限定する。

4 自然界のつり合いを保つ方法を考える 〈25分〉

この生態系をブラックバスから守るためには、放流を規制したり、メスのブラックバスを捕獲する方法も考えられます

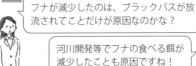

フナが減少したのは、ブラックバスが放流されてことだけが原因なのかな？

河川開発等でフナの食べる餌が減少したことも原因ですね！

対話的な学び

・自分の考えを基に班で話し合いをし、思考を深める。学級全体で発表後、自分の考えを再構成する。外来種以外にも河川開発などによる餌の減少が自然界のつり合いを崩す原因になっていることにも触れる。

第③時

微生物の働き①

(本時のねらい)

・土の中には多くの土壌生物と微生物がいることを知り、その働きを理解することができる。

(本時の評価)

・土の中の生物が有機物を無機物に分解する役割を担っていること（最適条件も含む）を確かめる実験計画を立案している。（思）

(準備するもの)

＜共通で必要なもの＞

・腐った葉の混じった土

① ツルグレン装置（自作制作でも可）　スタンド　金網　支持環　電球　ビーカー　エタノール水溶液

② 微生物の働きを調べる実験　ペトリ皿（デンプンを含んだ寒天培地）、金属製の皿、ガラス棒、ガスバーナー、三脚、ヨウ素液、スポイト、薬さじ

付録

(授業の流れ) ▷▷▷

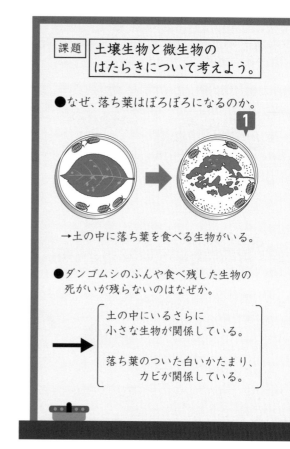

課題　土壌生物と微生物のはたらきについて考えよう。

● なぜ、落ち葉はぼろぼろになるのか。

① →土の中に落ち葉を食べる生物がいる。

● ダンゴムシのふんや食べ残した生物の死がいが残らないのはなぜか。

→ 土の中にいるさらに小さな生物が関係している。

落ち葉のついた白いかたまり、カビが関係している。

---

1 本時の目的を確認する 〈5分〉

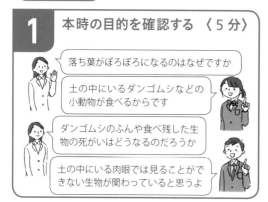

落ち葉がぼろぼろになるのはなぜですか

土の中にいるダンゴムシなどの小動物が食べるからです

ダンゴムシのふんや食べ残した生物の死がいはどうなるのだろうか

土の中にいる肉眼では見ることができない生物が関わっていると思うよ

・土の中には、小動物（土壌生物）と肉眼では見ることができない微小な生物（微生物）がいることを明確にし、本時の目的を確認する。また土の中には、消費者の一部である死がいやふんを食べる（ミミズやトビムシなど）分解者がいることにも触れる。

2 土壌生物の観察 〈15分〉

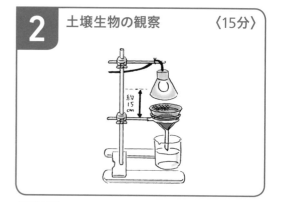

約15cm

観察

・肉眼でも観察できるが、ツルグレン装置（自作可）を用いると、より小さい土壌生物のセンチュウ等を観察することができる。資料集や小動物指標等を活用して観察した土壌生物を確認する。また土の中の生物どうしにおいても食物連鎖の関係が成立することに触れるようにする。

実験レポート

3・4

■実験結果（デンプンがある場合：○　ない場合：×　判断しにくい場合：△）

	焼いた土			土			土		
温度	20℃			20℃			40℃		
日数	0	1	3	0	1	3	0	1	3
デンプンの存在	○	○	○	○	○	△	○	×	×
におい	なし	なし	なし	なし	なし	刺激臭	なし	刺激臭	刺激臭

3 微生物が働きやすい条件と仮説を考える 〈10分〉

微生物はどんな環境だと働きやすいでしょうか

夏場、食材が腐りやすいから、温度を色々と変えてみて実験するのがいいね

焼いた土には微生物はいないから、デンプンは反応しないと思うよ

◁ 対話的な学び　（条件制御）

・「腐る」という単語をヒントに実験条件を班で話し合い実験計画を立案する。生物の死がいやふんの代用品として同じ有機物であるデンプンを用いることを事前に説明しておく。9つの条件を9つの班で分担して実験する。

4 微生物の働きを調べる 〈20分〉

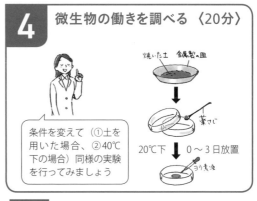

条件を変えて（①土を用いた場合、②40℃下の場合）同様の実験を行ってみましょう

実験

・教師側で焼いた土を事前に用意しておき時間短縮を図る。また、温度管理には恒温槽などを活用すると効果的である。実験結果を代表者が黒板に記入することで結果の共有を学級全体で図るようにする。

第④時

微生物の働き②

(本時のねらい)
・前時の実験から、微生物の働きと働きやすい
　条件を導き出すことができる。
・微生物の働きと日常生活との関わり合いを考
　えることができる。

(本時の評価)
・前時の実験から、微生物が働きやすい条件を
　導き出している。思

(準備するもの)
・ペトリ皿（前時）
・ヨウ素液
・スポイト
・菌類・細菌類の写真

付録

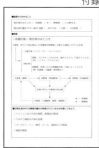

課題

微生物のはたらきとはたらき
やすい条件について考えよう。

1

● 実験結果の整理

	焼いた土			土			土		
温度	20℃			20℃			40℃		
日数	0	1	3	0	1	3	0	1	3
デンプンの存在	○	○	○	○	○	△	○	×	×
におい	なし	なし	なし	なし	なし	刺激臭	なし	刺激臭	刺激臭

● 微生物のはたらき
　（ 有機物 ）を（ 無機物 ）に分解

2

● 微生物のはたらきやすい条件
　温度（40℃付近）　日数（3日程度）

(授業の流れ) ▷▷▷

1 実験結果を共有する　〈5分〉

前時の結果を黒板に記入しましょう

焼いた土を使った場合、デンプンは
そのまま残り、土を使った場合、デ
ンプンは別の物質に変化した。土の
中にいる生物が反応に関係している
ことがわかるね

・恒温槽等からペトリ皿を取り出し、実験結果をクラス全体で確認する。また、土の他に焼いた土を用意した理由（対照実験の必要性）についても触れるようにする。

2 微生物が働きやすい条件を
考える　〈10分〉

9つの実験から導き出される微生物が
働きやすい条件とは何かな

ヒトの体温と同じくらいの40℃付近で
働きやすい。消化酵素と似ていますね

少ない日数では反応しにくいことが
分かりました　3日以上の日数が必
要なのかもしれません

(関係付け)
・前時で立てた仮説と実験を通して導き出した条件
　が照合しているかを確認する。また、複数の条件
　を組み合わせることで、より正確な条件を導き出
　せることに触れる。

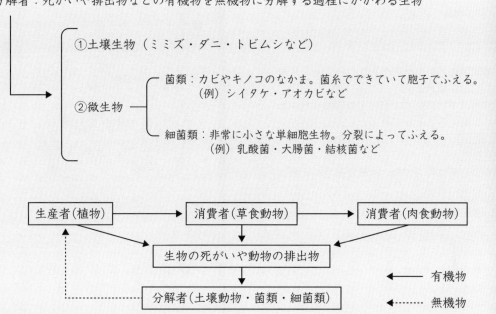

微生物のはたらき

3

分解者：死がいや排出物などの有機物を無機物に分解する過程にかかわる生物

①土壌生物（ミミズ・ダニ・トビムシなど）

②微生物
- 菌類：カビやキノコのなかま。菌糸でできていて胞子でふえる。
  （例）シイタケ・アオカビなど
- 細菌類：非常に小さな単細胞生物。分裂によってふえる。
  （例）乳酸菌・大腸菌・結核菌など

生産者(植物) → 消費者(草食動物) → 消費者(肉食動物)

生物の死がいや動物の排出物

分解者(土壌動物・菌類・細菌類)

← 有機物

⟵ 無機物

3 微生物の働きをまとめる 〈15分〉

微生物の働きをまとめてみましょう

4 微生物の働きと日常生活との
関わり合いを考える 〈20分〉

分解者の働きを生かした暮らしを豊かにする製品や食品がないか資料集等を用いて調べてみましょう

ヨーグルトや納豆は分解者の働きを利用しているね

下水処理や堆肥等にも利用されていたのは意外でした

・菌類・細菌類の特徴について説明する。菌類・細菌類の姿・形を名前からイメージすることは困難なため、写真・資料集・デジタル教科書等を用いて視覚的な配慮を図るようにする。また、分解者は消費者の一部であることに必ず触れる。

・授業で学んだ微生物の働きを、身の回りの自然の事物・現象と結び付けることで深い学びを構築する。また、菌類・細菌類と聞くと悪いイメージがあるが、日常生活を豊かにする働きがあることも確認する。

第⑤時

物質の循環と自然環境

（本時のねらい）
・炭素が生態系の中を循環していることを理解することができる。
・生態系の中での生物と環境との関わり合いについて考えることができる。

（本時の評価）
・生態系における有機物・無機物の流れを説明している。（知）

（準備するもの）
・エコボール（写真でも可）
・大型ホワイトボード
・ワークシート

付録

課題　生態系における物質の循環について考えよう。

●生物を取り巻く環境（エコボール）

1

①空気　②光　③土　④水　⑤生物

2 → 生態系では生物と環境が影響し合いつり合いが保たれている。

（授業の流れ）▷▷▷

1　エコボールを紹介する　〈5分〉

ここにエコボールというものがあります。中には何が入っているでしょうか

水草や土が入っています。上の方に空間があるので空気が入っているのも分かります

色々な生物がいて、光で照らされているのも気になります

・エコボールの構造について説明する（エコボールがない場合には、写真や画像資料等を活用する）。
・生徒への発問を基に、様々な環境要因（水・土・空気・光・生物）を板書する。

2　生態系を取り巻く環境について考える　〈5分〉

生物とまわりの環境が影響し合ってつり合いが保たれています

・生態系は生産者・消費者・分解者のみで成立しているわけではなく、水や空気・土などの様々な環境要因が影響し合って維持されていることを説明する。また、このバランスが重要であることに触れるようにする。

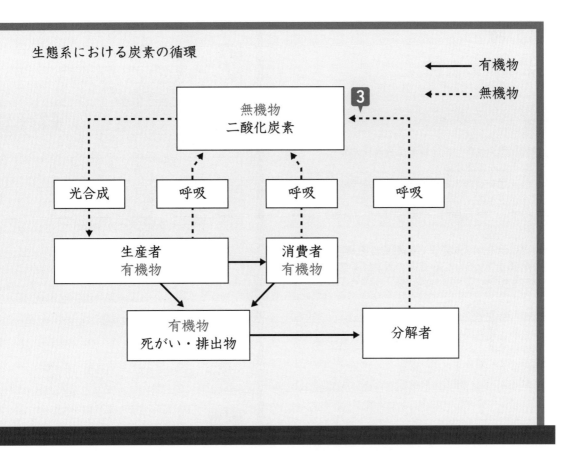

生態系における炭素の循環

→ 有機物
┄┄► 無機物

無機物
二酸化炭素 **3**

光合成　呼吸　呼吸　呼吸

生産者
有機物

消費者
有機物

有機物
死がい・排出物

分解者

---

3 生態系における炭素の循環を
理解する　　　　　　〈20分〉

私たちヒトは生態系の中で何と
呼ばれているでしょうか

消費者です

私たちのまわりにはどんな
ものがありますか

土とか空気があります

・生徒の発言を基に、生物どうしの関わりを図で板
　書する。
・炭素は有機物・無機物と形を変えて移動していく
　ことを光合成・呼吸の仕組み（既習事項）と関連
　付けて説明すると効果的である。

4 エコボールの生態系について
考える　　　　　　　〈20分〉

水草や光がなかった
ら光合成ができなく
なるから植物は生き
られないね

生態系が崩れると、元に戻すには
長い時間がかかるよね

対話的な学び

・自分の考えを記述させてからグループでの対話的
　な学びを行い、他の人の意見を参考にしながら自
　分の考えを再構成する。
・時間に余裕がある場合には、大型ホワイトボード
　を用いてクラス全体での発表も行う。

第⑥時

自然環境の調査①

本時のねらい

・自然界のつり合いに影響を与える要因を見いだすことができる。
・その要因を調査するための計画書を作成することができる。

本時の評価

・自然環境を保全することの重要性を認識し、自然界のつり合いに影響を与えている様々な要因を探究しようとしている。（態）

準備するもの

・農村部と都市部の写真
・調査計画書
・調査方法を調べるために必要器材（タブレットPC・書籍等）
・ワークシート

付録

課題

私たちの身のまわりの自然環境を調べる方法を考えよう。

 1

●農村部と都市部の違いについて考える。

	農村部	都市部	調査項目
植物	多い	少ない	森林調査
空気	きれい	汚い	大気調査
水	きれい	汚い	水質調査
動物	多い	少ない	野鳥観察

2 の生徒の話し合い活動後に記入

●身近な環境の中で調査することができる調査項目には何があるかな?

2 　　大気汚染

授業の流れ ▷▷▷

1　農村部と都市部を比較する　〈5分〉

農村部と都市部、2つの環境の違いは何でしょうか

農村部は緑が多くて、都市部には緑が少ないイメージがあるかな

田舎のおばあちゃんの家で飲んだ湧き水はとても澄んでいてきれいでした

・2つの地域の写真を提示し、環境の違いを把握することで、自然界のつり合いに影響を与えている要因を考えやすくする。
・生徒の意見を黒板に表形式に整理すると、地域の違いを明確にできる。

2　身近な自然環境について何をどのように調べればよいか話し合う　〈15分〉

何をどのように調べれば違いを明確にできるかな

気体検知管を使えば大気の汚れを調査できると思うよ

私たちが住んでいる場所で調べることができる調査項目は何でしょうか

対話的な学び

・2つの地域の環境の違いを明確にするために必要な調査項目を班で話し合う。
・時期や季節、身近な環境によって可能な調査が限定されるため、実現可能なものを教師側である程度精査しておく必要がある。

調査計画書

調査テーマ	身近な環境の大気調査 ③

目的	マツの葉の気孔を観察して空気の汚れを調べる。

準備	①マツの葉（クロマツ・アカマツ）：公園・道路・校庭などから採取　②顕微鏡　③スライドガラス　③セロハンテープ　④蛍光灯や照明装置　⑤カミソリの葉

方法	① マツの葉の気孔の汚れ具合（汚染度）を計算する。

$$汚染度（\%）=\frac{汚れた気孔数}{調べた気孔数}\times100$$

気孔のつまりぐあい	状　態
⊖ ⊖ ⊖ ⊖	つまっている
⊖	つまっていない

気孔の状態（例）

② 身近な環境の交通量を調査する。

---

3 調査する方法を書籍やタブレット端末を用いて調べる　〈20分〉

大気汚染と排気ガスは密接に関係しているから交通量を調べることは大切だね

マツの葉の気孔の汚れを調べれば大気の汚れを調査できるんだ

・身近な環境において、簡単かつ短時間で計測できる方法を文献等を用いて班で調べる。
・調べた方法をクラス全体で共有する。

4 調査ポイントを分担する　〈10分〉

調査ポイントを分担しましょう

ここは自分の自宅の近くで慣れているから、自分が担当するよ

・短時間での計測を可能にするため、調査ポイントを学級全体で分担する。
・必要な道具や調査方法（汚染度の計算方法等）について班で確認する。
・気孔の汚れ具合についてもクラス・班全体で共通理解を図る。

第⑦時

自然環境の調査②

（本時のねらい）
・前時の調査計画を基に身近な自然環境の調査を行うことができる。
・調査結果から自然環境を保全することの重要性を見いだすことができる。

（本時の評価）
・得られた結果を分析して、マツの葉の気孔の汚れと地域の環境との関係を科学的に考察している。（思）

（準備するもの）
・調査計画書
・地図
・電卓（汚染度計算用）
・ワークシート

課題 マツの葉の気孔を観察して空気の汚れを調べ、大気汚染が及ぼす要因について考察する。

1

予想 調査箇所とマツの葉の気孔の汚れの関係

・交通量の多い通りに生えているマツの葉の気孔は汚れている。
・交通量の少ない通りに生えているマツの葉の気孔は汚れていない。

（授業の流れ）▷▷▷

1 調査箇所と気孔の汚れの関係を考える 〈5分〉

マツの葉の汚れは何が原因かな

交通量の少ない場所に生えているマツの葉の気孔はきれいじゃないかな

自動車から出る排気ガスがマツの葉の気孔の汚れや大気汚染に関係していると思うよ

2 マツの葉の気孔を観察して空気の汚れを調べる 〈25分〉

安全に気を付けて調査を行いましょう

何かあったらすぐに先生に報告します

・地図や自分たちが住んでいる町の環境を想起させ、気孔の汚れと調査箇所にはどのような関係があるか班で話し合う。
・「大気汚染」の「大気」は何を指しているのか教師側から再度提示すると考察を考える際の一助になる。

・環境調査で大切なことは危険防止になる。調査を実施する前に教師が必ず下見を行い、少しでも危険が予測され、その回避が難しい場所は調査を避けるようにする。
・調査はできるだけ複数教員で行うようにし、生徒の安全確保を第一に考えて実施する。

調査計画書

3

調査箇所	見えた気孔A	汚れた気孔B	汚染度%	交通量
①	45	5	11	A
②	30	10	33	B
③	20	18	90	D
④	25	17	68	C
⑤				
⑥				
⑦				
⑧				
⑨				

「交通量の多さ」を以下の表記で定義
A：自動車のほとんど通らない所
B：自動車の交通量が少ない住宅地
C：自動車の交通量が多い道路、交通点、駅前など
D：バスやトラックがよく通る特に交通量が多い道路

3 結果を共有する 〈10分〉

私たちの班は③地点を調べました。汚染度は90%でした。バスやトラックが通る交通量の多い場所でした

私たちが調査した場所には工場があり、ゴミ処理場が近くにありました

◁ **対話的な学び**

・分担した箇所の調査結果を代表者が黒板に板書し発表する。調査してみて気付いたこと等も発表する。
・発表を聞いている生徒は、メモを取り、考察を考える際の材料として活用する。

4 マツの葉の気孔の汚れと地域の環境との関係を考える 〈10分〉

気孔の汚れと地域の環境にはどのような関係があるか考えてみましょう

交通量の多い場所は汚染度が大きい。交通量の多さが汚染度に関係していると思うよ

自動車から排出される排気ガス（一酸化炭素・二酸化炭素・窒素酸化物等）が大気汚染の原因物質だと思う

（ **関係付け** ）

・各班の報告を聞いて、個人で考察を考える。その際、調査した項目（交通量・汚染度）と相関させて考察が記述できるように注意を促す。

第⑧時

自然環境の調査と環境保全

付録

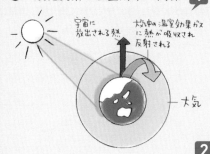

「地球温暖化の原因と対策について考えよう。」

●二酸化炭素と温室効果の関係 1

宇宙に放出される熱
大気中の温室効果ガスに熱が吸収され反射される
大気

2

●気付いたこと

・増加傾向にある

・減少と増加をくり返しながら増加している。

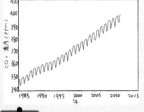

授業の流れ ▷▷▷

1 二酸化炭素と温室効果の関係を考える 〈7分〉

排気ガスにはどんな気体が含まれていましたか

一酸化炭素・二酸化炭素・窒素酸化物等の気体が含まれていました

よく二酸化炭素が増えると地球温暖化が進むと言われているけど、二酸化炭素にはどんな特徴があるのかな

・前時では身近な環境問題として大気汚染を扱ったが、本時では地球規模の環境問題として地球温暖化を扱う。
・排気ガスの中に含まれる二酸化炭素には温室効果という作用があることを説明し、地球温暖化との関連性をもたせるようにする。

2 二酸化炭素濃度と地球の平均気温の関係を考える 〈8分〉

大気中の二酸化炭素濃度の変化から分かることを考えてみましょう

年月が経つにつれて、二酸化炭素濃度が増加している。増加と減少を繰り返している点も気になります

時間的

・二酸化炭素濃度が年々増加していることに触れ、二酸化炭素を減少させることの必要性について認識させる。

課題 「0.035%の二酸化炭素濃度」を維持していくために、 **3**
自分たちにできることを考えてみよう。

●個人の意見

①ゴミを出さずに、リサイクルする。

②エアコンを控える（節電する。）

③ハイブリッド車を勧める。

④植物をたくさん植える。

●最近の二酸化炭素の削減方法

・二酸化炭素の貯留
（二酸化炭素を地面に埋める。）

・トリジェネレーション
（発生した二酸化炭素を光合成に活用。）

●班の意見

①リサイクルして、植物を植える。

②エアコンの設定温度など、自分たちでできる節電をする。

③二酸化炭素を集めてからドライアイスにする。そして宇宙に放出する。

④空気中で炭素だけを取り除く装置を造る。ダイヤモンドが大量生産できる。

⑤植物の光合成のシステムを機械でできるようにする。

3 環境問題を解決するために自分たちにできることを考える〈15分〉

「0.035%の二酸化炭素濃度」を維持していくために、自分たちにできること考えてみよう

植物は光合成で二酸化炭素を吸収するから、植林が解決策としてはいいよね

酸化銅を還元したときのように炭素に代わるものを用いて、二酸化炭素も還元できないかな

▷ 対話的な学び

・二酸化炭素濃度を一定に保つ方法を最初は個人で考える。班での話し合い活動を通して考えを深化させる。

・考えた内容・図等をホワイトボードにまとめる。

4 班で考えたアイデアを発表する〈20分〉

2年生のときに学習した二酸化炭素をマグネシウムを用いて還元する方法を提案します。他にも炭素よりも酸素と結び付きやすい物質を探してみたいです

今現在は難しいかもしれませんが、将来的には実現できるかもしれません。おもしろい発想ですね

・考えた内容が理論的に間違っている内容でも、考える姿勢を評価観点としているため、生徒のアイデアに適切な声掛けをする。

・現在活用されている方法を扱い、日常生活との関連を図ることも効果的である。

※参考文献：浅香 武志（群馬県総合教育センター）「理科指導を生かした環境教育の工夫」

第⑨時

地域の自然災害・課題の設定

本時のねらい
・大地の変化の特徴を理解し，自然を多面的，総合的に捉えために、地域の自然災害を調べるテーマを選ぶことができる。

本時の評価
・身近な自然環境や地域の自然災害などを調べる観察、実験などを行っている。（思）

準備するもの
・自然災害に関する資料
・視聴覚教材
・ワークシート

付録

---

1 調べるための

1 教科書
　理科に関するいろいろなこと、基本的なことが網ら的に載っています。いきなり難しい専門書を調べるより、まずは、教科書であたりをつけよう。

2 詳しい人にたずねる
　理科の先生に聞くのは一つの方法です。何を調べたらわかるかという調べる手ががかりをいっしょに考えます。他の教科例えば社会科の先生に聞くという手もあります。
　聞く相手は学校の中だけとは限りません。交渉次第ですが、大学や研究所の方等の専門家にお会いして、知りたい情報が得られることがあります。

授業の流れ ▷▷▷

1 学習のねらいを確認する 〈5分〉

自然の恵みや災害について調べ学習をします

・3年間の理科の授業のまとめである。自然を多面的、総合的に捉えるよう留意する。
・災害がテーマであるが、1分野の「科学技術の進歩と発展の歴史」とも多面的総合的に考察を深め、持続可能な社会をつくっていくことが重要であると認識させるようにする。

2 課題について把握する 〈10分〉

自然災害ってどんなものがありますか？

火山

大雨　台風

地震

・主に中学校理科の2分野の学習の振り返りをさせる。1年の大地の成り立ちと変化で、火山や地震、2年の気象とその変化で日本の気象について学習している。
・授業の切り口は災害でいいが、自然は、美しい景観、住みよい環境などの数々の恩恵をもたらしている側面がまずあることに留意する。

７つの要点に気をつけよう。

なお、学校の外の人に聞くときは学校からお願いをすることができます。先生と相談してください。

３　図書室一の本

教科書・資料集には載っていない細かいことを調べるには学校の図書室や五反田図書館等の図書館の本を利用しましょう。より専門的なことが調べられます。

４　図書室の司書さん

事前に依頼しておくと、調べたいテーマの本をそろえてくれます。

５　インターネット

検索すると多すぎてとまどうほど様々な情報が得られます。

６　科学館、博物館等の社会教育機関

調べに行ったり、質問に行ったりすることができます。学校の中や本などで調べてもわからないことが解決できることがあります。

７　観察、実験

理科で観察、実験をするのは、調べるために基本的なことです。理科室には、必要な器具や薬品がそろっています。申し出てください。観察、実験は、やりっ放しにならないように計画を立て、予想をし、記録（ノート、デジカメ写真等）をきちんと残すようにしましょう。

ワークシートを示す

---

３ プレートの動きは地球規模であることを知る　〈10分〉

地震や火山が起きる原因は何ですか

・地球規模でのプレートの動きについて説明し、理解させる。
・「災害」については、記録や資料などを用いて調べさせたり、地域の災害をについて説明したりして、理解を深めさせる。

４ テーマを選ぶ　〈25分〉

どんなことを調べたいですか
活断層ってどこにあるの
昔あった津波のことを調べたい
火山灰をやりたい
洪水のあとを調べたい

・例えば、各地域で起きた地震について、その記録からその地震によって生じた現象と被害の特徴を整理する。
・例えば、被害をもたらした台風の特徴をまとめるとともに、台風によって生じた様々な被害との関係を考察させるような学習が考えられる。

第⑩・⑪時

地域の自然災害・資料の作成

（本時のねらい）

・図書館、博物館、科学館、ジオパークなどを利用したり、空中写真や衛星画像、情報通信ネットワークを通して得られる多様な情報を活用したりして、時間的・空間的な見方で調べることができる。

（本時の評価）

・地域の自然災害について、総合的に調べ、自然と人間との関わり方について認識している。（知）

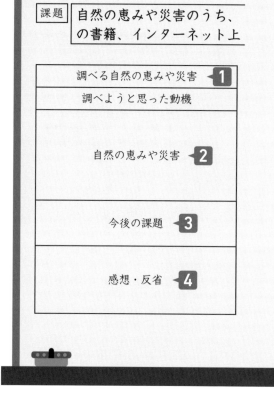

授業の流れ ▷▷▷

1 テーマを決めて調べ学習を進める 〈20分〉

この本はどうかな

ここに載っている

・グループに1枚、まとめのワークシートを配付する。
・グループ内で情報交換することを前もって指示しておく。
・1グループの人数は多くても4名にする。
・ここでの机間指導の効果は大きい。無理なく調べ学習が進められるよう、個別にアドバイスをする。

2 課題について調べる 〈30分〉

ネットで検索すると、こんな情報もあったよ

科学館の資料をもらってきた

・教科書だけでなく、自然の恵みや災害に関する資料集や書籍を調べさせる。
・教室や理科室だけでなく、学校図書室やインターネットの活用も考えると学習の幅が広がる。さらに、家庭学習として、地域の図書館や科学館利用も考えると、さらに学習の幅が広がる。

1つを選び、その発展の歴史と今後の課題について、教科書、資料集、図書館の情報などを活用して、まとめてみよう。

気候変動（異常気象）について

最近は地球温暖化が進み、台風等の異常気象が多くなっていると聞いて。

地球温暖化と言われ、その防止の取り組みも始まっています。しかし、その一方で、温暖化はしていない、地球寒冷化を唱えている科学者もいた。ただ、歴史的に地球では周期的に気候が変わるのは間違いないらしい。自然を考えるときに、人間の都合で考えてはいないでしょうか。「自然の恵みや災害」という言い方から、すでに、人間の勝手な都合から出ているような気がします。

異常気象や地球温暖化が本当に正しいのかどうかは別にして、今自分でできる身の回りのことは進めていきたいと思います。

テーマが大きすぎてうまくまとまりませんでした。しかし、先生に大学の先生を紹介していただいて、インタビューできたのは、興奮しました。
インターネットの中には両方の意見があって、中学生の私たちでは、どちらが正しいか結論を出せないと思いました。

ワークシートを示す

3 グループ内で役割を分担する 〈10分〉

この資料のここは使えるよ

私が書きます

ここに貼るグラフをまとめておくね

4 意見交換をしながら、分かりやすくまとめる 〈40分〉

自然災害は、人間社会にとってマイナスの面が大きいはずです

それを書いてもいいんですか

それをどう解決しようとしているか、方向性も書いてください

対話的な学び

・役割を分担して、まとめの作業の効率が上がるように促す。
・あきらめがちな生徒には、具体的な資料を提供したり、粘り強く励ます。
・調べてまとめ発表するという学習には様々な段階がある。その工程を分担するようにさせる。

・自然災害は天災であり運命的に避けられないという考え方と、災害があることを予想し、その被害を最小限にする予防措置的な考え方があることを紹介する。
・自然災害にも触れながら、それらの解決の糸口も調べることを確認しておく。

第⑫時

地域の自然災害
・発表とまとめ

本時のねらい

・多面的、総合的にとらえさせる観点から、学習の成果について発表会を行い、他者から意見をもらうことができる。

本時の評価

・生命を尊重し、自然環境の保全に寄与しようとしているとともに、自然を総合的に見ようとしている。態

準備するもの

・拡大投影機
・スクリーン
・ワークシート

ワークシート　　　付録

```
                        年　　組　　番　氏名 _____

発表評価表　テーマ _____　　　　発表者 _____
┌─────────────────────────────────┬───────────┐
│ 1　声の大きさ、速さに注意して発表できていましたか    │ A Ⓑ C D │
├─────────────────────────────────┼───────────┤
│ 2　発表内容が分かりやすくできていましたか        │ Ⓐ B C D │
├─────────────────────────────────┼───────────┤
│ 3　発表方法に工夫ができていましたか           │ Ⓐ B C D │
├─────────────────────────────────┼───────────┤
│ 4　(あなた自身は) 最後まで発表を聞いていましたか    │ Ⓐ B C D │
└─────────────────────────────────┴───────────┘
発表を聞いた感想
　地球温暖化ではなく地球寒冷化が正しい、という意見は、初めて知りました。いろ
いろな人の話を聞くとおもしろいです。しかし、現実に東京の平均気温は上がっている
のはどうしてかなとも思いました。

発表を聞いて、疑問に思ったこと、もっと質問したいこと
　発表を聞いて、不思議だと思うことが増えました。自分でも調べてみたいと思います。
```

```
                発表会を成功させよう (司会原稿)
1　授業の最初に言っておくこと。
　・「(自分の名前を言って) 司会をやりますが、ご協力お願いします」
　・「発表を聞いて感じたことは、評価表に記入してください」
　・「ふざけて、相手を傷つけるようなことは書かないでください」
　・「著作権への配慮し、使った資料の出典の説明をしてください」
　・「自己評価表は、発表が終わってから書いてください」
2　発表者ごとに言うこと。
(1)　発表が始まるときに、
　・「次の発表は、○○さんです。発表のテーマは△△△△です」
　・「評価表に発表者の名前とタイトルを記入してください」
　・「では、○○さん、お願いします」
(2)　発表が終わったら、
　・「ありがとうございました。今の発表で、質問がある人は手を挙げてください」
　・「なければ終わります。○○さんに、拍手をお願いします」
　　「評価表を記入してください」
3　授業の終わりに言うこと。
　・「ご協力ありがとうございました」
　・「それでは、先生、お願いします」
　　みんなにあいさつをしておしまい。
　　先生にふる。
```

授業の流れ ▷▷▷

1　発表会の進行方法を把握する　〈5分〉

時間内でしっかり発表してください

2　発表を聞く側も理解を深める　〈5分〉

1グループの時間5分です

著作権へ配慮し、使った資料の出典の説明をしてください

教師の役割	・生徒に役割を振り、発表会が自主的に進行できるようにする。 ・発表ごとに短く評価をする。 　(基本的に発表のよいところを取り上げ、肯定的に評価する。) ・授業時間の枠の中で終えるように進行管理をする。 ・発表を聞く側にも、質問を考えたり、評価表を記入したりするように指導する。
司会の役割	・発表者や調査したテーマを読み上げ、発表会の進行管理をする。 ・質問者を指名し、必要であれば発表者に応えさせる。 ・教師に発表の評価をしてもらう。 ・発表が終わったグループへの慰労の拍手を促し、認め合う雰囲気をつくる。
発表者の役割	・要点を分かりやすく発表する。 ・声の大きさや話す速さ、発表とスライドとの整合性に気を付ける。 ・質問が出たら、正対した回答をする。その場でできないときは、後で調べる。 ・与えられた時間を守る。

1 2 「発表会を成功させよう」(司会原稿)

電子黒板で表示するか、ポスターにして貼っておく

1 授業の最初にいっておくこと。
- 「(自分の名前をいって) 司会をやりますが、ご協力お願いします」
- 「発表を聞いて感じたことは、評価表に記入してください」
- 「ふざけて、相手を傷つけるようなことは書かないでください」
- 「著作権への配慮し、使った資料の出典の説明してください」
- 「自己評価表は、発表が終わってから書いてください」

2 発表者ごとに言うこと。
(1) 発表が始まるときに、
- 「次の発表は、〇〇さんです。発表のテーマは△△△△です」

- 「評価表に発表者の名前とタイトルを記入してください」
- 「では、〇〇さん、お願いします」
(2) 発表が終わったら、
- 「ありがとうございました。今の発表で、質問がある人は手を挙げてください」
- 「なければ終わります。〇〇さんに、拍手をお願いします」
  「評価表を記入してください」

3 発表の終わりに言うこと。
- 「ご協力ありがとうございました」
- 「それでは、先生、お願いします」
  みんなにあいさつをしておしまい。先生にふる。

---

3 グループごとに発表する 〈30分〉

これは東京の1月の平均気温です。50年間で確かに上昇していることが分かります

発表会
- 発表会の形式では、発表時間を守らせることに留意したい。
- 発表方法は、いくつか形式がある。レポートを作成させて展示を行ったり、ポスターを作成させてポスターセッションにしたりすることもできる。コンピュータを使ってプレゼンテーションを作成させてもよい。

4 相互評価を通して、知識の定着を図る 〈5分〉

お互いに評価をして、成果を確かめ合いましょっ

- 相互評価表だけでなく自己評価表も用意しておく。内容は相互評価表に準じたものでよい。
- まず、相互評価を実施し、回収した相互評価表表は、授業者が目を通した後、生徒本人に返す。
- 相互評価表を自己評価の参考にさせる。何がどうよかったのか、具体的にイメージできるようになると、学習への意欲が急速に高まる。

第①時

自然環境の保全と科学技術の
利用・課題の設定

本時のねらい

・これまでに学習してきた科学技術の発展と人間生活との関わり方、自然と人間の関わり方を通してテーマを選ぶことができる。

本時の評価

・テーマの設定をする場面で、粘り強く他者と関わりながら、発言をしたり考えをまとめたりしようとしている。（態）

準備するもの

・ワークシート
・教科書や資料集等、テーマに関する資料や視聴覚教材

付録

---

1 ディベートとは

一定のルールに基づいて行うゲームで、判定により、勝負をつける。

①テーマを決め、調べる。
②形式的に肯定側・否定側の二つの立場・時間を決める。
③立論・反対尋問・最終弁論の3つの要素が必要である。
④勝ち負けの評価をする。

　自分の立場をはっきりさせ、賛成・反対の考えを伝えたり、その理由を説明し、相手を説得する。
　勝ち負けより、そのことで自分の考えを深めることが大切である。

電子黒板で表示するか、ポスターにして貼っておく

授業の流れ ▷▷▷

1 学習のねらいを確認する 〈5分〉

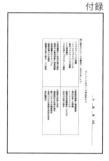

まとめの学習としてディベートをしますテーマは4つです

討論のことかしら？

ディベートはやったことがあります

2 具体的なテーマ例を知る 〈5分〉

プラスチックは便利で私たちの生活の様々な場面で使われてきています　しかし…

身近な問題ですね

・ここでは、自然環境の保全と科学技術の利用の在り方について科学的に考察し、持続可能な社会をつくることが重要であることを認識するのがねらいである。

・テーマは賛成反対をどちらかに選べるようなものにする。以下は例。
「原子力発電所をもっと増やすべきである。」
「バイオ燃料の転換は進めるべきである。」
「人類はもっと宇宙開発を進め、地球の外へ目を向けるべきである。」

ディベートのテーマを決めよう 2

4 取り組みたいテーマの番号に○をつけましょう。 ワークシートを示す

①プラスチックゴミ問題 ・マイクロプラスチックとは ・海洋プラスチックゴミ問題 ・レジ袋有償化 ・ごみ分別とプラスチック規制	③絶滅危惧種と環境破壊 ・野生生物への影響 ・レッドリストとは ・国際自然保護連合（IUCN） ・日本での取り組み
②地球温暖化と自然災害の増加 ・頻発する異常気象と気候変動 ・地球温暖化のメカニズム ・温室効果ガスの増加 ・国際的な取り組み・パリ協定	④資源の枯渇と利用 ・環境保全が必要な現状 ・個人でもできる環境保全 ・学校でできる資源の有効な利用 ・排出量取引

3 テーマの説明を聞く 〈30分〉

正しいと思うものはどれですか？

便利だよ

ストローはダメ！

4 テーマを選ぶ 〈10分〉

ディベートしてみたいと思うテーマを2つ選んでください

迷うなぁ

プラゴミ問題はどうでしょうか？

▶ 対話的な学び

・教師からの提示だけでなく、教科書や資料集等、テーマに関する資料を使う。
・科学技術の発展と人間生活との関わり方、自然と人間の関わり方について多面的、総合的に捉えさせるようにする。

・設定したテーマに関する科学技術の利用の長所や短所を整理し、同時には成立しにくい事柄について科学的な根拠に基づいて意思決定を行わせるような場面を意識的につくる。
・選んだ結果は、次時以降のグループ分けの参考にする。

第②時

自然環境の保全と科学技術の利用・調べ学習

本時のねらい

・科学技術の発展と人間生活との関わり方、自然と人間の関わり方について多面的、総合的に捉えることができる。

本時の評価

・設定されたテーマについて、書籍や図表だけでなくコンピュータやネットワークなどを使って様々な方法で調べ、その結果を他の人が分かるようにまとめている。思

準備するもの

・自分たちで用意した資料

1　ディベートとは

一定のルールに基づいて行うゲームで、判定により、勝負をつける。

①テーマを決め、調べる。
②形式的に肯定側・否定側の二つの立場・時間を決める。
③立論・反対尋問・最終弁論の3つの要素が必要である。
④勝ち負けの評価をする。

　自分の立場をはっきりさせ、賛成・反対の考えを伝えたり、その理由を説明し、相手を説得する。
　勝ち負けより、そのことで自分の考えを深めることが大切である。

電子黒板で表示するか、ポスターにして貼っておく

授業の流れ ▷▷▷

1　ディベートのルールの説明 〈5分〉

ディベートはゲームです

勝ち負けがつくゲームなのね

チームプレーで、役割分担することがポイントかもね

・一定のルールに基づいて行うゲームで、判定により、勝負をつける。
　①論題を決める。
　②形式的に肯定側・否定側の2つの立場・時間を決める。
　③立論・反対尋問・最終弁論の3つの要素が必要である。
　④勝ち負けの評価をする。

2　テーマやチームを決める 〈5分〉

今回のディベートは5人1組で行います。チームを発表します

同感！

プラゴミはよくないよね！

・ディベートは2回行い、どの生徒も少なくとも1回は経験できるようにする。
・「予選ラウンド」「決勝ラウンド」として、全員で2回対戦させることもできる。

４ ディベートを成功させよう

1　作戦タイム①　　　（3分）

2　肯定側「立論」　　（3分）「自分達の立場を明確に主張する」

3　否定側「立論」　　（3分）「自分達の立場を明確に主張する」

4　作戦タイム②　　　（3分）

5　否定側「反対尋問」（3分）「相手の一番大きな問題点を批判する」

6　肯定側「反対尋問」（3分）「相手の一番大きな問題点を批判する」

7　作戦タイム③　　　（3分）

8　否定側「最終弁論」（3分）「相手の主張に対比させて、主張を返す」

9　肯定側「最終弁論」（3分）「相手の主張に対比させて、主張を返す」

10 判定　（3分）

> 3分ずつでは短かいと感じられることもある。4分や5分ずつだと
> より充実した検討ができる。作戦タイムのみを1分延長するなど、
> 生徒の活動の実態に応じて変更してよい。

第③時のディベート時に使う資料。電子黒板で表示するか、ポスター
にして貼っておく。印刷物にして生徒の手元で確認させてもよい。

３　調べる方法を選ばせる　〈10分〉

図書室で調べてもいいですよ

インターネットを見てもいいですか

・教科書や理科資料だけでなく、図書室にある科学図書や図表などを活用させたい。

・合わせてネット検索で得られる情報も使えるようにするとよい。

４　調べる時間をとる　〈30分〉

地理や社会科の資料は使えるよ

ネットに、興味深い動画があったよ

・「立論」や「最終弁論」など、考えを表現できる時間は短い。論点を絞り、分かりやすく情報を提供できるようにさせる。

・文書だけでなく、パソコンで写真や図も出せるようにするとよい。

第③時

自然環境の保全と科学技術の利用・ディベート

【本時のねらい】
・科学的な根拠に基づいて意思決定することができる。

【本時の評価】
・設定されたテーマのディベートに取り組み、自然環境の保全と科学技術の利用の在り方について、科学的に考察して判断している。思

【準備するもの】
・ワークシート　　　　　　　　　　付録
・自分たちで用意した資料

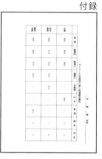

1　ディベートとは
一定のルールに基づいて行うゲームで、判定により、勝負をつける。

```
①テーマを決め、調べる。
②形式的に肯定側・否定側の
 二つの立場・時間を決める。
③立論・反対尋問・最終弁論
 の３つの要素が必要である。
④勝ち負けの評価をする。
```

　自分の立場をはっきりさせ、賛成・反対の考えを伝えたり、その理由を説明し、相手を説得する。
　勝ち負けより、そのことで自分の考えを深めることが大切である。

> 電子黒板で表示するか、
> ポスターにして貼っておく

【授業の流れ】▷▷▷

1　ディベートのルールを知る　〈5分〉

> 感情的な発言は減点の対象です
> どうしたら、うまく説得できるかな
> チームプレーで、役割分担することがポイントかもね

相手への質問の原則
○「Yes・No で答えられるように問う」
×「どう思いますか」
・判定をするときの評価の観点
　①姿勢②論理性③説得力④情報活用
　⑤非感情⑥論題に正対⑦時間感覚
・論理性のない感情的な表現には、減点することを予告しておく。

2　作戦を立てる　〈5分〉

【対話的な学び】

・だれが何を発表するのか、相手への「尋問」は誰がするのか、あらかじめ決めておかせる。
・「立論」や「最終弁論」など、考えを表現できる時間は短い。論点を絞り、分かりやすく情報を提供できるようにさせる。

プラスチックがない社会は
考えられない！

・衣食住のほとんどに使われて
　いる。他のものでは代替でき
　ないものもある。
・自分たちでできる取り組みが
　ある。始めよう！

今やめないと取り返しが
つかないことになる！

・未来の地球を考えよう。
・海のプラゴミは回収手段が
　ない。
・そもそも石油資源は有限。
　大切に使うべき。
・ツケを未来に回すな！

3 ディベートをする 〈35分〉

・判定者は慣れてきたら、生徒でもよいが、最初の
　うちは教師が行う。
・ディベートでは、判定者だけでなく、聞いている
　周囲の生徒の反応も大切であることに留意する。

4 勝ち負けを判定する 〈5分〉

肯定組の勝ち
その理由を説明します

原子力がないと、日本の
エネルギー問題は解決し
ないんです

・ディベートは2回行い、どの生徒も少なくとも1
　回は経験させる。なお、「予選ラウンド」「決勝ラ
　ウンド」として、全員で2回対戦させることもで
　きる。
・判定者だけでなく、聞いている周囲の生徒の反応
　も大切であることに留意する。

第④時

自然環境の保全と科学技術の利用・まとめ

（本時のねらい）
・科学技術の発展と人間生活との関わり方、自然と人間の関わり方について多面的、総合的に捉えることができる。

（本時の評価）
・科学的に考察することを通して、持続可能な社会をつくることが重要であることを認識している。（知）
・自然環境の保全と科学技術について、自然を総合的に見ようとしている。態

（準備するもの）
・ワークシート
・自分たちで用意した資料

付録

1　ディベートとは

一定のルールに基づいて行うゲームで、判定により、勝負をつける。

①テーマを決め、調べる。
②形式的に肯定側・否定側の二つの立場・時間を決める。
③立論・反対尋問・最終弁論の３つの要素が必要である。
④勝ち負けの評価をする。

　自分の立場をはっきりさせ、賛成・反対の考えを伝えたり、その理由を説明し、相手を説得する。
　勝ち負けより、そのことで自分の考えを深めることが大切である。

電子黒板で表示するか、ポスターにして貼っておく

（授業の流れ）▷▷▷

1　前時を振り返る　〈5分〉

ディベートはゲームです　結果よりも、考えがいかに深まったかが大切です

確かにそうですね

2　自己評価をする　〈10分〉

勝ち負けじゃなかったのか

科学的な根拠に基づいて考えることが大切ですよ

ディベートの判定に用いる評価の観点

	姿勢	論理性	説得力	情報力	非感情	正対	時間	賛成	反対
立論	賛成	賛成	賛成	−	−	賛成	−	4	0
反対尋問	賛成	反対	反対	反対	反対	−	−	1	4
最終弁論	賛成	賛成	反対	反対	−	−	反対	2	3

自己評価表

2 テーマ　今ある原子力発電所は すべて停止すべきである　　　　　㊀肯定・否定　　勝敗　負け

準備	課題の設定は適切でしたか	A	Ⓑ	C	D
	グループで協力できましたか	Ⓐ	B	C	D
	作戦タイムを有効に使えましたか	Ⓐ	B	C	D
	情報はうまく集まりましたか	A	Ⓑ	C	D
	情報の選択、組み合わせは適切でしたか	A	B	Ⓒ	D
時間配分は適切に表現できましたか		A	Ⓑ	C	D
声の大きさ、早さに注意して表現できましたか		A	B	C	D
発表内容が分かりやすし、相手を説得することができましたか		Ⓐ	B	C	D
判定結果は納得できる結果でしたか		Ⓐ	B	C	D

3 ディベートを終えた感想を記入してください。

　　大気汚染や水質汚染の公害を科学技術の進歩で克服してきたように、マイクロプラスチックの問題を科学技術の進歩で解決すべきだと感じました。

4 もう１回やるとして、そのときの改善点を記入してください。

　　前回のディベートのときの反省を生かし、いろいろなことを主張するより、言いたいことを１つにしぼってそれを深めていった方がいいと思った。

　　今回は生産量や排出量を問題にして、それをチームで分担したのが勝因だった思う。こういう授業のしかたは、ちゃんと調べようと思うし、やり方が分かってくるとディベートは面白いと思った。

---

3 感想を作文にまとめる　〈25分〉

「接続可能な社会」という観点を作文の中に入れてください

振り返り

・身近なところでできる行動を作文の中に入れさせることで、意志決定を促す。
・授業中に書かせるのであれば、400字程度の作文で十分である。

4 単元のまとめをする　　〈10分〉

指名した人に発表してもらいます

私たちのグループでは……

・＜生徒の感想の例＞
　「『ゴミ箱が見当たらない』『他の人がやっている』等の安易な気持ちでポイ捨てや、悪いと分かってやっている不法投棄問題などを解決していくことが大切だと思います。」

編著者・執筆者紹介

［編著者］

山口　晃弘（やまぐち・あきひろ）　　東京都品川区立八潮学園校長

平成16年　文部科学省・中央教育審議会専門委員
平成23年　国立教育政策研究所・評価規準、評価方法等の工夫改善に関する調査研究協力者（中学校理科）
平成29年　文部科学省・学習指導要領等改善検討協力者（中学校理科）
令和2年　全国中学校理科教育研究会・会長

主な著書に、『中学校理科授業を変える課題提示と発問の工夫50』（明治図書、2015）『新学習指導要領対応！中学校「理科の見方・考え方」を働かせる授業』（編著、東洋館出版社、2017）『中学校理科室ハンドブック』（編著、大日本図書、2021）などがある。

吉田　勝彦（よしだ・かつひこ）　　東京都豊島区立駒込中学校主幹教諭
宮内　卓也（みやうち・たくや）　　東京学芸大学教授
川島　紀子（かわしま・のりこ）　　東京都文京区立第六中学校主任教諭
伊藤　英樹（いとう・ひでき）　　早稲田中学校・高等学校教諭

［執筆者］＊執筆順。所属は令和3年2月現在。

山口　晃弘	（前出）	●まえがき
		●資質・能力の育成を目指した理科の授業づくり
		●第3学年における授業づくりのポイント
		●11　エネルギーと物質
		●12　生物と環境／自然環境の保全と科学技術の利用
吉田　勝彦	（前出）	●1　力のつり合いと合成・分解
永尾　啓悟	東京都中野区立緑野中学校主任教諭	●2　運動の規則性
田中　智史	東京都葛飾区立大道中学校主任教諭	●3　力学的エネルギー
宮内　卓也	（前出）	●4　水溶液とイオン
佐久間直也	東京都北区立王子桜中学校教諭	●5　化学変化と電池
川島　紀子	（前出）	●6　生物の成長と殖え方
秋谷真理子	東京都港区立赤坂中学校教諭	●7　遺伝の規則性と遺伝子
佐藤友里子	東京都文京区立第十中学校主任教諭	●8　生物の種類の多様性と進化
飯田　和也	駒場東邦中学校高等学校教諭	●9　天体の動きと地球の自転・公転
伊藤　英樹	（前出）	●10　太陽系と恒星
遠藤　博則	東京都墨田区立桜堤中学校副校長	●11　エネルギーと物質
渡邉　純	東京都江戸川区立篠崎中学校指導教諭	●12　生物と環境／自然環境の保全と科学技術の利用

板書で見る全単元・全時間の授業のすべて
理科 中学校 3 年
～令和 3 年度全面実施学習指導要領対応～

2021（令和 3 ）年 3 月 12 日　初版第 1 刷発行
2022（令和 4 ）年 2 月 14 日　初版第 2 刷発行

編 著 者：山口晃弘・吉田勝彦・宮内卓也・
　　　　　川島紀子・伊藤英樹
発 行 者：錦織圭之介
発 行 所：株式会社東洋館出版社
　　　　　〒113-0021　東京都文京区本駒込 5 丁目16番 7 号
　　　　　営 業 部　電話 03-3823-9206　FAX 03-3823-9208
　　　　　編 集 部　電話 03-3823-9207　FAX 03-3823-9209
　　　　　振　　替　00180-7-96823
　　　　　Ｕ Ｒ Ｌ　http://www.toyokan.co.jp

印刷・製本：藤原印刷株式会社
編集協力：株式会社ダブルウイング

装丁デザイン：小口翔平＋加瀬　梓（tobufune）
本文デザイン：藤原印刷株式会社
イラスト：赤川ちかこ（株式会社オセロ）

ISBN978-4-491-04372-2　　　　　　　　　　Printed in Japan